会社法は誰のためにあるのか

会社法は
誰のために
あるのか

人間復興の会社法理

上村達男
Tatsuo Uemura

岩波書店

はじめに

　本書は、著者が株式会社法の本質について、長年にわたって構築してきた見解を体系的に論じたものであり、それはこの間現在に至るまで通説とされてきた見解に対する批判の書でもある。本書はもともと新書版の書名として、「人間の学としての会社法」を予定し、ほぼ完成を見ていた。しかし、筆者が2019年3月末をもって定年退職を迎えるにあたり、同年1月22日に実施された最終講義[1]の演題を「株式会社法にルネッサンス（人間復興）を求めて」とし、そのための準備に時間をかけている過程で、私法の基礎理論に根差す、より深い（と自分が思う）考察を加味したものとして再構成する必要を痛感するに至った。そこで予定を変えて、本書をより学問的な拡がりを追求した単行本として出版したいと考えた。もとよりそれによっても、この間通説とされてきた会社法理論が「人間の学」になっていない、あるいは徹底的な人間疎外に対する抵抗力を持っていない、との基本的な問題意識に変わりはなく、むしろその思いはますます深まっている。

　近時、株主第一主義の牙城と見られてきたアメリカでも、2019年8月に経済界のRoundtableが181名のアメリカビッグビジネスのトップの署名入りの「Our Commitment」を公表し、株主第一主義の否定を宣言したが、同様の趣旨が翌年に開催されたダボス会議でも確認された。コロナ危機は、正真正銘人間的な営みである合唱・演劇・オーケストラ、病院・介護等々を直撃し、その営みを徹底的に害する半面において、非人間的な営みである人間の匂いのしないファンドなどによる超高速取引などのコロナ太りが横行する（後述）。人間が苦しんでいるときに人間的属性が希薄な株主への配当などによる株主還元を当然視すれば社会的な非難を受ける。コロナだから株主第一主義を言いにくいと

1　早稲田大学図書館においてDVDの視聴が可能となっている。この最終講義に関する記事として、加藤裕則「いつも先見性のない経団連が「経済界として反対」と言える根拠は？上村教授「会社は人間がより良く生活するための道具立て」」朝日新聞・法と経済のジャーナル2019年3月18日。

いう感覚は、それが人間的な営みではないことの証である。災害や危機時に通用しない発想はそもそもが間違っていたと思うべきである。コロナをきっかけに新たな発想とか新しい資本主義を言う前に、昨日まで信奉してきた「株主第一主義」が株式会社法の基礎理論として誤っていたとの真摯な反省を伴うものでなければ本物ではない。株式会社制度は多くの危機を経験してきたが、そこには本来危機対応力が蓄積されてきていたのであり、それを軽視する発想がこのたびの危機時にも浮上していると見るべきだろう。

　従来より日本で通説とされてきた、「会社は株主のもの」「株主主権」「株主価値最大化」といった発想が人間疎外の原因を作っているとの私の問題意識をここで先取りしておくなら、要は人間のための仕組みの一つ一つが人間離れをした要素によって支配され、換骨奪胎されていくことへの危機感に基づいている。

　その第一は、会社ないし株主という主体自体が自然人ないし人間ではなく、法人という人間が考え出した法技術であるという、取引主体の性格の問題である。法人にはあらゆる角度から見て人間の匂いだらけのものもあれば、ほぼ人間の匂いがしないもの（カネの匂いだけ）もあるが、人間の匂いがせずカネの匂いしかしない主体による人間支配の容認である。

　第二は、証券市場での株式の「買い」が企業を支配しうるだけの株式保有を可能とするところ、そうした「市場で株式を買えた」という事実の反映である株式保有がそれのみを根拠として人間を支配しうるという、いわば証券市場という空間的な場での取引結果を人間支配の根拠とすることの容認である。

　そして第三に、1万分の1秒を争う超高速取引による株式売買[2]によって株式を取得した株主像が、自然人たる人間の世界とかけ離れた存在になっているという時間軸の問題であり、そうした主体による人間支配の容認である。

　第四に、タックスヘイブンで設立されたLP（limited partnership）の形態をとる多くの巨大ファンドのように、実質的な株主が誰であるか、何をやっている者なのかが不明であるという株主像の匿名性に関する問題（匿名の株主らしき者が人間を支配するという問題）であり、そうした主体による人間支配の容認である。

2　この問題を告発した話題の書、マイケル・ルイス（渡会圭子＝東江一紀訳）『フラッシュ・ボーイズ』（文藝春秋・2014年）の副題は「10億分の1秒の男たち」であった。

第五にこれに加えて、会社経営は株主価値の最大化を目的とするという会社経営の目的観が以上のような性格を帯びた人間疎外株主たちによる人間支配に正当性の根拠を提供することである。

　これらのことは現に大きな影響力を有している企業が一般市民並みに税金を払わない（タックスヘイブンの最大活用）という問題とも相まって、歴史的に形成されてきた自然人の世界とは異質の世界が展開されていることの認識であり、疑問である。これらのすべての要素に疑問のある株主像とは何者なのか。そもそも株主と呼んでよい者なのか、こうした者が大半を占めるような株主総会はそもそも株主総会という名に値するのか。こうしたことに疑問を持たない、あるいはこうした疑問に対する説明を避ける「現に存在する支配」の一切にそもそも正当性があると言えるのか、それこそが株式会社をめぐる最大の問題である。新聞を見れば、毎日のように「物言う株主」の動向に右往左往する企業の姿が報じられているが、「物言う株主」の「物言う資格」を問わずに、「物言う株主」とのエンゲージメント（対話）を推奨するマスコミの姿勢自体に対する批判を、それは意味している。その多くは、物言う資格のない株主（と称する者）による、人間社会の蹂躙なのではないかという疑問がそこにはある[3]。

　こうした問題意識は、要は徹底的に人間の匂いのしない組織（後述の人間関与度最小組織）が人間社会（あるいは人間関与度最大組織）を支配するというデモクラシーの根幹にかかわる問題に取り組むことを意味している。そこでは、株式というモノを配当や株価のような財産権を中心に見るのか、議決権のようなデモクラシー関与権を中心に見るのかという本質的な問題が問われている。

　このことは、会社は株主のものであるという通念に一定の疑問が呈されたとしても、それが言葉だけであり、株主像自体に対する批判的な評価軸が克服されていなければ問題の解決にはならないことを意味している。人間関与度の著しく低い株主像を人間世界の真っ当な登場人物であるかに扱うこと自体が人間疎外の根底にある。こうした認識を通じた株式会社制度の再構築、それこそが「人間復興の会社法理」への道と言えるように思われる。

3　東芝事件でのファンドの振る舞いを厳しく批判した私見については、注121に掲げた文献を参照されたい。

以上のような状況は、実は株式会社制度が、とりわけ会社は株主のものであるとする伝統的会社法理論が、経済の覇権をめぐるグローバルな経済戦争の武器となり、しかもそこで確立したかに見える覇権に相応しい正当性の根拠を示すことができない、という国際政治経済レベルの大問題に直結している。今から100年以上も前に、かのマックス・ウェーバーは「強い取引所を持とうとする諸国民間の競争は、経済の覇権をめぐる戦争であり、欲の皮の突っ張った小金持ちが損をすることが軍事費となる」と述べたことがあるが[4]、この言葉は、資本市場と一体の会社制度である株式会社制度の、資本市場と関係する側面をひたすら強調し、強い資本市場を持つことで経済の覇権を得ようとする現在の状況を先取りするものである。グローバルな市場経済がグローバルなデモクラシーないしグローバルな法制度を伴わない形で、市場弱者・経済弱者・政治弱者・法弱者からの収奪を一気に進行させるこの状況を新帝国主義と評する[5]ことにも理由がある。

　今日、アメリカのスーパーマーケットチェーンであるウォールマート一社の売上高でスペイン一国の歳入を上回り、資産運用会社ブラックロック、ヴァンガード各一社の運用資産で日本、ドイツのGDPを、フィデリティ、ステートストリート各一社でイギリス、インド、フランスのGDPを上回る[6]。商品を製造し、サービスを提供することのないヘッジファンドの巨大な経済規模は、新帝国主義の担い手が国家から企業へと移りつつあることを示している可能性が高く、その際特に人間の匂いのしないヘッジファンドや国家株主という株主にとって「会社は株主のもの」という標語くらい有り難いイデオロギーはない。それは要は「オレにカネをよこせ」という標語に他ならないのであるから。

4　マックス・ウェーバー(中村貞二＝柴田三千雄訳)『取引所』(未来社・1968年)45、92頁。
5　柄谷行人『憲法の無意識』(岩波新書・2016年)は、弱肉強食という社会的ダーウィニズムの復活を新自由主義(新帝国主義)と規定する。私も以前に同様な見方を示したことがある。上村「新しい「所有権法の理論」──会社法・資本市場法からの問題提起」法社会学80号(2014年)35頁。
6　世界運用資産規模ランキング https://www.willistowerswatson.com/ja-JP/News/2021/10/publication-of-the-ranking-of-the-top-500-asset-managers と 2021年世界GDPランキング https://eleminist.com/article/1679 と、世界企業売上高ランキング https://corriente.top/fortune-global500-2021/、それに世界歳入ランキング https://www.globalnote.jp/post-10493.html 等を対比した。

本書の流れ

　本書では、まず共同事業概念の前提にある、個人の行動の自由すなわち人権としての契約の自由・所有権の絶対性について触れ、そこにおける人間と財との間の分かちがたい絆を確認する。次に、複数の人間が共同の事業を行うために契約的に繋がる世界の原点、すなわち伝統的な民法理論が想定する組合法理ないし団体法理の性格を論じる。そこは、どこまでも「人間」と「人間と一体化した財」の世界であったことを確認し、そうした世界と株式会社制度との連続と断絶の姿を浮き彫りにしていくための原点とする。人間中心の思想と市民革命を経て確立した市民社会の法理（市民法）が想定する団体、会社の論理が想定していた人間像と、そうした団体に関わる人間のあり方について論ずることで、そうした人間的要素が、株式会社制度にあっていかなる構造と条件の下で希薄化されていったのかが確認される。

　次いで、会社制度が株式会社に固有の「株式というモノ概念」を生み出す決定的な瞬間こそが、会社が証券市場の存在とともに生きる道を歩むに至る分水嶺であったことを明らかにする。そこから証券市場を使いこなせる仕組みとしての株式会社制度が成立し、国民経済に大きく貢献した一方、それとは裏腹に証券市場が勝手に暴れまくる状況にいかに対応するかが株式会社制度を運営する上での本質的な課題となったことを示していく。株式会社制度は証券市場でのバブルの発生とその崩壊を常に意識したものとならざるを得なくなったこと、そしてそこでは資本市場法制自体の確立とその実効性の確保、そして会社のガバナンスの意義が特に強調される。ここでは株主とは株式というモノ share の保有者 holder とされ、そうした holder の属性が人間であることにこだわらなければ、株式会社はごく容易に人間疎外の制度となっていくことを明らかにする。

　こうした株式会社制度の本質的な大転換にもかかわらず、特に戦後の日本で私法的・取引法的な株式会社理論が維持されてきた背景は何だったのかを論じ、証券市場の展開に伴って、旧来の私法的・取引法的な理論と株式会社制度が本来抱えているきわめて大きな社会経済的機能との矛盾が耐えがたいものとなっていった過程を確認する。そのうえで、株式会社制度のあるべき基礎理論とは何か、会社とは何か、株式とは何か、株式が表象する権利である財産権（利益

配当請求権等)と人間社会のあり方を規定するデモクラシー関与権としての議決権の関係に関する本質論の意義等々の具体的な論点を明らかにする。ここでは社会の規範意識との関係で、普通株式という場合の普通(common)とは何を意味しているのかといった問題、経済法規としての資本市場法(日本では旧証券取引法、現在の金融商品取引法)の確立と株式会社法理との不即不離の関係性を意識的に明らかにし、中間市民層を主役とする両者一体の株式会社法理(公開会社法理)の必然性が強調される。このことを通じて、誰だか分からない「買いの投資家」概念を媒介として市民社会への展望が開かれていくことをも意味する。

　株式会社制度が資本市場を有することで、株式会社制度の歴史は証券市場と株式会社を舞台とする不正との戦いの歴史となったが、それを知る者にとって、グローバル・ルールないしグローバル・ガバナンスが欠落したままに展開されている今日のグローバル金融・資本市場と一体の株式会社制度の現状がどのようなものになっているかは、想像するだに恐ろしいと言える程のものがある。市場のグローバル化と「国家」「公益」ないしナショナリズムとの矛盾とは、実は株式制度が有する、財産権とガバナンス関与権との相克問題の拡大版である。本書はそのことを示し、それにもかかわらず「人間復興の会社法理」の展開がどのような契機から可能になるのかを論じようとするものである。

　最後に、日本の企業法制の現状と世界の株式会社目的論をめぐる最新の動向に触れ、その問題点と今後のあるべき改善の方向性について私見を展開し、人間復興の会社法理の全体像を示すこととしたい。

　(なお、本書は一般的な会社法のテキストの読者と考えられる法学部学生・研究者・企業関係者・法曹等を広く読者として想定しているつもりであるが、通説批判の書である以上、専門家の批判に耐えうるものでなければならず、全体に学問的に踏み込んだ本質論的な見解を示している箇所も多い。その意味で本書は一般啓蒙書とは言えない面があるが、こうした問題に関心を有するすべての人々にとって、少なくとも無視することのできない問題が展開されているつもりではある。)

目　次

序章 株式会社に人間を求むるは、 「木に縁りて魚」の類いか?

　株式会社は証券(株式)市場と一体となって運営されることを想定した会社形態であるところ、アメリカおよびアメリカを徹底的に模倣してきた日本では、強大な資金を有するために証券市場で必ず株式を「買える」巨大ファンドなどが株主として君臨することに、ほとんど疑いの目を持たないできた。既述のように、巨大ファンドが有する経済規模は一つのファンドだけで優に先進国家の経済規模を超えているが、商品を作らずサービスを提供せずしたがって従業員がおらず消費者もおらず、環境の影響を受けず、戦争で死ぬこともないにもかかわらず、大株主として企業を、人間たちを支配しているようなファンドが「物言う株主」として持て囃されている。この姿を見ていれば、株式会社に人間復興を求めるなどと言うことは、「木に縁りて魚を求む」の類いの世迷い言にしか聞こえないのも無理はない。

　内田樹氏は、「言論の自由も、集会結社の自由も、民主主義も株式会社にはありません。そんなことのために作られた組織じゃないんですから、当然です」(『最終講義』(文春文庫・2015 年))と言われる。

　平川克美氏も「原理的には、会社において、利益を損なっても守らなければならない倫理というものは、存在していないのである」「会社の病は生得のものであり、これがなければ、そもそも会社というものが成り立たない」「株主主権という言葉が意味しているものと、共同体としての現場の意味が乖離している……。換言すれば、共同体のメンバーは、株主をそのフルメンバーであるとは認めていないということである」(『株式会社という病』(文春文庫・2011 年))とされる。

　水野和夫氏も同じく、資本帝国時代の株式会社を拒否する選択をすれば株式会社は終焉するとされた上で、近代資本主義の「より速く、より遠く、より合理的に」は、株式会社の終焉を見つめながら「よりゆっくり、より近く、より寛容に」なっていかなければならないとされる(『株式会社の終焉』(ディスカヴァー・トゥエンティワン・2016 年))。

高橋亀吉氏は、旧く会社経営の堕落として、①事業経営の態度がその場主義で、事業百年の計を目標としない、②企業財政が放漫に流れ、事業の金融的基礎が著しく薄弱なること、③誤魔化し決算、蛸配当が公然と横行している、④事業道徳が消磨して反生産的な虚業的事業経営が平然と許されている、⑤重役の無能、腐敗、不平等著しく、事業の多くが食い物にされている、⑥その場主義の大株主の横暴と、業礎を蝕むその貪婪なる高配当欲とそのため事業を著しく衰弱させている、と指摘するが（『株式会社亡国論』（万里閣書房・1930 年））、書名が示すように、そこには株式会社制度自体に対する絶望感が披瀝されている。現に、グローバル・ルールが存在しない中で、金融証券市場への依存度が高まり、IT の高度な発達は以前に増して不正摘発態勢が追いつかない中で進行しており、高橋亀吉翁の言う堕落が今は改善していると言える要素の方が著しく小さくなっているように見える。

　こうした株式会社不信論は、現実の株式会社のあり方に対する批判としては正当なものであるが、むしろ問題はそうした批判に対して、会社法制の専門家の側からの真摯な反論ないし説明が見られないことにある。私は「株式会社には有限責任社員はいない」などとかなり以前から申してきたが、反論されたことがない。その意味では、それぞれの株式会社批判は、例えば民主主義の精神に満ちあふれた会社法理を求め（内田氏）、共同体のメンバーたり得る株主像を求め（平川氏）、資本帝国主義の株式会社にはない人間への渇望（水野氏）を表現する切実な声として、換言すると会社法専門家への批判として受け止めるべきである。

　本書は、まさに株式会社に人間復興を求め、そのために会社法の基礎理論を徹底的に見直し、そのための具体的な制度論をあくまでも追求しようとするものである。大事なことは、その追求されるべき論理こそが株式会社制度本来のあり方を示すものであり、むしろ現に存在しているかにみえるある種の通念（？）こそが異例なものであると主張する。その結果、株主による支配とされているものの多くが、支配の正当性の根拠を有しない過剰な権威にすぎない可能性が高いと主張する。真の主役であるはずの人間が見失われているのではないかとの観点を踏まえて、あるべき人間主役の会社法理の再構築を目指そうとする。

本書の問題意識は筆者の研究履歴と一体

なお、本書のような問題意識は、これまでの私の研究履歴から自然に抱かれるに至ったものであり、最近の思いつきではない。

私は、証券取引法（現金融商品取引法）を株券中心に理解し、商法では足りないところを補う商法と同性質の法と理解していた旧来の学説に対して、証券取引法（現金融商品取引法）を証券市場の機能確保のための経済法規であると理解する証券取引法市場法論を唱えたところから研究を出発させた（現金融商品取引法1条に実現している）[7]。こうした証券取引法市場法論については、市場法論という用語からそれは市場万能主義を基礎づける議論なのではないかとも言われたが、後に詳述するが、かつて「資本市場は資本というモノが支配する熾烈な場である……、モノの世界は所詮モノの世界であることを確認し、本物のヒトのための株式会社法理論を構築しようという試みなのである」と述べたように[8]、当初から、モノが支配する世界を徹底的に追究することで、本物の人間の居場所を探そうという発想であった。

続いて、では株式（当時は株券）はなぜ証券取引法上の有価証券なのかという疑問から、その性格は市場取引適格性にあるとの理解を経て、株式会社制度自体が最大級の資本市場をも使いこなせる会社法制、すなわち市場取引適合的な会社法制であるとの見解、いわゆる公開会社法理の展開に至った。資本市場法と一体の公開株式会社法理の基本に、株主以前の「買い手」としての投資家（それは現に株式を有しておらず株主以前の市民社会そのものとも言える──消費者概念が市民性を有するのと共通する）を据えることで市民社会すなわち中間市民層を射程に捉えうる議論として構想したものであった。これについても、会社法は私法に決まっているとの思い込みから、証券市場の論理を会社法の世界に持ち込むことを、「マーケット打ち出の小槌論」と揶揄する人もあり、「あんなものは会社法じゃない」といった中傷にも遭遇した。しかし、私の本意は一貫して、

7 　上村「証券取引法における市場法的構成の試み（日本私法学会報告）」私法48号（1986年）、上村「（連載）新体系・証券取引法（1〜25完）」企業会計53巻4号〜57巻2号（2001年〜2005年）。

8 　上村『会社法改革──公開株式会社法の構想』（岩波書店・2002年。以下、上村・改革という）「はじめに」より（本書の中国語・日本語対照版として、中国証券監督管理委員会（CSRC）編（法律出版社・2015年）がある）。

「株式会社制度はヒトが運営しヒトのために役立つものでなければならない。公開株式会社法理論は、こうしたモノとヒトの論理を併せ持つ……。モノの世界をヒトの世界と構成することが、結果的にヒトを軽視することになる……」と考えてきたのであり、そうした公開会社法[9]の発想は本書の問題意識そのものである(実は私見の公開会社法とは欧米では普通の株式会社法のことである——日本では「株式会社らしい株式会社」と呼んできた)。

そのうえで、株主像を合理的経済人という抽象的な架空の像として捉える経済学的な仮説の発想に対して(それは法律学とは言えない)、それぞれの企業社会の規範意識との関係で会社法を捉え、株主の属性論こそが不可欠の問題意識であるとの見解に至った(大型公的資金である 21 世紀 COE(center of excellence)、グローバル COE の拠点形成テーマ「企業と市場と市民社会」研究のために設立された「《企業法制と法創造》総合研究所」のホームページ http://globalcoe-waseda-law-commerce.ltt.jp/)。

そして、株主の属性論の行き着くところ、「人間復興の会社法理」から持続可能社会法学へ、そしてデモクラシーの中核としての株式会社制度の意義を強調するに至る。株主として中間市民層を想定することが、手厚い中間市民層によって担われるデモクラシーのあり方に直結する。資本主義とデモクラシーが一体であることと、財産権の担い手としての株主(利益配当請求権等)とデモクラシーの担い手としての株主(議決権)が一体であることとは表裏の関係に立つ。

本書の構想はそうした著者の研究履歴の集大成ということができる[10]。

日本(=アメリカ)の株式会社法の通念を確認する

本書は、従来当たり前と思われてきた通念ないし通説が本質的に誤っていると主張するものであるが、後述のようにそうした通念・通説はここ 30 年ない

9　上村「公開会社の法理とマーケット」酒巻俊雄先生還暦記念論文集『公開会社と閉鎖会社の法理』(商事法務研究会・1992 年)がこうした発想を最初に示した論文である。

10　この最後の点については、上村・前掲注(5)論文 35 頁、上村「人間の学としての会社法学——開発の側の論理の見直し」楜澤能生編『持続可能社会への転換と法・法律学　Law and Sustainability』(早稲田大学比較法研究所叢書 43・2016 年)、中村民雄編『持続可能な世界への法——Law and Sustainability の推進』(早稲田大学比較法研究所叢書 48・2020 年)を掲げておく。

し40年くらいの間に、アメリカのとりわけ経済学ないし法の経済分析に大きく傾斜した発想の影響を強く受けたものである。アメリカ自身も1990年ころまでは、「会社は、その事業を行うにあたり、会社の利潤及び株主の利益がそのために増進されない場合においても、自然人と同様に法が定める範囲内において行動しなければならない(傍点は上村)」[11]という発想を受け入れていたのであるが、その後30年ほどの間に株式会社は株主のために経営すべきと言う「異例の」発想にとらわれ、日本はそれに追随した。そうした主張はこの僅かな期間に驚くほどの格差社会を全世界にもたらし、今は反省期にあるかにも見えるが(後述——反省というよりは、富裕層にとっては既に満腹状態?)、いずれにしても本書での議論展開に先立って、今日までの日本の会社をめぐる通念ないし通説と言われてきた主張を確認し、それに対する批判的な結論を対比的に示しておくことが、この後の記述を理解する上で有益と考える。

《株式会社法に関する通念とコメント》

A　株式会社の主役・目的に関する通念
　①会社経営の目的は株主価値最大化であり「株主共同の利益」は株式会社制度の最重要価値である
　　コメント⇒会社経営の目的は会社の定款上の目的・ミッションの最大実現であり、企業価値とは会社の目的・ミッションの実現の到達水準に対する評価を意味する。
　②会社は株主のものであり、株主は会社の所有者である
　　コメント⇒株主は「株式の」所有者であることだけが明白であり、「会社」の所有者との主張にはまったく根拠がない。

11　1992年アメリカ法律協会 Principles of Corporate Governance: Analysis and Recommendations(試案は1982年から)2.01条(b)。証券取引法研究会国際部会訳編『コーポレート・ガバナンス——アメリカ法律協会「コーポレート・ガバナンスの原理：分析と勧告」の研究』(日本証券経済研究所・1994年)。

B　株式会社法の基本概念に関する通念

①株式会社とは有限責任社員のみからなる会社形態である

　　コメント⇒株式会社に有限責任社員はいない　株主とは「株式 share」「保有者 holder」にすぎない。

②議決権とは効率的な契約実現のためのインセンティヴであり財産権の一種である

　　コメント⇒議決権には、出資財産価値の少数者による意図的な削減を防ぐための財産権的議決権と、企業社会におけるデモクラシー関与権(人間社会の行方を方向付ける権利)としての人格権的議決権とがある。

③株式会社は営利を目的としなければならない

　　コメント⇒共同の事業目的は人間の多様な価値観を反映するものであり、いかようにも多様性が認められる。営利には会社継続のための営利、事業展開のための営利、株主に分配するための営利があるが、このうちで分配のための営利が事業目的達成に優先するはずがない。

④コーポレート・ガバナンスとは株主価値最大化のための仕組みである

　　コメント⇒コーポレート・ガバナンスとは経営権の根拠の正当性をめぐる議論であり、事業目的達成のための仕組みである。

⑤株主だけではなくステークホルダー「も」大事

　　コメント⇒株主価値最大化が当然だが、ステークホルダー「も」大事という発想は誤り。個人株主を想定すれば株主とは同時にステークホルダーでもある。従業員・消費者・地域住民はいずれも人間であるが株主はそうとは限らない。株主は人間関与度の濃淡に応じてステークホルダーとしての正当性が評価される。

⑥経営者は一定率の ROE(株主資本利益率または自己資本利益率)を実現させるための経営を目指すべきである

　　コメント⇒ROE は会社の目的・ミッションの最大実現という価値を測る指標たり得ず、むしろ経営目的の実現を妨げることで株主にのみ奉仕するものとなりうる。有限責任利益を享受する株主の出資資金は有限責任の被害者たり得る債権者のために一義的に機能すべき資金であり、これを株主資本と呼ぶこと自体が正当ではない。なお、当然ながら会社がその固有の事業目的を達成したために評価され、「結果的に」ROE が高く

なり、株主が報われることは歓迎すべきである。

⑦金融商品取引法と会社法とは理念を異にする別個の法制である

コメント⇒証券市場を使いこなせる会社制度として形成されてきた株式会社にとって金融商品取引法のうち株式関係の諸制度等(開示・会計・監査・内部統制等)はその本質的な一部である。公正な資本市場が存在しなければ経営判断自体が成り立たず、株式譲渡の機会自体も保障されない。

⑧証券市場で株式を「買えば」株主としての正当性が保障される

コメント⇒証券市場は必ずしも正しい者を勝たせない。

C　株式会社の経営機構等に関する通念

①株主総会は株式会社の最高意思決定機関である

コメント⇒名義書換基準日に株式を売却し、一瞬株式を有していたために株主名簿に記載されただけの株主も多数参加し、質問も議決も会議の前にほぼ決まっている会議体にすぎない。株主総会は株式会社の機関構造の一翼を担う機関にすぎない。個人・市民が株主なら常に人間として尊重される。

②社外取締役は株主の代理人であり株主のために行動すべき

コメント⇒社外取締役は経営が会社の目的の最大実現のために行われているかをチェックすべき存在であり、定款の目的を超えて株主の代理人として行動すれば取締役の法令・定款(目的条項)遵守義務に反し、違法視される可能性すらある。

③経営者報酬は株価に連動させる等の業績対応報酬が望ましい

コメント⇒会社の目的・ミッションの実現に貢献する経営者の業績を株価で評価することはできない。評価できるガバナンスが必要。

④企業買収に際しては提示された買収価格が少しでも高い者を勝たせるべき

コメント⇒その会社の目的・ミッションの最大実現がより高度に実現されるとの立証責任が買収側に課されるべきである。

第1章　市民法世界の共同事業は人間の世界

　会社法は現在日本では「会社法」(平成17(2005)年)という独立の法律に規定されているが、それまでは商法典の中の会社編に規定されていた。それは民法典と並ぶ私法の法典であり、商法典が規定する商人も会社も、民法の一般原則に規定されていた「人」「法人」の特則と解されてきた[12]。会社法はどこまでも私法の一分野とされ、複数の人間が集まって何らかの事業を行うことも民法の契約(組合契約)が原点である。

　この民法の契約の世界は人と人の合意による集団(団体)形成を意味するため、その一切が人間の人間による人間のための世界(市民法の世界)であるから、株式会社に人間復興を求めようという本書による検討の原点としてその本来の性格を正しく認識しておく必要がある。

　今日、株式会社が人間から遠い世界になってしまったかに見えるのには、それなりの経緯があるが、それにもかかわらずそこに人間を取り戻そうとするためには、市民法・民法の世界の構造を今日の株式会社の目で確認し、何がどう、なぜ違うのかを検討する必要がある。民法の契約の世界の原点は人と人の関係を問題にするが、その大前提として確認されなければならないのは、人間一人一人にその意思に基づく行動の自由が保障されていることである。こうした人間の行動の自由の保障とは、まさしく人権の保障に他ならない。

市民革命とナポレオン民法典

　ところで、およそ生身の人間であればすべて平等な権利義務の主体として尊重されるという世界は、啓蒙思想、市民革命を経て確立した市民社会のルールである市民法の観念である。フランス革命は、旧体制、とりわけ、国王・教会・団体・結社(古いギルド等)との戦いであり、革命の時期に制定されたル・

12　現在は、このうち法人に関する規定の大半は、「一般社団法人及び一般財団法人に関する法律」(平成18年)に移されたが、会社法の規定を大幅に準用している。このことは、英国のcompanyが非営利を原則としていることと符合する。

シャプリエ法(1791年)は、当時、人間以外の権威と目された一切の団体・結社を否定し、「個」としての人間と国家以外の存在(中間団体)の一切を禁止した。実は、法人としての会社の設立についても、本来あってはならないものを、仕方なく例外的に認めたという位置づけとなることが、法人や会社に対する警戒感の根底にある[13]。

　このように確立した自然人・個人・市民の生活の自由を確保する第一の観念が私的自治の原則ないし「契約の自由」であり、その第二が「所有権の絶対性」である。民法は人・法人と並んで「物」について規定しているが(民法85条——物とは有体物をいう)、人が行動する自由の前提として、物に対する支配としての所有権の絶対性が保障されなければ、行動の自由だけがあっても自由はないに等しい。

　このように市民法の原則は、人が財を所有して自由に行動する世界であり、財は人に従属して人について回る。財にはそれを所有する人の名称がついて回ることになる。欧州の株式会社における資本概念は、株主が減少すると資本(財)も減少し、人が増加すると財も増加し、財が減少すると人も減少するといった観念を基本的に維持しているが、ここには人間と財の一体性という市民法の観念が規範意識として定着していることが読み取れる。株式会社にあっては財(株式)の世界が資本市場において展開し、株式を「買った者」が株主とされ、ヒトは財よりあとから登場するという現象が生ずるところに特色があるが、この現象を如何に理解するかは本書の中心テーマとなる。

　ところで、個人の行動・活動の自由を保障する契約の自由が人間の行動の自由を保障するという場合のその正統性の根拠は人間の「意思」である。契約は守られるべし、という観念は、個人を主役とする市民社会の基本原理を守り抜くために、市民が相互に確認し合う原則である。履行の強制や債務不履行責任の司法による強制は、そうした市民社会の原理を後押しする司法の役割を意味しており、契約が守られるべきであるのは、裁判所が命令するからではなく、市民に認められた自由な意思に基づく合意を裁判所が確認・支援するためである[14]。

13　自主規制団体も本来禁止すべき団体の形成には違いないため、これを例外的に認める場合でもそこでの規律違反に対しては、永久追放等の厳しい対応が必要とされる。

1804 年に公布されたフランスのナポレオン民法典は自由主義経済社会の基本を決めた世界三大法典の一つとされる法典であり、人権の法典と言われる[15]。日本国憲法 13 条が「すべて国民は、個人として尊重される」と謳い、同 29 条 1 項が「財産権は、これを侵してはならない」としているのも、こうした私的な秩序を最大に尊重するという原理を正面から認めたものであり、これを逆に言うとこうした民法原理は憲法の基本原理と言うことができる。

　1789 年フランス人権宣言は、その直後に制定された 1791 年憲法と一体のものとされ、この憲法によって民法の制定が予定され、それを受けて 1804 年ナポレオン民法典が制定された。この一連の経緯は、民法典こそが「フランスの真の構成原理(constitution)」であり、「われわれの憲法(constitution)は民法典である」という伝統を形成した[16]。「自由とは、他人を害しないすべてのことをなしうること」との 1789 年フランス人権宣言 4 条は、人権の宣言であると同時にそれは私人間の基本原理(民法の基本原理)を宣言したものであり、両者は一体のものである。そうした意味での私人は正確には自然人としての homme ではなく人権享受主体にして国家ないし社会の形成主体としての、いわば公共を担う(規範形成主体としての)市民として、人権宣言の担い手であるシトワイエン citoyen[17] であり、こうした市民間の関係は、単なる私的な世界ではなく人権秩序そのものでもある。したがって、憲法人権規定が私人間に適用されるのは自明の理ということになる[18]。

14　市民の意思形成の自由自体を権威とするため、民法には何らかの「目的規定」は存在しない。目的は個々人の意思の中にある。政策法規には目的規定があるのがふつうである。近時、各国で会社法の目的に関する改正等が続いていることについては後述(91 頁参照)。

15　フランス憲法典は国の統治機構に関する規定によって成っており、改正も頻繁であるが、人権規定はフランス人権宣言、ナポレオン民法典に表現されている。

16　大村敦志「民法と憲法の関係——フランス法の視点」法学教室 171 号(1994 年)52〜57 頁。樋口陽一「憲法と民法——その「緊張」と「協働補完」の関係」法律時報 76 巻 2 号(2004 年)91 頁、水林彪「近代憲法の本源的性格——société civile の基本法としての 1789 年人権宣言・1791 年憲法」戒能通厚・楜澤能生編『企業・市場・市民社会の基礎法学的考察(早稲田大学 21 世紀 COE 叢書 1)』(日本評論社・2008 年)21 頁以下。

17　citizen でも bourgeois でも people でも人民でも大衆でもない。日本の市民社会には誇るべき良さがあると信ずるが、少なくとも法学部は規範形成主体たる citoyen の養成を担うべきであろう。このことを本書の末尾で述べた(後述 246 頁)。なお、「一身独立して一国独立す」(学問のすゝめ)とし、晩年に「独立自尊」を強調した福沢諭吉は、citoyen の実質的な意味を日本で最初に熟知した人物ではなかろうか。

「所有権の侵害は、単なる物質的な利益の侵害にとどまらず、主体者の人格的利益、その精神の自由の侵害として意識される。……もし人々にかような主体性＝「権利」の強い意識乃至感情が欠けているときには、法は踏みにじられ、正義は地におちてしまうのである」[19]という認識からすると、後述のように、今日よく言われる「株主は会社の所有者である」という場合の株主像の人格（ないし属性）が論じられないことこそ、法が踏みにじられ、正義が地に堕ちた姿であろう。

　契約主体＝人権主体としての人の意義に徹底的にこだわるフランス革命が、旧いギルド的な団体との戦いを意味していたことを反映して、法人・団体・結社を全面的に否定した前述の1791年のル・シャプリエ法がこうした発想の具体的な表現となった。社団の形成と結社の自由が一般的に認められたのは1901年アソシアシオン association 法によってである。この間、社会的に肯定されるのは国家と個人のみとの観念が確立し、いわゆる中間団体が否定された。樋口陽一教授は、この間の状況について、「個人」がいわば力ずくで放り出されて後、「一世紀のあいだ「眠りの森の美女」となる期間が、結社の自由にとって必要だった」と言われた[20]。

　市民法の大原則は、人間がその意思に基づいて自由に行動するところにあるから、人との一切の交流を断って仙人のように暮らす自由も「他人を害しない」以上は保障される。社会的存在である人間は人間同士のやりとりを通じて生活するのが通常であり、人権も行動の自由も、そうした人間による社会的活動を可能にするための概念である。そうした世界では人間の意思と意思が衝突・矛盾することもありうるため、そうした衝突・矛盾の諸状況を予想し、定型化するなどにより、私人間の私的利害を調整する法が民法ないし私法であるとされる。

　もっとも、日本では民法というと私的自治の側面、そしてこうした私人間の

18　樋口・前掲注(16)論文92頁は、フランスで憲法の私人間効力問題があまり関心を引いてこなかったのは、こうしたことが「一般に困難なしに承認されている」からとしている。

19　川島武宜『所有権法の理論』(岩波書店・1949年)65頁。原文は旧字体。

20　樋口陽一「「からの自由」をあらためて考える──1901年結社法(フランス)100周年の機会に」法律時報73巻10号(2001年)94頁、高村学人『アソシアシオンへの自由』(勁草書房・2007年)10頁。

私的利害調整の観点ばかりが強調されがちであるが、重要なことはそうした私的自治の保障それ自体が高度に公益的な価値を表現しているところにある。民法には目的規定がないが、日本の民法がその1条1項で「私権は、公共の福祉に適合しなければならない」、2項で「権利の行使及び義務の履行は、信義に従い誠実に行わなければならない」とし、3項で「権利の濫用は、これを許さない」としており、また2条で「この法律は、個人の尊厳と両性の本質的平等を旨として、解釈しなければならない」としているのは、その大前提としての当事者自治、自由がまさしく一つの社会秩序のあり方を宣言し、民法典自体が人権の体系であることを意味している。私的利益の調整は決してただの私人間の問題ではなく、人権としての契約の自由と所有権の保障を踏まえたうえで「他人を害さない」状況を確実なものとするための法解釈の努力を意味している。民法・私法の解釈論の世界で、ある契約の効力についてそれが公序に反するために無効である、といったことが言われるが、それは人権問題であるが故に公序であるという観念をまずは想定する必要がある。ドイツやフランスで、日本人の民法学者や会社法学者がなぜ憲法について論じないのか訝しがられることの意味を日本人は重く受け止める必要がある[21]。

他人を害しないために「規模」の限界を知る

ところで、人間が契約を通じて生活を維持し、あるいは資産を確保し、利益を得ようとすることは、生存のための自然な行為であり、それをもっぱら日常的・継続的に行う者の第一は個人商人である。個人商人は番頭・手代のような商人活動の補助者を用い、多くの従業員を雇用し、自由に多数の取引先と取引を行うことができる。しかし、こうした世界であっても、契約の相手である人間たちの数が多くなると、集団との契約は自由の強調だけでは済まなくなる。大量の債務不履行が一斉に生ずる破産という事態は、通常、人間の行動の自由である「契約」「合意」が生み出す。人間の意思の尊重と言っても、それが人

---

[21]　こうした問題全般については、戸波江二編『企業の憲法的基礎(早稲田大学21世紀COE叢書2)』(日本評論社・2010年)、上村「企業法制と憲法学——「会社法と憲法との対話」」(同書25頁以下)。この論文は、法律時報81巻5号の特集「憲法学に問う」での拙稿「会社法学からの問題提起と憲法学からの応答」と、そこでの阪口正二郎教授による「憲法から会社法へ——ささやかな応答」の続編という位置づけとなっている。

12

間によってコントロールできないほどのものになれば、他の人間たちを大きく害する可能性は高まるのであるから、そうした事態に備える必要がある。「自由とは、他人を害しないすべてのことをなしうること」との1789年フランス人権宣言4条は、「他人を害する」状況への備えである。

　その一は、負債自体に対する危険視である。キリスト教世界で借金は罪であり、借金を返すことは贖罪、つまり罪を贖うことを意味していた。今も社債を意味する bond とは、もともと足枷（拘束 bondage）の意味であり、一定の時期に会社が株式を買い取り、株主の出資金を返す償還株式（redeemable share）の償還（罪を購う redeem）として今も残る[22]。ここでは、人間同士の契約の世界にも、宗教的・倫理的・社会的な制約がかかり（というより、宗教的・社会的規律が法概念を生み出した）、そのことが債権者保護や取引先保護の機能を果たすという状況があることを意味している。歴史的・社会的に醸成された規範意識は、それが生きる法として評価される場合が多いのは当然である。条文や規定の数が多ければ立派ということはなく、むしろ条文や規定がなければ何をしても良いという発想の裏返しである可能性も高く、むしろ立派でないことの証左である場合が多い。近代的な法体系が整備されている社会の方が上等と言える訳ではない[23]。

　その二は、破産者に対する社会的制裁である。債務を負うこと自体が罪だとすると、それを返済できないという事態は、市民としての地位の喪失を意味する。誰かが代わりに支払ってくれない限り彼は債務奴隷となった。その後、奴隷とはならなくても、市民社会の一員としての権利義務を喪失する（選挙権、被

22　日本ではその後、平成17年会社法で条文数節約のために、世界に通用する償還株式の語を廃止して、種類株式としての取得請求権付株式（会社法107条1項2号、108条2項5号）というような世界に通用しない無機質な用語を多数創作した。郵便配達の便宜等のために歴史ある町名を勝手に大量に変えた昭和37年住居表示法に等しい蛮行である。村や町の歴史がたどれないときに、唯一の手掛かりは地名であり、地名に日本人の歴史が刻み込まれている。谷川健一『独学のすすめ』（晶文社・1996年）62、170頁には、政府が町名を変えても旧名で郵便物を出すという欧州の抵抗の姿が示されている。それでも必ず着くそうだが、日本の役人にはそうした素養はないだろう（配達員にはあるかもしれないが？）。

23　庶民の感覚からしたら、シアヌーク殿下のカンボジア、パーレビ国王のイラン、ハイレセラシエ皇帝のエチオピアの方がよほど幸福だったということは当然にあり得る。地域の人々の幸福と無関係に押し付けてくる近代主義の布教が不幸の拡散を意味する例は数えきれない。以下に述べる「効率」という名の一神教の布教も同類である。

選挙権の停止等)、すなわち公民権の停止はつい最近まで当然とされてきた。禁治産者や刑罰が終了していない者と同じ扱いを意味する。こうした強い規範意識が、他人に迷惑を与えるような人間の行動や事業活動に対する制約となってきた。

その三は、商人規範の確立である。個人商人は経営権の一切を掌握するが、それに伴う責任も無限である。しかし、その個人商人が有する個人財産に限界がある以上、取引規模が大幅に拡大すれば、取引先や債権者に対して多大な害を与える存在となりうる。そこで、商法典は、個人商人に対して、商号規制を行い、商業登記制度を整備し、商業帳簿の作成を求め、商業使用人の法律関係を明確化するといった対応を行ってきた。商業帳簿を作成せず、または虚偽の商業帳簿を作成して破産した場合には、故意の場合には詐欺破産罪、過失の場合には過怠破産罪として重罰を科してきた(現在は、財産の隠匿等を罰するものとして位置づけられている——破産法265条)。

人間の結合(契約)による共同事業——組合と社団

個人商人が使用人等を活用して事業活動を拡張するのとは別に、個人や個人商人が共同の事業を行うために契約的に結合することは自然の成り行きである。このように「共同の事業を行うための人の繋がり」の形態として知られてきたのが、「組合」と「社団」である。

組合とは既述のように、「各当事者が出資をして共同の事業を営むことを約することによって、その効力を生ずる」(民法667条1項)との契約類型である。各組合員の出資財産は組合員全員の共有財産となり(民法668条)、出資に応じた「持分equity」という観念が存在する。共同の事業により利益が生じた場合の分配割合や損失が生じた場合の負担割合は、組合契約次第であり、特に定めがなければ出資割合に応じて負担する(民法674条1項)。債権者に対する責任関係は、債権者が債権を取得する際に組合員の損失分担の割合を知らないときには、全員が均等に責任を負担する。組合員は、その個人財産の一切をもって責任を負担するため、その責任は無限責任である。その代わり、業務執行権(経営権)を各組合員が有している。

共同の事業を営む過程で、組合員たちは時には全員一致で、あるいは多数決で意思決定を行うことになるが、この意思決定の多数決を仮に株式会社のよう

に議決権と見るならば、それは組合員という人間の意思の表現であり、人間の人格の発露に他ならない。株式会社の株主総会での議決は資本多数決とされ、カネの多寡がそのまま意思決定を左右するかにも見えるが、議決権を人格権として構成する可能性が追求されるべきことについては後述する（110頁以下）。

　組合も外形的には団体として機能しているように見えるが、その実態は組合員相互の委任関係が多数集合したものである[24]。ローマ法のソキエタス societas がこうした契約関係の原型とされているが、これを沿革とするフランスの組合契約であるソシエテ契約の観念は資本市場を有する株式会社を匿名のソシエテ société anonyme と呼ぶように概念を共有している。民法の組合契約の当事者も株主も、ともにアソシエ associé という共通の呼称を有している。きわめて重要な問題である（117頁以下）。

　いずれにしても、組合契約は「共同の事業目的」のために締結されるのであり、その共同の事業目的が何かは組合員の意思次第である。人間の多様性に対応して事業目的も多様である。株式会社で、ここで言う事業目的とは、定款の絶対的記載事項であり、それがどのような目的かは会社設立時に、あるいは事後の定款変更により設定される。株式会社についてだけ、どの会社も事業目的が株主価値最大化などということがありえないことについては後述する。

　組合契約にあっては、無限責任を負う組合員が出資した財産は組合員の共有財産であるため、会社財産は組合員の所有物と言って良いのであるが、そのことを当然視してもなお共同の事業目的を遂行するために組合契約が締結されたのであり、事業目的の遂行状況に異論があっても簡単には退社できない（他の組合員の合意が必要）。大事なのは合意の内容であって、出資の所有関係は二次的な問題である。共同の事業が組合員の私的な利益を超えた高次の目的であれば、出資財産が組合員の所有物であることの意義は小さなものとなるし、共同の事業目的が組合員の利益のためのものであれば、その組合は組合員の私的性格の濃いものとなる。組合員は無限責任を負うが、それでも組合員の利害を超えた目的を有する組合契約が想定されるのは、それが多様な価値観を有する人間の営みであることの証左である。

　ところで、組合契約のもう一つの形態は、出資者は出資をするが経営には関

24　木庭顕『新版 ローマ法案内』（勁草書房・2017年）109頁。

与せず(業務執行権がない)、しかし責任も出資財産の限度でのみ責任を負うという組合員が加わる形の匿名組合契約関係である(商法535条)。ここでは、無限責任を負担して経営権を有する出資者である営業者(商人)と、単に出資だけをして責任は出資を限度とする(有限責任の)匿名組合員との契約関係により、共同の事業を遂行するとの合意が形成される。ここでは経営責任を負って事業を遂行するのは営業者であり、対外的には営業者としての商人が事業を行っているという外観となる。匿名組合員が複数存在する場合には、営業者と各匿名組合員との間の匿名組合契約が複数存在することになり、そこに一種の団体的な状況が生ずることとなる。匿名組合員には契約相手である営業者の行為に対する監視権が認められている。ローマ法のコンメンダ commenda がその原型とされている[25]。

　組合契約と一対で観念されてきた共同事業の形態は「社団」である。組合契約はまず人ありきで、人が契約的に結合し、結果的に団体的な様相を呈することになるが、社団はまず団体ありきであり、社団形成の目的等を定款ないし規約という形で確認し、その団体への人の出入りを認めるという形態をとる。会社法を理解する際に必要となる「社員」という概念は、「社団の構成員」[26]という意味である。社団には定款ないし規約があり、執行部がいて運営資金がある。たとえば、小学校のPTAや学校の野球部のようなクラブ活動を見ると、団体は長期的に存在し、そこに人が出入りするという関係であるから、組合契約とは相当違うようにも見えるが、これも定款の書き方次第であり(契約自由に対して定款自治と言われる)、団体性の強い社団も弱い社団もある。組合と社団は概念としては別個のものとして理解することが便利であるが、その団体の構成員の地位や責任関係の具体的な形は、組合だから、社団だからという風に概念的に割り切ることはできない。組合的な社団もあれば社団的な組合もあり、それは契約ないし定款の内容次第である。

---

[25]　ここでの匿名組合契約とフランスで公開性の株式会社を匿名の組合 société anonyme と呼ぶこととは全く意義を異にしている。後述するが(116頁)、後者の匿名とは主として証券市場がもたらす匿名性を意味する。

[26]　社団の構成員であるから、株式会社を社団とみると株主こそが社員と呼ばれてきた(それがおかしいことについては後述)。まさに、membership であるから、従業員という意味の会社員とは違う。

本書の問題意識からすると、人間が契約する組合も、社団に入社ないし入会する構成員が人間であることも、人間の営みという点で等しい価値を有している。構成員たる社員（株主）が証券市場で日々変化する株式会社の株主についても、こうした価値が維持されているのか、それが本書の問題意識である。

法人格の活用は大きな転機——合名会社・合資会社

ところで、民法上の組合も商法上の匿名組合も、例えば第三者と契約を締結したり、訴訟を行ったりする際には、原則として各組合員（の連名）ないし営業者の名において（匿名組合の場合）行為することが必要である。もとより、契約自由であるから、業務執行を組合員の誰かに委ねることはできる。そうした者を業務執行者という（民法670条2項、合名会社の場合は代表社員）。業務執行のうち「常務」はこうした業務執行者が単独で行うことができるが、他の組合員が行為の完成前に異議を申し立てることができる。

クラブ活動のような任意の社団（法人格なき社団）にも、管理者ないし執行者は存在しているが、財産関係などは執行者個人の責任で管理するのが普通である。組合員や社員の個性を重視しつつ、団体としての一貫性を保持しようとすると、その規模が大きくなればなるほどに、両者の間に矛盾が生じ、取引の相手方としても直接の契約の相手である管理者個人の財産関係であるかの外観と、社団の実態との間のズレによって不測の損害を被りやすい[27]。

そうした錯綜した法律関係を一気に解決するために活用されてきたのが「法人格」である。法人格が認められると、法人（会社）の名前で契約をし、訴訟をすることができる。民法上の組合は法人格を有すると合名会社（組合員に相当するのが無限責任社員）となり、匿名組合は法人格を有すると合資会社（営業者に相当するのが無限責任社員、匿名組合員に相当するのが有限責任社員）となる。社団も法人格を有すると社団法人とされるが、この概念は財産自体に法人格が付与された財産管理法人（ヒトの集まりではなく）である財団法人に対応する概念である。

単に会社という場合には、合名会社、合資会社、旧有限会社などの同族的家族的企業（閉鎖的会社と総称される）に適合的な会社と、証券市場を活用しうる会

27　こうした不便を回避するために法人格なき社団に訴訟提起能力を認める等の判例による是正が行われてきたが、そうした対応には限界がある。

社形態である株式会社の双方が含まれる。「会社」とは伝統的には、「営利」を目的とする「社団」の性格を有する「法人」とされてきた(営利社団法人)。

　日本の戦後を見れば、株式会社といっても実態は小規模の同族的家族的企業、という会社は山ほどあり、合名会社・合資会社といっても戦前の財閥企業の三井合名会社、三菱合資会社のような大企業もあった。しかし、少なくとも株式会社制度は証券市場を活用しうる(理念的には中間市民層を株主として構想しうる)企業形態として生成発展してきた。明治23年商法典以前の明治6(1873)年の第一国立銀行は公募を前提とする株式会社であった(後掲注54、55参照)。旧財閥企業たる合名会社・合資会社も大量の社債を発行していた点を見れば証券市場を使っていたとは言えるが、それは無限責任を負う財閥本家の信用を裏付けとした負債市場であり、究極的には個人信用の世界である(言わば、一種の高格付債券と言えるものであり、議決権ないし支配権は無限責任に対応していた)。

　生身の自然人は出生によって私権を享受するが(民法3条1項)、法人は人工の権利主体であるから、「法人は、法令の規定に従い、定款その他の基本約款で定められた目的の範囲内において、権利を有し、義務を負う」(民法34条)のが原点である。合名・合資会社の実態は、組合契約であり社員間の契約関係であり、組合契約とは共同の事業を行うための合意を意味した。これを合名会社・合資会社という法人の観点から見れば定款の目的こそが法人の事業目的に他ならない。もともと法人格とは人間活動をスムーズに遂行するための手段であるから、このことはあまりに基本的な原理である。しかるに、後述するように、超高速取引のような人間離れをした取引の帰結を人間間の契約と同視したり、人間の匂いがほぼしない法人が人間に敵対し、人間たちを収奪し、法人に関わる僅かな匿名の人間による無数の人間たちに対する支配を容認する事態が普遍的に生ずる事態となっている。その前に、まずは、合名会社・合資会社との関係で株式会社形態の性格と意義についてみておく必要がある。

第三の形態は株式会社──伝統理論は全社員が有限責任

　会社形態の第三の類型は株式会社である。これまで説明してきたような人間の意思を中心とした団体ないし事業活動(共同の事業とは人間活動の目的の共有)に充満する「人間の匂い」が消えていく可能性を秘めた仕組み(単に株式を購入したというだけの株主の属性と株式市場の存在がキーワードとなる)を有する株式会社

制度こそ、人間復興の会社法学の課題が集中している。株式会社制度が他の会社制度と決定的に異なる特徴は、それが証券市場と一体の、証券市場を活用しうる仕組みとして歴史的に形成されてきたというところにあるが、どの国もこの証券市場で失敗してきた。そうした経緯を知らない日本の株式会社制度理解は、最大のリスク要因である証券市場抜きの素朴な株式会社法理解であった。

　それは、株式会社法理の基本をも、個人商人、組合、合名会社、合資会社が前提とした民法の契約理論ないし取引ルールそのものとしてのみ理解してしまう。しかし、それは本来の民法の契約理論とは大きく異なる。既述のように組合理論が契約主体を人権享受の主体としての人、自然人による意思表示を正統性の根拠としていたのに対して、現実の株式会社は、株主の属性としてほぼ人の匂いのしないファンドなどが横行している。そして、そこにいう契約理論には、経済学がいうところの合理的経済人仮説が想定する架空の主体を現実の人並みに扱うという、看過できない大問題がある。証券市場と一体の、証券市場を活用しうる仕組みとしての株式会社制度を証券市場概念抜きに論ずる欠陥も含めて、こうした発想が何をもたらすのかについては後述するとして、まずは株式会社に関するこうした日本の伝統理論ないし通説の論理を確認しておくと、それは次のようなものである。

　株式会社制度は大規模経営を可能とする仕組みであることから、多くの出資者、大きな規模、多くの利害関係人を想定している。このうち、多数の出資者（株主）の存在を可能にするためには公衆の有する資金をも大量に動員する仕組みが必要であるとして強調されてきたのが、出資者全員の責任限定、換言すると全出資者の責任が有限責任という性格である。

　既述の個人商人、合名会社・合資会社のように、人の意思の連絡に関する私法ルールないし取引ルール（換言すると民法理論）が貫かれる世界にあって、出資者ないし資金提供者は、原則として無限責任を負う。したがって、その範囲は通常は個人的に資産を有する富裕層、すなわち貴族や地主層、特権商人等であり、資金提供者の数や規模に自ずと限界がある。しかし市民社会が展開し、市民の存在感が増大し、市民自体が経済活動の主役へと変貌していくにつれて、市民生活に資する商品やサービスの提供を大規模に行う事業体が必要になると同時に、主として中間市民層が有する余剰資金（遊休資本）をも大規模に活用す

ることにより、さらに大規模経営を行う要請が高まってくる。

　しかし、そうした市民層が資金提供者となる場合に、個人商人や合名会社社員のように無限責任を負い、個人財産のすべてをなげうつ覚悟が求められるのでは容易に資金提供者にはなれない。無限責任社員も保有財産に物理的な限界がある以上、有限責任と大差ないと主張する向きもないではないが、それは人間への洞察を欠いたカネしか見ない発想であり、最低限、生活のための差押禁止物件（箸や茶碗までは差し押さえない）しか有しない状況を公衆に覚悟させるような制度設計はありえない。無限責任を負担する社員が債権者の債権を満足させることができないのなら、企業規模の拡大は難しい。

　他方、有限責任というのは、債権が回収できなければ一家心中も図りかねない債権者を前に、株主は個人としては巨大な資産保有者であっても、出資額以上には一切責任を負わないという制度である。したがって、根源的な非倫理性を抱えているのだが、それでも大きな積極面を強調することで必要とされてきた制度である。合資会社の有限責任社員の場合は、他に無限責任社員が存在するが、株式会社の社員の全員が有限責任社員であることを説明する際には、多くの公衆が有する遊休資本を一気にかき集めることで、大規模経営を可能とするという社会・経済政策的な意義が強調されてきた。そうした市民層は経営に直接的に関与することを求めてはいない以上、その責任形態は有限責任たらざるを得ないとされてきた。こうした社員（株主）の有限責任性は、旧来の出資者である貴族・地主・富裕層にとっても、多くの会社に出資することでリスク分散を可能にするという点でやはり都合が良かった（証券市場の形成を可能とすると有限責任とは株式市場から株式を「後腐れなく」買い取った姿であることにつき、後述32頁以下参照）。

　以上のような説明は従来一般になされてきたものであるが、そこでは公衆は主として大量の資金をかき集めうる対象の拡大としてのみ位置付けられる。中間市民層が主役の企業・経済体制への転換という最重要の視点が欠けている。

社員権論と「希薄化された所有」

　民法上の組合、合名会社、合資会社といった、出資者の個人財産への信頼を拠り所とするような事業体を人的会社と呼ぶが、これらにあっては、出資財産は出資者の共有財産であった。この点、株式会社にあっては株主が出資した財

産は明白に会社の所有に属し、出資者たる株主の共有財産ではない。ところが、出資財産が出資者の共有財産であることが明白な民法上の組合、合名会社・合資会社であっても、事業目的は組合契約、定款に書かれた目的であり、その目的実現のために共有財産たる出資財産を活用することが契約上の合意事項である。そこでは、出資者が共有財産に何割かの持分を持っていること、したがってこれを増やして回収することが会社の目的とされるわけではない。あくまでも事業目的の遂行が第一である。既述のように、人間が共同で、力を合わせて何かをしようという動機には人間たちの多様な価値観が反映され、事業目的は人間くさい多様性に満ちている。その目的達成のために、持てる者は多くを出資し、持たざる者は可能な範囲で出資する。ただ、多くを出資した者は、「特約がない限り」出資に応じた利益の分配を受け得るとされており、一切は契約自由の世界である。

　しかるに、株式会社にあっては出資者全員の責任は有限責任であり、かつその出資財産は明らかに会社の所有に属する。第三者にとってはそうした会社財産しか信頼の拠り所がない。にもかかわらず、株式会社にあっては「会社は株主のもの」「株主主権」「株主価値最大化」というような観念が当たり前であるかのように言われてきたのはなぜか。

　この問題は、従来より、理論上、社員権論という名の株式本質論ないし株式会社本質論を拠り所として主張されてきたが、そこには大きな問題がある。株式の法的性質が何かについては、民法の伝統的な概念である債権（人に対する請求権——契約が最大の根拠）、物権（物に対する支配権——所有権がその中心）といった概念で説明しようとした時期もあったが、それのみでは説明しきれないとされてきた。確かに利益配当請求権のような株主の権利は、いくら寄こせという具体的な債権ではなく、それは配当可能利益があったら一定の手続で配当される可能性があるという地位でしかない。経営者に対する株主の信任の問題は残るものの、配当可能利益があっても配当しなくて構わない。

　他方、株主の出資財産（資金）は「会社の」所有物であるから、株主は出資財産について具体的な所有権を主張しうる者ではない。ここははっきりしている。そこで、債権・所有権といった既存の概念によってはこれを説明できないとして、これを団体法的に説明し、株式とは社団における構成員（社員）たる「株主としての地位」、すなわち利益配当請求権や議決権、その他訴訟提起権や情報

収集権等の諸権利がそこから発生するところの地位を総体的に表現するものであるとの見解がその後は通説とされた。この見解を「社員権論」という。この社員権論は、株主は会社財産の所有者とはいえない、という認識を出発点として生まれた見解なのである。

　このように、株式は社団の構成員たる株主の地位を意味するが、ここから派生する具体的権利は、大きく分けて株主の財産的な利益に直結する権利である利益配当請求権・残余財産分配請求権（会社解散時に残った財産の分配を要求する請求権）に代表される「自益権」と、株式会社の意思決定等に関わる会社全体のあり方を左右する権利である議決権に代表される「共益権」から成るとされた。民法の所有権とはその内容として、対象物を自由に「使用、収益、処分」する権能を意味する（民法 206 条）。使用とは、物に対する支配権を意味し、それをどのように使おうと自由である。収益とはそれを他人に貸与する等により収益を得る自由であり、処分とはそれを譲渡し廃棄する等の自由を意味する。結局、この三つの権能のうち、使用と処分は物に対する直接的支配であるから、これを二つに分けると支配権能と収益権能ということになる（収益機能も物に対する間接的な支配を意味することに変わりはない）。

　ところで社員権論は、株式は出資財産に対する所有では説明できないことをはっきり認めたうえで、そこには利益配当請求権という収益権能があり、譲渡する自由という処分権能と議決権という支配権能を有しているから、所有権ではないが、所有権が有する「機能」が残っていると主張する。社員権論の主張者は、これを「希薄化された所有」ないし「所有の変形物」であると主張した[28]。

　これが、法律論としての株主所有者論のギリギリの主張であるが、「変形」「希薄化」にこそ株式会社制度の本質があるのだとすると、さらにその意味を追究しなければそもそも本質論とは言えないはずである。しかし、そこは空白である。ほとんど所有と言うに値しないほどに変形し、希薄化されているのか、希薄化の程度は少なく、ほぼ所有と言って良いほどのものなのか、そこを論じ

28　そうした主張の代表として、大隅健一郎「いわゆる株主の共益権について」同『会社法の諸問題〔新版〕』（有信堂高文社・1983 年）149 頁（初出は、松本烝治先生古稀記念『会社法の諸問題』（有斐閣・1951 年））。

なければ、社員権論の意義はきわめて小さい。はっきりしていることは、株主は「株式の」所有者であり、株主の出資財産の所有権者は会社、ということだけであり、要は株主が会社の所有者ではないという結論以外の根拠はない。このように「希薄化」とか「変形」というだけでは実はギリギリの法律論とすら言えない。既述のように、所有とは人間の行動の自由である契約の自由と一対の「モノに対する支配権」を意味したが、それでは利益配当請求権のような財産権を有することまでは説明できても、議決権のような人間たちのあり方を左右する権利は説明できない。

　もっとも、こうした主張をされた大隅健一郎も、戦前から株主の誠実義務の語を用いており、それは戦前では普通のことであった(静岡大学准教授・西川善晃氏のご教示を得ている)。大隅健一郎は、株主の共益権を、後述の田中耕太郎のように積極的に会社のために行使すべき(後述 111 頁参照)とはせずに、株主の営利目的を肯定しつつも、その営利目的は「事業の共同経営なる手段を通じて達成すべきもの」であることを当然とし、株主が社員として行動しうべき限界を示すという意味でならそれを「株主の誠実義務」と呼んでも良いとしている(前注 28 に掲記する大隅論文 152・155 頁)。株主権を所有概念で説明するとしても、それはこうした意味においてであることを確認する必要がある。

　それにしては「株主の株主による株主のための」株式会社観が広範に普及してきたことになるが(アメリカと日本で)、そうした異例な理解を大変都合の良いものと考える者がたくさんいたことは確かである。それはそれまで懸命に学んできた欧州を、学ぶ対象から外してしまったことを意味している。他方で、こうした議論を深く詰めなくても、株主といえば個人・市民に決まっており、株主の属性にこだわる規範意識が普及しているような世界では(欧州は基本的にこうした世界といえる)、実はそうした規範意識が理論を支配し、それによって企業社会の健全性は確保される。そうした規範意識のない日本だからこそ、「会社は株主のもの」という誤った観念ばかりが独り歩きし、人間疎外の進行を許してしまったと思われる。重要な問題であり後述する。

株式市場の論理も私的な世界だった

　既述の民法上の組合や合名会社に見られるように、出資財産が出資者の共有財産であることと、事業目的がどのように設定されるかはまったく別の話であ

る。出資財産が出資者の共有だから事業目的も出資者の利益の最大化である、ということになるとしたら、およそこの世に存在する、出資を伴う共同事業体の事業目的はすべて同じということになってしまうが、そのようなことは人間の営みの多様性自体を否定する発想でしかない。しかるに、上記のように株式の本質は「会社に対する」所有権の表現であるという理解が、そこで言われたはずの所有権の「変形」「希薄化」ないし「誠実義務」という限定すら忘れる形で強調され、それが戦後日本の株式会社法理の通説とされたことにより、出資者が無限責任を負う民法上の組合や合名会社ですら言わなかった経営目的＝株主(出資者)価値最大化論が、全株主(社員)が有限責任である株式会社法理の通説ないし通念とされてきたのである。

株式会社制度は証券市場を使いこなせる制度として発展してきたが、日本では明治以降の株式会社観は、先人たちが当時の英独仏の文献を真摯に学んできた欧州で草創期の、証券市場と一体の株式会社観であった。今でいう、資本市場および商品市場の経済学を意味する取引所論も商学の一分野として認知されていた[29]。ところが戦後、証券市場崩壊の状況を受けて昭和23(1948)年に制定された証券取引法は、一貫して証券「取引」という取引ルールないし私法ルールとして理解された。民法は売買・委任等の「取引」ルールから成る。商法は商事売買等の「商取引」ルールから成る。証券取引法は有価証券をめぐる証券「取引」ルールを構成する、というのが通説的理解であった。証券取引は投資者保護に傾斜した取引ルールとして規制当局の役割を重視した体系を有するものの、その法理の基本が私法であることを当然視してきたのである。

証券取引に関する諸制度の理解も、私法的な取引ルールとして理解され、「取引所においてする取引」は一貫して商法の絶対的商行為とされて今に至る(現商法501条3号)。取引所での大量取引も通常の商取引と同じ性格のものであることを前提に、一回でも取引所取引を行えば商行為になる(時効や法定利率等の特則が適用される)という発想である[30]。証券取引所(現行法上は金融商品取引所)

29　上田貞次郎、向井鹿松、藤田国之助、福田敬太郎といった先人がこの分野の専門家であった。旧取引所法に関する代表的な文献(田中耕太郎、岸信介)(50頁注65参照)も、当然ながら取引所を経済的機能や意義を中心に論じていた。

30　もとより、会員制であれば会員でなければ取引所取引を行えず、株式会社証券取引所では取引参加者のみが取引所取引を行う資格を有するため、この絶対的商行為概念は一貫して死

に関するルールは今では、どこまでも経済法規である金融商品取引法上の免許法人として金融商品取引法上の制度としてすべて理解され、それで完結する。

　同様に、証券会社も商法上の「問屋」(商法551条)として私法的に理解されてきた。商法上問屋とは、「自己の名をもって他人のために物品の販売又は買入れをすることを業とする者をいう」とされており、これは歴史的には例えば中世地中海世界で、イタリア北部で製造した製品の販売委託を受けたローマの商人がそれを自分の名で(自分の所有物として)自分の責任でモロッコで売るというような関係を意味していた。その後、問屋は商人が資金を提供して製造を依頼して販売するというような形の問屋前貸しとしての金融機能を営むものとなる。この概念は、例えば馬喰町の問屋街、という場合の問屋が通常は買い取ったものを売るという関係、つまり仕入れも販売もいずれも売買契約、というのとは法的性格を異にすることからこれを特に問屋（といや）と呼んできた。有価証券は問屋概念にいう「物品である」との最高裁判決(昭和32年5月30日第一小法廷民集11巻5号854頁)により、証券会社は商法上の問屋とされてきた。売買の委託者である投資家のための取引が、証券取引所内では証券会社間の取引として実施されるために、「他人の計算で自己の名をもって」する取引に外形上見えることから、こうした理解を当然視してきたのである。投資家の買い注文を執行した証券会社がその有価証券を投資家に引き渡す前に倒産したら、問屋法理だとその有価証券の所有権は証券会社にあることになり、その場合に投資家はそれを取り戻せるかという、今では論ずるまでもないことが当時は司法試験の出題可能性のある重要論点とされていた。今では、証券会社(現行法上は金融商品取引業者)も金融商品取引法上の登録会社(ないし認可会社)と理解すれば足り、それで何の不足もない。

　このように、資本市場の中核を担う諸ルールも私法の取引ルールで理解され、資本市場と一体の株式会社制度の一切が私法のルールとされてきたのである。

責任論中心の株式会社法論

　株式会社の法的性格に関する従来の通念の話に戻ると、それが私法ないし取引ルールであることを、どこまでも当然の前提としていた。そのうえで株式会

　文化している。

社制度の特徴は当然のように社員の責任論のあり方におかれてきた。合名会社の全社員が無限責任社員であり、合資会社の社員が無限責任社員と有限責任社員から成るのに対して、株式会社制度の特色は全社員が有限責任社員であるところに求められた。しかし、合資会社の有限責任社員も無限責任社員もその氏名が定款に記載されており、その責任も権利も、特定の社員という「ヒト」に帰属することが明らかである。株式会社の場合には、全社員が有限責任社員であるとされ、取引先や債権者に対して個人財産をもっても最後まで責任を負う者はどこにもいない。全社員が有限責任社員であるのは、それによって資本の集積・集中を容易にし、大規模経営を可能にするという社会経済的意義を追求するところにあるところ、そのために債権者が犠牲になるのでは、社会的な制度としての株式会社制度の正当性は主張できない。

　このように、全社員が有限責任であり、社員というヒトに信頼の拠り所を求められない以上、信頼の拠り所は一定の財産が会社に必ず確保されているところに求めるしかない。こうした要請を満足させるのが「法定資本」概念である。この要請を確実なものとするために、法定資本とされた数値に見合う財産が確実に出資され、法定資本に食い込むような利益配当を禁じ、あるいは法定資本の数値自体を原則として減少させてはならない、といった規律が求められた。さらに準資本としての資本準備金および、一定の利益を確実に留保させる利益準備金を内容とする法定準備金制度も、株式会社制度にとって必要不可欠なものとされた。こうした制度は、現在でも欧州の会社法では確固たる地位を有しており、会社の純資産が最低資本金の2分の1を下回った場合には、(誰かの支援を得て)増資ができなければ解散といった強い規範となっている。これを守れない会社を社会的存在として認めないのである。こうした制度により、企業社会が損なわれたという話は聞こえてこない。

　資本概念がないかあるいは薄弱なアメリカないしそれに追随してきた日本の資本概念はこうした規範的意義を喪失し、その財産確保機能はきわめて弱く、資本概念はほぼ廃棄されて今日に至っている。会社財産に対するこうした資本拘束の廃棄は、それまで会社に留保されていなければならないとされていた資金の社外流出、とりわけ株主への過剰な分配を可能とし、その分、会社の危機に弱い体質が拡大し、会社を取り巻く利害関係人ないし社会全体に大きなしわ寄せが来る。

法定資本金概念を維持し、かつ GDP に対する国債発行限度を憲法上 0.45％と定めるドイツは（違憲の事前審査権を有する憲法裁判所が存在する）、コロナ危機に際して、企業に留保された資金に併せて、法が定める例外措置としての赤字国債発行により、就業者の給与の 6 割を保障し、さらに上積みが予定されたという[31]。これに対して、対 GDP 比債務残高が 237.6％（2020 年）と主要先進国で図抜けて大きく、法定資本概念も法定準備金概念も廃棄したうえに、株主への配当を正義であるかに言い続ける学者・マスコミと、成長戦略のために内部留保を吐き出せと言い続ける政府を有する日本は、まるで「打ち出の小づち」をもっているかの感覚に麻痺しているかにも見える。米欧は政府による支援の条件に自社株買いや株主配当に使わないことを条件づけたとされるが[32]、こうした当然な発想すら日本にはない。歴史に学ばないことの咎は必ずやってくる。

　ところでこの資本概念についてであるが、旧く株式会社制度草創期においては、国王の特許状（Charter）に基づいて株式会社が設立される場合には、条件として一定額の資本金の確保が求められた。それは一方でこうした会社と取引する者の信頼を確保するとともに、他方で「資本金概念は一種の上場基準」としての意義を有してきた側面がある[33]。現在、各国の証券取引所で、株式の上場基準としては、株主数、時価総額、流通株式数、純資産額等の基準を用いているが、このうち時価総額や純資産額等は会計・監査制度等の充実なしには想定できない基準であり、資本金は上場適格性を保証する最小の分かりやすい基準として機能してきたと見ることができる。今でも、資本概念にそうした機能が期待されている場面も見られる（銀行等の資本金規制など）。そして、そうした観点によるならば、資本金に相当する資産が現実に存在することが、価格形成の最低限の根拠を確保するという意味から重視され、資本に関する最重要原則とされてきた資本充実の原則とは、上場基準の維持を求める機能を有し、それは上場廃止基準の意義、あるいは一種の破綻防止のための早期是正措置としての機能をも有していたと見ることもできる。

　日本では戦後、小規模で閉鎖的な株式会社が株式会社の大半を占めてきたこ

31　上村「コロナ禍と脆弱な日本の企業法制」産経新聞「正論」2020 年 11 月 5 日付。

32　日経新聞 2020 年 4 月 19 日付朝刊 3 面。

33　上村「資本概念と公開会社法理」ビジネス法務 16 巻 6 号（2016 年）127 頁。

とから、資本金概念を単に債権者との関係における利益考量的観点でのみ考察し、ついには有限責任の弊害すら論じられるに至っている[34]。しかし、資本概念はもともと大規模公開株式会社制度を前提に論じられてきたのであり、株式会社らしい株式会社とはいえない株式会社が濫立し、会社の区分立法を軽視してきた戦後日本の状況のみを前提にして、この問題を評価することは正しい姿勢とは言えない。

株式会社のもう一つの特質として指摘されてきたのは、株式の単位の均一性である（会社法109条1項、308条1項本文）。この株式の均一性に関する伝統的な説明は、株式の大きさをどのように設定するかは定款自治の問題であり、株式の均一性の要請は、これにより「株主・会社間の集団的法律関係を数量的に簡便に処理することが可能になる」ところにあるとされる[35]。要は、株主数の計算等が容易になるところにその根拠を求めている。私見は株式の均一性とは株式会社制度が資本市場を形成する上で、価格形成可能性を求めるために要請される必然的な形態を意味し、その意味では資本市場の機能という公序に関わる問題であるから、定款自治で説明されるべき問題ではないと考えている（後述35頁以下参照）[36]。他方で、議決権まで均一な単位であることに（1株1議決権）理由があるかは非常に重要な問題である（後述37頁、105頁以下）。

結局株式会社とは、①全社員の有限責任性、②債権者保護（法定資本概念）、③均一な割合的単位としての株式、という三つの特徴から成る会社制度とされてきた。これらの性格はいずれも原則として、私法ないし取引ルールの観点からする説明であるが、次章以下で述べるように、私見はこれらの三つの性格はいずれも資本市場を活用するための制度的条件を表現するものと考える。

株式会社制度が証券市場を使いこなすための制度である以上、日本が現実に証券市場を活用する時代になってくると、こうした私的世界で理解されてきた日本の株式会社法理解が、実は株式会社制度の本質的な機能からかけ離れたものであることを思い知らされることとなる。

---

34 後藤元『株主有限責任制度の弊害と過小資本による株主の責任──自己資本の水準から株主のインセンティブへ』（商事法務・2007年）。

35 江頭憲治郎『株式会社法〔第8版〕』（有斐閣・2021年。以下、江頭・株式会社法という）123頁。

36 こうした問題については相当以前から論じてきている。上村・改革127、131頁。

第2章　株式会社 ——資本市場対応型会社制度の本質とは

株式会社の本質は責任論ではなく株式論にある

① **株式会社に有限責任社員はいない**　　株式会社とは全社員が有限責任社員である会社、と会社法のどのテキストにも書かれている。いわば会社法の常識である。株式会社の本質は、株主というヒトの責任論によって語られてきたのである。しかし、実は株式会社に有限責任社員というヒトはいない。

個人商人・合名会社・合資会社の世界は、ヒトとヒトの意思の連絡を中心とした契約、私的自治、定款自治といった市民法の世界で位置づけられてきており、そこでは、取引先・債権者に対して最終的に責任を負うのは、商人たる個人、合名会社・合資会社の無限責任社員・有限責任社員という「ヒト」である。社員としての権利も義務もそうしたヒトに帰属しているため、合名会社・合資会社の定款には社員の「氏名又は名称及び住所」が記載されなければならない（会社法576条1項4号）。

会社の債権者ないしこれから取引関係に入ろうとする者は、そうした無限責任社員の中に一人でも大資産家がいれば安心できる。戦前の財閥本社である三井合名会社や三菱合資会社、住友合資会社、古河合名会社等といった会社は、財閥家ないし財閥本社が無限責任社員であることが一切の信用の拠り所である会社であった[37]。無限責任・有限責任という責任も社員としての権利も、ある特定の社員に属人的に帰属している。株式会社制度は全社員が有限責任社員であるとされてきたが、私は、株式会社にそうした「ヒト」はどこにも存在しないと二十数年にわたって言い続けてきた。正面から賛同されたことはないが反論されたこともなく、実は口には出さねど賛同しているのだと言われたことはある。

株式会社の定款には、社員である株主の氏名などは一切書かれないが、その

---

[37]　もっとも、明治23年商法は、商号に家族（社員）名を付さなければ有限責任のまま合資会社となりうるかに読めたことから（明治23年商法139条2項）、岩崎家は有限責任社員であったという。高村直助『会社の誕生』（吉川弘文館・1996年）190頁。

代わりに書かれているのは、出資される財産の価額またはその最低額であり（会社法27条4号）、発行可能株式総数である（会社法37条）。発行可能株式総数は登記事項とされる（会社法911条3項6号）。定款にヒトの名前が書かれる世界と、株式というモノの数量だけが書かれる世界の違いにこそ、株式会社制度の本質が現れているのだが、従来こうした発想はまったく存在しなかったと言って良い。日本の戦前の株式会社法（商法会社法編）や今の欧州の株式会社法のように、厳格な資本概念が生きている場合には、額面（券面額）[38]×発行済株式総数＝資本という等式が生きているが、そこでも資本金の額だけが問題であり、特定の社員との関係性は問題にならない[39]。

　②**株式会社制度の本質は「株式論」にある**　　株式会社の定款には株式の数だけが書かれ株主については何も書かれていないのは何故か。明らかなことは、株主とは「株式を持っている人」share の holder であり、株式とはそれを買おうとする者にとっては取引の客体であり、株主とは株式というモノを買ったあとの呼称、ということに尽きる。一般に、株式とは「細分化された割合的単位としての株主の地位」と言われるが、このことは株式とは均一な単位であることを意味している。先に、株式会社の特徴として、全社員の有限責任と並んで株式の均一性を取り上げたが、そこで言う有限責任と合資会社の有限責任社員とは全く違う。合資会社の有限責任社員のような個性的なヒトの有限責任と、株式が均一・同質な単位であることに基づく株式というモノ（およびそこに表象された諸権利）を、「後腐れなく」買い取ったためにもう責任はない（32頁③以下参照）、というのとは異なる。

　こうした問題の前提として、ここで株式の語義について述べておくと、英語で株式のことを share という。この share という表現は、もともとの「分ける」という語義が意味するように、割合的な単位を意味する。他方で、組合契約の持分のようなものは stock と呼ばれてきた。これは株式を一個の個性的なかたまりと見た場合の表現である。イギリス会社法は昔から株式のことを

38　券面額（par value）とは、券面金額とされた金額の出資が確実になされるとの規範を画する概念であり、これに発行済株式総数を乗ずるとそうした金額の総和である資本金概念が導かれる。現行の日本の会社法には額面ないし券面額の観念はない。

39　なお、現在の株式会社は出資金の全額払込制を採用しているが、歴史的には分割払込制の時代もあり（日本の戦前も）、株主に引受未払金の払込義務が存在しえたがここでは触れない。

stock といい、現に多様な金融商品を扱っていても、世界中で証券取引所のことを stock exchange(ロンドン証券取引所 LSE、ニューヨーク証券取引所 NYSE、東京証券取引所 TSE 等々)と呼ぶのはその名残である。イギリスは株式制度を作ってきた国であるから、昔の概念をそのまま使ってきており、そこで stock とは share の意味で用いられてきたが、2006 年会社法は share の語を基本とし、「もはや、ストック stock に転換することはできない」としている(同法 540 条 2 項)。公開性の会社に相応しい share を stock の形態に戻すことが不合理であることを確認した規定ではないかと思われる。

　もともと、stock は個性豊かな出資者の持分であるが、それが何故、細分化された割合的単位ないし均一な単位としての share という形態をとる必要があったのか。実は、固まりの持分としての stock が均一な単位としての share に変化する局面にこそ、証券市場を使えない会社制度が証券市場を使いこなすことのできる制度としての株式会社へと飛躍する分水嶺があった。固まりの持分とは、2 分の 1 の持分とか 3 分の 1 の持分といった「個性的な持分」であり、それは組合契約や合名会社の持分のように、組合員や社員による契約によって定められる。そこでは持分を有する主体である組合員や社員といったヒトと出資持分という財産とは一体である。この持分を二つに割って譲渡するも三つに割って譲渡するも契約自由であるが、無限責任の組合員や社員がいなくなったり他人に変わることは、債権者が頼りにする社員の存否に直接関わり、残された組合員や社員の責任を左右することにもなるため、勝手にはできない。

　しかし、均一同質な単位としての share は、ヒトの人格から切り離された出資財産だけを細分化した割合的な単位であり、そうした単位の財産的価値だけを反映する。その単位はヒトから切り離された株式というモノに他ならない[40]。

40　こうしたプロセスは、その後の例えば個性豊かな住宅ローン債権の証券化現象等の先行形態である。証券化(securitization)とは、昨日まで民法の世界だった取引を短期間に資本市場適合的な金融商品に作り上げる現象であり、取引の市場型化(marketization)の一形態である。stock を share に作り替える現象はまさしく、そうした証券化現象の先駆形態ということができ、株式とはまさに長期熟成型金融商品(フルボディワインタイプ)ということができる。上村「(連載)新体系・証券取引法　第 2 回(証券取引法の基本概念)」企業会計 53 巻 5 号(2001 年)90 頁参照。なお、新しい現象であるかに見える住宅ローン債権の証券化などは昨日まで民法の世界の債権だったものが今日は資本市場法上の投資物件(有価証券)になるという意味で短期速成型金融商品(カクテルタイプ)と呼べる。

そうした株式というモノを買おうとする者はまだ株主ではなく投資者である。株主というヒトは常に株式を買い、または買い増したあとの投資者の呼称でしかない[41]。株主とは、株式というモノを持っているヒト、つまり、share の holder、shareholder（株式保有者）である。会社の設立段階では株式を引き受けてから会社が成立する時（設立登記）に彼は株主になる。新株発行段階でも新株を引き受けて払い込むと株主になる。東京証券取引所の流通市場で株式を買うと株主になる。株主という概念の前には、必ず株式というモノの存在が先行している。人格に属していた諸権利が人間という人格から株式というモノの世界へと離脱・移転した「この瞬間」こそが株式会社制度が独自の世界を獲得した歴史的瞬間である。

　このことは重大である。株主が有する利益配当請求権（現行会社法上、剰余金分配請求権という）、残余財産分配請求権、議決権といった権利も、株式というモノに表象されており、そうしたモノとしての株式を取得し所有することの結果として、株主（株式保有者）は株式に表象された諸権利を行使することができるのである。shareholder としての株主とは、株式というモノを有しているという以外のあらゆる価値判断（「会社の所有者」であるとか共同体の構成員であるといった）を有しない（後述）。ちょうど消費者という観念が、あるものを購入する前のすべてのヒトを意味し、買った後には単に「缶詰を持っているヒト」と言われるだけであるのと変わりがない。株式会社の定款に株主の氏名が記載されていないのは当たり前なのである。

　③ヒトに帰属する有限責任からモノ（株式）の無条件買い切りへ　　株式会社に有限責任社員はおらず、株式会社の本質はヒトの責任論ではなく、ヒトから離脱した株式というモノの性格論（株式論）にあるということは、要は株主の権利とされてきた諸権利（利益配当請求権、残余財産請求権、議決権等）は、ある特定の人に帰属してはおらず、株式というモノに表象されていることを意味する[42]。

41　矢沢惇教授はかつて、株式を買う前の存在を「潜在株主」と呼んだ（矢沢惇『企業会計法の理論』（有斐閣・1981 年）117 頁）。株を毛嫌いする人も、一生株とは縁のない人もいるから、そうした人としては、潜在であっても「株主」と呼ばれること自体を不快に感ずるかもしれず、この表現は適切なものではないが、証券取引法の大家であった矢沢教授が、少なくとも株式を買う前の投資家を想定した議論をされていたことはきわめて先駆的であった。

42　このうち議決権については、これを人格の表現とみれば、モノとしての株式の世界の話で

もとより、この諸権利が発生するのは株式会社設立時ないし新株発行時に誰かが出資したからであるが、会社設立の発起人は株式を引き受けることになっており（会社法32条1項1号）、この者も株式を所有することで株主となることに変わりはない。

では、株主有限責任と言われてきた責任はどこに表象されているのであろうか。これについては、合資会社、合名会社の責任のようにヒトに帰属する責任であれば、有限責任も無限責任も定め方一つでともにありうるが、株式会社にあっては、均一な小さな単位としての株式の一粒一粒に諸権利が表象されており、そうした金融商品としての株式を無条件で買い取った以上はそれのみで「後腐れのない関係」であるから、後日責任が追加されることはない。これをもって株主の有限責任と表現することは正しくなく、株式というモノに有限責任という責任が表象されているわけでもない。昔から、株主有限責任と言っても全額払込制の下で、払い込んだあとには何の責任もない（株主無責任）と言われてきたことの正体はここにある[43]。

stock が share になるプロセスはいわゆる金融の証券化現象そのものだと述べたが、この現象は個性豊かな民法の世界の取引を抽象化された市場型取引に転換させる現象であった。この現象は企業金融（corporate finance）から資産金融（asset finance）へと言われるように、企業から切り離された資産の価値・信用だけで資金調達する仕組みを意味するため、大事なことは独立した資産のみで評価可能な売買になっていることであり（真性売買 true sale という）、そこに発行母体である企業による保証などが付いていないことが前提となる。この true sale は、当該金融商品の品質や価値のみを基準とした「市場取引の形成を可能とする条件」なのである。

株式は長期熟成型の証券化商品であり、もともとヒトに帰属していた諸権利が母体であるヒトから切り離されて株式というモノ（証券化商品たるモノ）に帰属する。このように、モノに変容した金融商品である株式が独自に売買の対象と

はないことになる（後述）。

43　ただし、後腐れのない状況も、株式を大量に有することで会社支配に決定的な影響を及ぼしうる状態となれば、ヒトは目立つ存在となり、ヒトとしての責任が復活することがありうることについて、後述120頁参照）。

なるため、これを買った者はその株式の所有者として株式に表象されている諸権利を行使することができる。

　④商法・会社法の有限責任規定　　1807年ナポレオン商法典は「社員associé は会社におけるその利益の額の損失のみを限度として負担」するとし(33条)、さらに「株式会社の資本金は同一価値の株式または株券(coupons d'actions)に分割される」(34条)としていた。フランス商法典 L.225-1 条(旧1966年7月24日の法律第73条)は「株式会社は資本金が株式に分割され、その出資を限度として損失を負担する社員の間に設立される会社である」と定めている。ここでは、株式とは資本金が同一価値の株式に分割されたものであることが示されている。このことは株主とは「株式の所有者」であるという観念を前提にしているものと見るのが自然であるが、ここで使用されている社員とはフランスでは単なる株式保有者の属性に係る独特の意義を有することについては、後述118頁参照(associé が株式保有者を意味しないことは確かである)。日本の明治23年商法が株式会社を「会社ノ資本ヲ株式ニ分チ其義務ニ対シテ会社財産ノミ責任ヲ負フモノ」(154条)としていたのも同様の趣旨に出るものと考えられる。ここに同一価値の株式という表現はないが、別に「各株式ノ金額ハ会社資本ヲ一定平等ニ分チタルモノニシテ二十円ヲ下ルコトヲ得ス」(175条)としているため、フランス商法典と同様の発想にあったと見られる。

　その後明治32年商法は、株式と資本の関係については「株式会社ノ資本ハ之ヲ株式ニ分ツコトヲ要ス」(143条)とした上で、「株式ノ金額ハ均一ナルコトヲ要ス」(145条1項)としており、同じ立場を維持している。ただし、この改正により「株主ノ責任ハ其引受ケ又ハ譲受ケタル株式ノ金額ヲ限度トス」(144条1項)との規定が入ったことで、株式会社制度の本質を「株主の責任」を中心に理解する発想が一般化していった。資本市場の発想がまったくなかった当時の日本としては無理もないところがあるが、株主の責任と言っても株式の均一性を前提としている以上は、株式の保有者としての立場(後腐れなく買い取った姿)を意味するはずであるから、実はもともと株式会社制度の基本を株式制度の特性に置くという発想が当然視されていたとみるべきである。そのうえで、フランス法が社員 associé という言葉を使っていたことに込められた思い(株式会社であってもヒトによる共同体の一員との思い)は、株主を単に株式を有するヒトとのみ理解したことで見失われた。いずれにしても、ここで均一とか分割という

のが、資金や財産の均一を意味していることは明らかであり、議決権が均一の単位であることは当然には要請されない(後述37頁)。

　平成17年会社法は、「株主の責任は、その有する株式の引受価額を限度とする」(104条)と定め、株式の均一性を要請する規定もなくなった。これにより、明治前期から想定されていた株式の性格に関する理解は完全に放棄されたかに見える。この会社法は旧有限会社も株式会社であるとし、かつ旧有限会社の任意法規性を大前提としたのであるから、株主は株式の保有者であるという世界は表面上消えてしまい、すべてが株主というヒトの責任であるかに位置付けられてしまった。もとより、均一性の要請が資本市場の論理に基づくものである以上、株式市場が形成されそこで公定相場が公表されている世界に株式の均一性が貫かれていることは確かである(株式の均一性は会社法に定めがなくても取引所規則で定められることも多い)。

　次項で示すように、株式会社の本質論は株主という社員が有限責任社員かどうか、というヒトの責任論で説明できるものではなく、むしろ株式というモノが有する特殊な性格、すなわち独特の株式論にこそ、株式会社制度の本質があるとみなければならない。市民法の世界の基本原理は人間と財の一体化、換言すると契約の自由と所有の自由は一体であった。しかるに、株式会社にあっては、人間から株式という財が分離し、人間は株式というモノを所有する主体となったのであるが、その主体が人間であることの保証も消滅した。実はこの瞬間が株式市場と一体の会社制度である株式会社制度にとっては、今日のグローバル・マーケットに至るターニングポイントとなったのであるが、このことは会社制度が株式市場を有することで人間社会の福祉により大きく貢献する可能性を獲得する一方で、人間福祉からかけ離れた、あるいは人間福祉に厄災をもたらす存在ともなった。まさに取扱危険物としての、証券市場と一体の株式会社制度がスタートを切ることとなったのである(重要な問題であり、後述58頁参照)。

株式の均一性が株式市場の形成を可能にした

　社員というヒトに付着していた諸権利が、人という人格から分離したモノとしての株式に付着することを要請したものは何か。それは多くの中間市民層の参加を想定する株式市場で一株いくらという価格形成を可能にするためには、

きわめて多数の均一同質な取引単位の存在が必要だからである。株式が株主という特定のヒトに属するとすると、そうした株式の譲渡はその特定のヒトの意思と一体のものとして観念される（当然、事情を知らない第三者を害してはならないといったルールはある）。株式というモノがまず最初に売買対象物として現れるという状況は生まれない。しかし、株式が株主というヒトから離脱したモノの世界を形成していれば、モノはモノだけの世界での展開が可能となる。特に出資財産が金銭であれば均一な単位を容易に作ることができる。3分の1という持分比率は、3分の1のかたまりではなく、発行済株式総数3万株のうち、1万株を有していること（買ったこと）の結果ということになる。この違いは本質的である。

　株式が大量に存在していれば競争売買による相場形成が可能となり、公定相場の存在はすべての投資家に共通の価格での取引を可能とする（初値の形成等については特別のルールが必要だが、ここでは触れない）。これを可能にするためには、市場取引の客体としての株式は均一同質な単位としての株式 share という形態になっていなければならない。公定相場の存在が当然視されるようになると、人間は公定相場を前提に、いつでも「買える」「売れる」「共通の公正な価格で」という条件が確立する。

　市場取引を前提にした均一性の要請は、もとより株式に限らない。たとえば生産地でコーヒーをナンバーワンとかナンバーツーと格付けする規格化・標準化（ある一定の数に混じる欠点豆の割合で決める）、糸の格付け基準（太さ・伸び率・引っ張り強さ・混用率などで決める）、あるいは卵や農産物の標準化等々、およそ相場形成可能な市場取引ないし取引所取引のためには、取引対象商品の抽象的な標準化・均一化ないし格付けがないと公定相場としての価格形成ができない。国債は日々大量のものが異なる条件の下で発行されるが、国債の先物取引などが可能なのは、国債の標準物という架空の国債を取引するためである。抽象的な条件が設定された国債の標準物は金商法上の「金融商品」とされる（金商法2条24項5号）。標準物の取引も反対売買による差金決済であれば国債の現物は不要である。商品先物のように、現物の受け渡しが必要な取引にあっては、そのための手続きや換金手続きを別に定めておくことになる。

　均一、同質な取引単位をもっとも作りやすいのが金銭債権と数字である。株式会社は株主の出資金という金銭価値のみで会社財産を設定するために（現物

出資という例外はあるがこれも原則として検査役の検査を経て金銭出資に換算される）、容易に均一同質な単位を作ることができる。全金額を、想定する単位数で割れば容易に一単位あたりの価値を算定することができる。この場合の単位の設定は、想定する株主像によって左右される。投資単位としての合理性が確保される限度での最低単位が望ましい場合もあれば（大衆個人株主）、相当大きな金額を想定する場合（プロ投資家等）もある。

　数字はもっとも抽象度の高い取引物件となりうる。1000という数字は1が1000個と認識できるし、0.1が1万個とも認識できる。加減乗除自由であるため取引所取引適格性を有している。小数点を一つずらせば、取引単位を変えることも自由である。株式関連の指数としては、東京証券取引所株価指数（トピックス）、日経平均株価指数、S&P 500（スタンダード＆プアーズが選んだ500銘柄の平均株価指数）などがあり、先物取引やオプション取引の対象とされている。数字には、現物の物理的な受け渡しという観念がないため、売買は数字の増減として認識され、その＋－を金銭に換算する手続きさえあれば取引が可能となる。

　ところで、株式に表象されている議決権の意義については後述するが、株式の均一性との関係で触れておくべき重要な論点がある。先に述べたように、人格から切り離されたモノとしての株式は出資財産を均一同質な多数の単位に分かつものとして構成されたものであるが、そこでは「出資財産が」均一な単位となったことを説明できても、そのことは「議決権が」当然に均一な単位となることを説明してはいない。一株一議決権という観念が現実に存在していても、それがなぜなのか説明はない。後述のように議決権を人格権ないしデモクラシー関与権と見るならば、それを均一な単位とすることは人格の細分化ないし分裂を意味することとなる。カネがあれば株式市場でいくらでも株式を買える。一株一議決権という観念はカネに根拠不明な過剰な支配権を付与してしまっている可能性が強く、そうした過剰な支配権行使への懸念から、かねてより議決権行使前後における制約の論理が工夫されてきたのは当然である。しかし他方で、議決権を人格権とみて一人一議決権（頭数主義）を前提にすると、今度は大株主の財産的利益の小株主による毀損に対する対応が用意されなくなる恐れがある。社債権者集会は社債権者の財産的利益を守るための制度であるが、株式にもそうした側面での対応は要請される。いずれにしても議決権の本質に関す

る検討がまずは先行されなければならない（後述 102 頁以下参照）。

【社債は share か？】

　社債とは明治時代から「公衆に対する起債」として理解されてきたが、現行会社法はこれを単なる民法上の「金銭債権」としており（会社法 2 条 23 号）、社債の本質を完全に見失っている。明治以来の公衆に対する起債という定義は今で言う公募債の定義であり、それが証券市場を通じて発行されることを前提にしていた（当時は私募債という観念はなかった——単なる借り入れにすぎない）。

　思うに、社債の本質的意義は、証券市場取引適格性（換言すると、公定価格の形成可能性）を有する負債であり、均一な単位としての負債というところにあるため、負債の割合的単位（負債を分かつ）という意味において理論上これを株式同様に share としての負債と言って構わない。ここでも、民法上の単なる金銭債権の証券市場適格的性格への転換という、株式の場合と同じ現象が存在する。なお、平成 17 年会社法制定以前の旧商法 299 条は、「同一種類ノ社債ニ在リテハ各社債ノ金額ハ均一ナルカ又ハ最低額ヲ以テ整除シ得ベキモノナルコトヲ要ス」としていたが、この定義は社債の均一性を定めたものであり、社債の本質に適うものであった。会社法は株式会社が資本市場対応型の会社であるとの本質を理解できず、単なる取引ルール（民法レベル）の話にしてしまったのである。社債は大券 1 枚のものも多いので細分化された割合的単位とは言えないという者もいるようだが、株式の定義をするに際して株主 1 名の一人会社を中心に理論を組み立てることはしない。その制度の本来的機能に焦点を当てて理念型として概念を設定する姿勢がなくては制度の意義を理解することはできない。もっとも取扱困難な状況を想定しておくことが、それを現実に使いこなすためには必要な姿勢である。想定していない現実にその場で対応することは困難であるが、理念的な想定を実態に合わせて運用面で調整することは容易である。

【株式合資会社の意義】

　ところで合名会社・合資会社と株式会社の間をつなぐ会社形態としての株式合資会社の歴史的意義には想像以上に大きなものがあると思われる。株式合資会社は合資会社と同じく無限責任社員を有しながら、有限責任社員の部分は株式制度となっていることで市場取引が可能な形態である。戦前には日本にも存在したが、あまり利用されず、その後制度が複雑すぎるとして廃止されたとされているが、無限責任社員がいる分、株式会社よりよほど簡明かつ合理的（株式市場の長所を活用しつつ、支配に伴う責任が明快）と見ることもでき、要は当時この制度の意味を理解できなかったにすぎない。フランスでは今でも有力企業の中に株式合資会社形態を有しているものがある（料理ガイドブックで有名なタイヤ会社のミシュランなどがこの形態を今も採ってい

る）。

　株式会社は信頼の拠り所のすべてを会社財産に頼るが、それが容易に実現可能だっ
たわけではない。今から振り返れば明らかなように、そこでは、確実な払込、会計・
監査・開示・内部統制といった規範が確立し、かつそれが確実に履行されていなけれ
ば本来もたない制度である。当初の特許主義がそうした欠陥に代わる担保として十分
でなかったことは歴史が証明している。株式合資会社は株式市場の形成を可能にしつ
つ、経営権を有する無限責任社員の存在が制度の欠陥を補完するものと見られ、むし
ろ合理的な会社制度として株式会社の原型としての役割を果たした[44]。取引先や債権
者としても無限責任社員の信用を調査することでリスクを比較的小さなものとするこ
とができた。株式会社の設立に準則主義を認めたフランスの 1867 年法以前、株式会
社の設立は稀であり 1826 年から 1837 年にかけてコンセイユデタが設立を認めた株
式会社は 157 社のみであるのに対して、株式合資会社は 1000 社以上の設立が認め
られていたとされる[45]。パリ公認仲買人組合における株式上場判断要素として存在し
ていなかった流通性要件につき、会社法が初めて規定を設けたのは、株式合資会社熱
とも言われた株式合資会社の設立ブームを抑制する目的であったとされるが[46]、株式
の上場判断についても株式会社よりもむしろ株式合資会社の株式が中心であったと見
られる。ここでは無限責任社員の存在はいわば上場基準としての資産基準に代替して
いたと見る余地もあろう。他方で、無限責任社員の信用が薄い株式合資会社は認可制
の下にあった株式会社設立の脱法とも見られたようである。

　なお、イギリスの保証有限責任会社 company limited by guarantee は株式資本を
有しうるが（and having share capital）[47]、これはまさに株式合資会社の実態を有す
るものと言えよう。

【岩井克人教授の株式会社法論について】

　ところで、後述のように本書は日本の経済学者による株式会社論、とりわけ「法と
経済学」を標榜するような発想には強い疑問を有するが、モノ、ヒトといった概念を
駆使して、独自の視点で株式会社に迫ろうとする例外的な経済学者が岩井克人教授で
ある。日頃より尊敬する経済学者であり、株式会社についても株主主権論を否定し、

44　石川真衣「フランスにおける株式会社の成立と展開(3)」早稲田大学大学院法研論集 151
　　号（2014 年）43 頁。

45　石川・同上論文（注 44）。

46　石川真衣「フランスにおける株式上場制度の形成──パリ公認仲買人組合における上場判
　　断要素の変遷を中心に」上村達男先生古稀記念『公開会社法と資本市場の法理』（商事法務・
　　2019 年）652 頁。

47　2006 年イギリス会社法 5 条。

株式会社の公共性を強調される点で、その結論の正しさを共有しており、モノ、ヒトという概念の駆使には多くを学ばせていただいた。しかしそれでも（無理はないのであるが）岩井教授といえども、法に直結する議論には日本の会社法学の通説に安易に依拠してしまう限界を有していることは否めないように思う。岩井教授とは意見を交換する機会もあるが、具体的な問題で意見を異にすることはほとんどないので、その見解に対する批判的な見解をここで述べることには躊躇を覚えるが、会社法の専門家による反応が見られないようなので、私見の会社法理となら齟齬を生ずることはないという意味で若干の感想を記しておくべきではないかと考える。

　結論を先に言うと、岩井教授は株主が法人としての会社を所有し、法人としての会社が会社資産を所有するという「二重の所有関係」[48] があることを強調され、株主が「株式を」モノとして所有することは「会社を」「あたかもドレイのように」モノとして所有することだとされるが、それは株式というモノを持つことがヒトに対する支配権の根拠であり、株式には「会社に対する」所有権が表象されているという旧来の通説的見解に沿った結論である。法的には株主には株式を保有する者ということ以上の意味はない。株式を所有するという場合の「所有」とは、民法上の明快な所有権概念であるのに対して、会社を所有するという場合の「所有」とは、これとは異なる意味不明の概念であり、ここでは二つの異なる所有の語が並列的に使われている。後者は株式を買った金銭の支出者に人間社会を支配しうる議決権を与えることが正しいというアメリカ的思い込みの反映でもある。岩井教授はこうした議論を経済学から法学への越境であり、法学者向けに書かれたとされるが[49]、議決権とは何かという議論はそれこそ戦前から侃々諤々議論されてきた日本が誇る株式本質論そのものの問題であり（後述 111 頁以下──実に魅力的な見解が多々展開された）、かつ岩井教授の見解はその中でも本書が批判する日本の通説（いわゆる社員権論──前述 20 頁以下）に依拠した見解なのである。なお、大隅健一郎の社員権論が誠実義務の語の使用を認めるものであること等について、前述 23 頁参照。

　岩井教授の議論には株式会社とは証券市場を使いこなすための会社制度として形成されてきた制度であるとの認識が欠けており、価格形成可能な均一な単位としての株式 share が資本市場の形成との関係で要請された形態であるとの認識との接点がない。このことは有限責任を株主という「人の責任」という観点でのみ理解する発想に表れている。会社法の教科書には、有限責任性について多くの頁を割かれた小難しい説明があるとされるが（『会社はこれからどうなるのか』74 頁）、そこで有限責任とは、株主という人の責任ではなく（合資会社の有限責任社員の責任は人の責任──定款に

<hr />

48　岩井克人『会社はこれからどうなるのか』（平凡社・2003 年）50 頁。
49　岩井克人（聞き手・前田裕之）『経済学の宇宙』（日本経済新聞出版社・2015 年）。

氏名住所等が書かれる）、株式市場からモノとしての株式を「後腐れなく」買い取っ
たあとの姿を言うにすぎないとの本質（前述 32 頁以下参照）を見逃してきた旧来の通
説の誤りが反映しているように見える。岩井教授が、どこまでも「株主」有限責任と
してヒトの責任を論じ、「株主の」権利としてヒトの権利を論ずる（株式を買ったこと
で株式に表象されている権利を行使するのではなく）という会社法の通説に拠ってし
まったことがその原因である。岩井教授は、株主の有限責任性とは株式会社の基本構
造の必然的な帰結と言われるが、株主というヒトの責任という観点からは株式市場と
一体として機能する株式会社制度との一体性は見えてこない。

　本書で繰り返し述べているように、株式とはヒトの人格と一体であった財産権が人
格から離脱してモノとしての株式に転化したものであるが、それだけにそうしたモノ
である株式を所有する者の属性としての正当性を新たに想定しなければ、株主とは要
は株式を買えるだけのカネを持っていた人、というだけの話で終わる。この点は実は
岩井教授が、株主の属性を問題にする私見に全面的に賛同されていることを了解して
おり[50]、この点を強調することは本意でないことを申しておきたい（なお、一株一議決
権原則と一人一議決権原則の関係等については、後述 105 頁以下参照）。思うに僭越
ではあるが、岩井教授の本意を支えることができるような会社法理が岩井教授の近辺
に存在しなかったことが、岩井教授の議論を難しいものにしてしまったと思われ、私
見は岩井教授の思いを支えたいとの意志を有している。

　岩井教授の議論には法律家が真剣に悩むべき論点が多々含まれており、通説を疑わ
ない法律家の議論よりもずっと問題の本質に迫っていることを繰り返し確認しておき
たい。なお、日本の経済学者には他にも、『地球市民の経済学』（NHK ブックス・
1989 年）、『経済が社会を破壊する——いかにして人間が育つ社会をつくるか』（NTT
出版・2005 年）、『人間を考える経済学——持続可能な社会をつくる』（NTT 出版・
2006 年）を著した正村公宏氏、あくまでも人間中心に経済学を構想した宇沢弘文氏[51]
のような具現の士がいたことを特記しておきたい。Law and Sustainability（後述）の
議論が日本発であって良い土壌が実は存在していたのである。

しかるに何故、私的な世界が通説だったのか
このように、株式会社という制度は証券市場を活用しうる会社制度として生

50　上村「株主の属性を問わない株主主権論が異様に独り歩きしていることが問題」財界
　2021 年 8 月 25 日号インタビュー 28 頁。
51　宇沢弘文『経済学と人間の心』（東洋経済新報社・2003 年）。後に、『経済学は人びとを幸
　福にできるか』に改題（2013 年）。同『人間の経済』（新潮新書・2017 年）等。

成されてきたのであり、後述のように株式会社法には証券市場で使えるための仕組みが様々に内包されている[52]。しかるに何故日本で、株式会社制度についても、まるでそれが既述の組合契約や合名・合資会社と何も変わらないかのように、私的契約・定款自治・有限責任社員といった要素を本質とみる見解が、今日に至るまで通説であるかに見られてきたのだろうか。既に述べたように、明治初期から戦前に至るまで日本の株式会社はその黎明期から、株式が証券市場で取引されるのを当然と考えて来た。当時の商法(株式会社法)の権威たちは、英独仏のテキストを通じて株式会社制度を学んできたが[53]、そこでは株式会社とは公募設立を前提としていた[54]。

　もとよりそこで証券市場とは、戦後のような大衆参加状況下のものではなく、株主は資産家を中心に構成されていた[55]。その後明治26(1893)年に制定された「取引所法」の下での株式取引は清算取引であり、そこでの参加者は今に言うプロ投資家が中心であった[56]。株式会社の設立方式である募集設立とは、発起人を公募して上場するという意義を有していたが、その後いわゆる発起設立が認められるに及び、公開を予定しない株式会社設立への道を開いた。株式会社制度のミニ版ともいえる小規模閉鎖的な会社向けの形態である有限会社が認められたのは昭和13(1938)年である。このときに、有限会社法には最低資本金1万円が法定されたが、この金額は今の感覚だと2000万円は下回らないと言わ

52　株式会社法に資本市場取引適合的な性格が内包されていることを「内なるマーケット」と呼び、現実に証券市場と一体になって運営される状況を「外なるマーケット」と呼んだことがある。上村・改革87頁。

53　会社の概略を紹介した「会社弁」「立会略則」が大蔵省から刊行されたのは明治4年であった(高村・前掲書注(37)36頁)。前者の著者は福地源一郎、後者の著者は渋沢栄一である。

54　明治6年の第一国立銀行の設立につき、出資金300万円の3分の1は発起人の公募であった(高村・同上44頁)。発起人が公募され、彼らによる創立総会が開催されるというのが字義通りの募集設立であった。

55　第一国立銀行の場合は三井組が100万円、小野組が100万円を引き受けた。ここで「組」とはcompanyの訳とされる(高村・同上37頁)。

56　株式の現物売買も盛んに行われていた。明治半ばの調査によると、株式会社の株式所有者の中心は商工業者・商人であったという(高村・同上198頁)。江戸時代の寛永期以後に由緒ある寺社の修復のための資金調達手段として幕府公認の「御免富」が普及し、市中でも売買されたという。プレミアム売買や呑み行為のような「蔭富」もあり、こうした広範な人々を巻き込んだ「富籤」の流行が株式取引を違和感なく受け入れる前提となったとされる(高村・同上28頁が引用する宮本又郎他『庶民の歩んだ金融史』(福徳銀行・1991年)による)。

れている。この時代に、株式会社に最低資本金制度がなかったのは、株式会社といえば大会社に決まっており、最低資本金を設ける必要はないとの通念があったためと言われる。しかし、現実には相当数の小規模閉鎖的株式会社が存在していた。

　戦後、昭和25年に商法(会社法)の大改正があったが、その改正論議に際しては、株式会社にも100万円の最低資本金制度を導入すべきとの有力な主張があったものの[57]、それは実現しなかった。昭和26年改正で有限会社の最低資本金が1万円から10万円に引き上げられたにもかかわらず、株式会社に最低資本金を導入しなかったことは、当時そうした問題意識があっただけに悔やんでも悔やみきれないことである。このときに、株式会社に意味のある最低資本金制度が導入されていたら、今のドイツのように、株式会社数が1万超、上場会社が3,4千社、その他の閉鎖会社はみな有限会社というようなすっきりした会社区分の状況が出現していたことであろう。少なくとも、平成17年会社法制定により有限会社を廃してこれも株式会社であるとしたことで、その結果株式会社数が254万社(平成30年統計)を数える[58]というような混乱状況を招かないで済んだはずだろう。特に、旧有限会社法では社員の出資は持分stockとされていたものを株式shareと呼んで両者を同視したことは、会社法・株式会社法の最重要原理に反しており、致命的な誤りであったと思われる。

　このように、株式会社に一貫して最低資本金制度が導入されなかったことから、戦後同族的家族的企業が株式会社として濫立する現象が一般化した(法人成りという)。実質個人企業である以上、株式会社を名乗ることで信用が増すわけではないが、戦前から高い信用を有していた株式会社の設立を好む、一種の事大主義が横行した。戦前から存在する有限会社もそれなりの数を数えたが、結局株式会社の大半は小規模閉鎖的な、実質個人企業とも言えるようなものばかりとなり、そこではそもそも公開会社(上場会社)向けに設計されていた株式会社制度の全面的な不遵守が常態化した。

　多数の株主が存在し、証券市場を駆使することを想定した株式会社法が予定

<hr>

57　松田二郎裁判官、大隅健一郎教授が主張された。上村「占領と会社法改正」ジュリスト1155号(1999年)25頁。

58　江頭・株式会社法1頁。

する会社設立手続きは全面的に遵守されず、創立総会も実施されず株券の発行もなされず、株主総会は開催されず、取締役会も開催されず、監査役も役員報酬としての損金計上目当てで置くだけであり、会計帳簿も計算書類も作成されず、むしろ責任逃れのために会社を設立するといった会社設立の濫用も頻出した。それどころか、日常的に会社法を遵守しないことが常態化しているにもかかわらず、いつでも会社法違反を主張できることで、紛争が創出され・拡大するという事態すら生じていた。紛争解決のための法が、紛争を創り出すという由々しき事態が生じていたのである。

　こうした事態は、小規模閉鎖的な会社向けの簡易な会社形態である有限会社ならほぼ問題が生じないのであるが、株式会社なら違法だらけである。しかし、100万社以上の株式会社の現状がほぼ違法だらけということは、当事者に問題があるのではなく適切な区分立法がなされていないという立法の不備[59] によるものであるから、そうした状況を違法ではないとする理論と判例が蓄積された。会社法学は株式会社法の解釈の形を取って、実は夫婦喧嘩や兄弟喧嘩への対応を行っていると言われた[60]。法学部で会社法を学ぶ際に頻繁に利用される書物として、『会社法判例百選』(有斐閣)というものがあるが、この間の判例の大半はそうした実態に対応する小規模閉鎖的株式会社向けの判例で充ち満ちていた。近時は、資本市場を前提にした大規模公開株式会社向けの判例が著しく増大している。日本は大陸法の国と言われるが、この分野で現実に生きる法は会社法の条文を見てもまったく分からず、判例法国と言えるほどの様相を呈している（民法の不法行為法もこうした分野と言える）。

59　昭和25年改正に際して、法制審議会商法部会長は当初は英米法の高柳賢三教授、のちに民事訴訟法の兼子一教授が就任しており、商法学者が就任していない。当時のトップの商法学者であった田中耕太郎博士は最高裁入りしており、松本烝治博士は終戦時の国務大臣として追放になっていた。その後の商法改正を担う鈴木竹雄教授は43歳、大隅健一郎教授は44歳で、当時非常に影が薄かったようで、後日鈴木教授は「大隅君もいたっけなという感じ」と述べ、大隅教授も「その点は、私の方も同じことで、鈴木君についての記憶はきわめて薄く」と述べた。GHQとの交渉等に大活躍した矢沢惇教授も当時は弱冠28歳の研究室付であり、助教授にもなっていなかった。上村・前掲論文注(57)27頁。

60　株式会社法の解釈論を行う裁判所は、まるで家庭裁判所の様相を呈していることを裁判現場から訴えた裁判官の手になる著名な書物として、長谷部茂吉『裁判会社法』(一粒社・1964年)がある。

戦後、日本の証券市場は壊滅状態にあり、大企業への資金提供は銀行による間接金融、あるいは政策金融（興業銀行、長期信用銀行、日本債券信用銀行等の長期信用銀行等）が中心であったから、本来証券市場を活用する仕組みである株式会社制度が有している証券市場適合的な性格が意識されることはなかった。他方で、昭和23年に制定された証券取引法も、戦後は証券業者の取締りという業法的な意義と投資者の保護という政策法規としてしか意識されず、それが資本市場を規律する法規範、換言すると証券市場を活用しうる会社制度である株式会社法にとって本質的な意義を有する法制として意識されることはなかった。

　かくして、戦後日本の株式会社法学は、小規模閉鎖的な会社という実態を反映し、民法・商法といった私法原理が通用する領域としてもっぱら理論構成がなされてきた。会社法理論の中核はまさしく社団の形成、組合契約の形成といった私的自治が支配する領域として理解されてきた。たしかに、実態がどうあっても株式会社である以上は株式会社法が適用されるのは当然であるが、株式会社法が想定していたはずの資本市場を活用する実態がない以上、株式会社形態は背丈の合わないダブダブの服でしかなく、多数の株主の存在を前提とする規制、経営に対する牽制制度、情報開示や監査制度等々に関する規定は、ほぼ全面的に遵守されなかった。戦後会社法学を特徴付ける素朴な私法理論は、株式会社法の全面的不遵守状況に対応するものとしては素直なものであったが、それは到底本来の株式会社法理と言えるものではなかった。

　私は、こうした状況を怪しからんと言って批判しようとするものではない。確かに既述のように、昭和25年の商法改正当時にすでに株式会社の最低資本金を100万円にすべきと強く主張した学者もいたのであるから、それが実現されていたなら、という思いはある。最低資本金100万円をクリアしただけでは、実態として資本市場が壊滅している以上、本格的な株式会社法の運用が展開されたとは思えないが、少数であっても株式会社らしい株式会社を想定して株式会社法が理解されていれば、本来の株式会社法理への理解も進み、将来に期する態勢を持つことができたかもしれない。

　その後、現実には閉鎖会社に株式会社法を適用するという状況が横行し、そうした状況に併せて株式会社法理自体が私的な世界のこととして構成されたが、少なくともその後証券市場機能の活用が全面的に展開される状況となった以上は、本来の証券市場と一体の株式会社法理としての再構成を怠ることは許され

ない。我々は私法的な株式会社法理を通説ないし通念と思い込んできたが、実は株式会社法の歴史を振り返れば、株式会社がその本来の機能を全く発揮できなかったこの間の日本の株式会社法理はきわめて異例な状況下での異例な論理であったと見るべきである[61]。

取引ルール一本槍のアメリカ「法と経済学」の影響

これに加えて、今から40年ほど前から日本に紹介されたアメリカの「法と経済学 Law and Economics」がアメリカの司法をも巻き込んで席巻していた状況を受けて、アメリカ会社法研究を重視する研究者の多くがこの洗礼を受けることになった。日本の有力な法律家たちがこれを高く評価してきたことの影響は大きい。この見解は法を一貫して契約・取引ルールとして捉え、組織を組織として、市場を市場として捉えずに契約・取引ルールとして分解する。その発想はそもそも会社法以外のすべての法分野に妥当するはずである。なぜそれが、どこからが「会社法の」経済学なのか理解できない。ミクロ経済学の観点からの法の経済分析は、どこまでも経済学的な仮説の世界であり、そもそも方法的に、人間社会のあり方を規範的に論じ将来世代に責任を負う真の法律学とは言えないと思われる。しかし現実にこうした議論は、上記のような背景から株式会社法を私法的に理解してきた日本の会社法学にとって、そうした発想の背中を押す要因として作用した。こうした見解には、先人たちの業績への敬意は感じられず、歴史的に積み重ねられてきた業績を受け継ぎ乗り越えようという、先人たちの誰もが有してきた姿勢もほぼ見受けられず、棒を飲み込んだような方法と結論がひたすら強調されているように見える。

ここでは、取引に伴うコスト transaction cost を最小化すること、依頼主と

---

61 この間に商法学者が皆、そうした異例な発想に甘んじていたわけではない。そのことを掘り起こすことこそが学問的営為である。戦後展開された世界レベルの株式本質論（社員権論、社員権否認論、債権論、営利財団法人論等——後述110頁）、労働法と会社法を平行して研究された石井照久教授、独占禁止法を会社法理の基礎に据えられた大隅健一郎教授、会社の存在理由を追究されその公共性を強調された西原寛一教授、企業社会の実態を深く追究されて常に学問的な刺激を与えられた河本一郎教授、アメリカ証券規制と経済法に対する深い理解を踏まえた株式会社法理を展開された龍田節教授等々の主張には一貫した先見性と普遍性があった。問題はそうした学問上の財産を今に生かそうという発想がその後受け継がれているようには見えないことにある。

代理人、所有者と実行者との関係を principal-agency 関係と捉えて、そこに発生するコスト agency cost を最小にすることをもって効率的とし、こうした効率性をもってルール設計が追求すべき最善の価値と理解する[62]。最近はあまり強調されなくなっているかのようでもあるが、当初は会社とは多数の取引ルールの集合体としての契約の束 nexus of contracts であると盛んに言われた。株主はここでは、それが無数にして不特定多数の株主であっても principal とされ、効率的な契約の形成主体であるから、一切の制度は株主にとって効率的なものであることをもって望ましいものとされる。多彩な事業活動を展開し、日々企業を取り巻く人間たちと接点を持ちながら事業活動を遂行する企業にとっては、株主とはそうした多彩な人間たちの中で相対化され、彼が principal であること自体が現実味を持たない仮定にすぎないが、そのうえで株主価値最大化ばかりが強調されてきた。もとより、例えば多くのヘッジファンドのように、資金運用成果の追求のみを事業目的とする取引主体にとっては、単純な株主価値最大化論くらい都合のよい教義はない。特に、現実の市場はインサイダー取引や詐欺等の不公正取引に充ち満ちていることから、たとえ詐欺的な情報でも未公表の重要情報でもそれが速やかに市場価格に反映されれば効率的（ストロング型効率的市場仮説）という発想は、そうした市場で現実に資産運用を行う巨大な資金力を有するヘッジファンドなどにとって適合的な視点たりえたのである。

　会社法の経済分析については、1998 年刊行の三輪芳朗＝神田秀樹＝柳川範之編『会社法の経済学』（東京大学出版会）が日経・経済図書文化賞を受賞した代表的な著作と目されるが、そこでは、検討の対象は大規模公開会社としながらも、基本的に株主 1 名と取締役 1 名の関係に単純化した議論が「議論の便宜のために」と称して展開されており、そのうえで株主の利益最大化のために、株主にとってどのような権限配分の設計が望ましいか、といった議論がなされる。

　その前提には、会社の所有者である株主という観念が当然視され、あるいは

62　田中亘『会社法〔第 3 版〕』（東京大学出版会・2021 年。以下、田中・会社法という）20 頁は、「望ましい会社法の規律を実現するには、規制の便益と費用とを勘案し、便益が費用を上回る限度で——効率的な限度で——規制を課すという態度が必要となる」とする。同書の近時の影響力の大きさに鑑みると、人間復興の会社法理を構想する上で、同書の基本的な考え方に対する全面的な批判は避けられない。後述 85 頁以下参照。

取締役の選任・解任権が定款または株主総会に与えられているのは、「経済学的にも自然」と見られているが、今日取締役の候補者指名権が取締役会内の取締役指名委員会にあり、株主総会は社外取締役を選任するだけでCEOを選任しないという実情にも反している。議論の仕方は、「選任権を取締役会に委ねたいと思う株主も存在するかもしれない」という具合に株主の意思が強調されるが、取引当事者の主観を強調することの経済学的意義とは何のことか不明である。あるいは、権限配分問題を私的契約に対する補完的役割と捉え、あるいは株主が合理的に判断できない場合に法律が父権的に制限する、といった後知恵的・物語的な記述も多々見られる。

　同書の冒頭では、他国の制度との比較は必要最小限に止めるとしているが、そこでの論理からは各国の歴史や文化に対する深い洞察を必要とする比較法がいかなる形で可能なのか、そもそも不明である。こうした経済学的な契約理論？一点張りの議論は株式会社が当時でも100万社を超えている日本の現実を無批判に前提にしており、例えば株式会社が1万社強程度しかないが強行法規で充ち満ちているドイツ会社法のあり方などは全く顧慮されていないようである。その議論は現に存在する制度の説明のための説明に終始しており、しかもその説明は到底説得力のあるものとは思えない。ローマ法以来の法学の素養なしに法を論じ、歴史や思想や理念や比較法を語らずにそれを会社法の「経済学」であると強調する姿勢は、そこでの議論がどのような経緯を経て法的な議論になり得るかの筋道自体が示されていない。そこに共通するのは、経済学（彼らが言う経済学）を学べば諸学に通ずると言わんばかりの「経済学帝国主義」的感覚にも見える。

　法と経済学は、それが存在する法の「経済分析」である以上、新たな制度論がそこから創造される契機があるようには見えず、しかも制度の歴史的経緯に関心がない以上、議論の方向性は規制緩和にのみ一方的に傾いていく。もっぱらアメリカに追随して、比較法を尊重する日本の法律学の重要資産を食いつぶしてきたかに見える近時の日本の議論は、日本の会社法理の私的性格を後押しし、現実にその後の規制緩和路線に道を開いてきた。その行き着くところが平成17年会社法である。ここでは、株式会社法の基本に旧有限会社法のルールである任意法原則を据えて、公開性の株式会社固有の制度はその例外として位置づけられる。旧有限会社は平成17年会社法制定の際に丸ごと株式会社とさ

れたため、日本の株式会社の数は 254 万社を数えるに至った。連邦会社法のないアメリカで、かつては州の税収確保のための会社誘致合戦が行われ、その際に会社法の規制緩和競争が行われた。当時の会社法の大家 William L. Cary はこうした現象を「最低に向けての競争 race to the bottom」と呼んだ。日本のこの間の、「法と経済学」的発想に主導された平成 17 年会社法に至る立法動向は、ある意味では日本の会社法本体における race to the bottom と言えるのであり、それだけに公開性の株式会社のあり方を中心とした新たな区分立法構想が切実に要請される[63]。

経済学を活用する法律学の展開は経験済み

欧州において時間をかけて展開された組織・団体・社団・法人と個人との対峙の歴史への洞察を欠いたアメリカでのこうした法の経済分析は司法判断にもその影響を及ぼし、今でもアメリカのロースクールのローレビューには法と経済学を駆使した論文でないとそもそも掲載すらされないとも聞く。その単純思考ぶりは、法律家の責任倫理を根底に据えた「規範の学としての法律学」を放棄した姿にしか見えない。日本のように、基本六法(憲法・民法・刑法・商法(会社法)・民事訴訟法・刑事訴訟法)の他にも歴史(日本法制史、西洋法制史、中国法制史、ローマ法など)、社会学(法社会学)、哲学(法哲学、法思想)、比較法(英米法、独法、仏法等)、外国語などを万遍なく学んで法の全体像を把握させようとしてきた法学部のないアメリカで、こうしたことを学ぶこと自体が無駄なコストと考えられているのではないかとすら思われるほどである[64]。

63　なお、『会社法の経済学』の編著者であり、17 年会社法を主導したと見られる神田秀樹教授は、実は同時に新会社法と金商法との統合を唱えた私見の公開会社法構想の実現等の必要性を強調されており、ここで私が批判の対象としたような発想とは一線を画されていた(日経新聞 2006 年 9 月 5 日付「経済教室」)。近時、再びそうした方向への動きが活発化してきている。神田秀樹＝上村＝中村直人「(座談会)金商法と会社法の将来——再び、公開会社法を巡って」資料版商事法務 408 号(2018 年)6 頁以下。公開会社法については、後述 186 頁以下参照。

64　川浜昇「「法と経済学」と法解釈の関係について(四・完)」民商法雑誌 109 巻 3 号(1993 年)413 頁、443 頁(注 2)に言う。「法学者が経済学の修得にコストをかけると、その埋没費用を無駄にしないために……、現実を経済学的分析に都合のいいように曲解する危険性がいっそうあるかも知れない。」法と経済学による認識が、仮説的認識としてではなく現実の立法に対して、主として規制の緩和という形でのみ現実の力を発揮してしまうことに対する貴

ところで、法の理論や運用に経済学の成果を活用すること自体は、実は昔から普通のことであり、特に独占禁止法の基本概念である「一定の取引分野における競争を実質的に制限する」カルテルや私的独占、企業結合等に対して、あるいは取引関係における「優越的地位の濫用」などを判定するに際して、経済学の一分野である産業組織論を応用することは当然のこととされてきた。市場構造(structure)、市場行動(conduct)、市場成果(performance)という分析視点で市場を分析し、法運用を決定するという姿勢は、独占禁止法の法目的実現のための経済学の活用であるが、「法と経済学」にはコストと効率を超えた人間社会に貢献する法目的の実現という発想自体がないのではないか。

また、私見の証券取引法(金融商品取引法)市場法論は、法目的として資本市場の機能の十全な発揮による公正な価格形成の確保を謳い(現金融商品取引法1条に実現)、金融商品取引法上の諸制度の一切をその目的達成のためのものとして位置づけるものであるから、これもまさしく法運用のための経済学の活用そのものであると見てよいはずだが、これらを含めて法と経済学として把握されることはなく、アメリカの上記の「法と経済学」ばかりが格別意義のあるものであるかに扱われてきた。さらに、戦前の取引所法に関する代表的な文献[65] は一貫して取引所の経済的意義・機能を踏まえた議論を行ってきており、前記のように取引所論は商学系の議論とされたがそれは経済学そのものであった。現在ではこうした経済と法に関する従来の議論が総合的に論じられることは滅多にないのではないか。

これらの議論においては、あくまでも法目的実現のための規範の意義が強調されてきたのであるが、アメリカの「法と経済学」は法の「経済分析」であり、経済学であるからあるべき規範そのものを論じない。「効率」を論ずるが規範概念である「公正」を論じない[66]。制度の背景にある思想や哲学、歴史を論じ

重な警告である。一個の条文から過去の無数の人間たちの叫び声を聞き分けることで、歴史が散々経験してきた利害調整のあり方を学ぶという法律学の神髄を欠いた「今の人間だけで」物事を「効率」の物差しで仕切ろうという発想が、法律学を経済学の僕（しもべ）とするような感覚に通じている。

65　岸信介『取引所法(現代法学全集)』(日本評論社・1930 年)、田中耕太郎『取引所法(新法学全集)』(日本評論社・1942 年)。

66　ストロング型の効率的市場仮説にあっては、未公表の情報すら市場価格に反映されることをもって、最強度の効率性とする。こうした見解はインサイダー取引を市場の効率性向上の

ない。法と経済学に熱心な法律家は、法律家に対しては生半可な経済学の知識を振り回すことは危険であると警告を発するが、経済学者の法律学に対する無知には非常に寛容である。こうした主張は法律家に対して本物の経済学者になれと言うに等しい。経済学者は彼らと話が通ずる法律家経由で知った法律学のみをもって法律学を語り[67]、それ以外の法律家との困難な議論(ある程度の法律学に関する素養がないと対応できない)は徹底的に避けるか無視する。そうした状況は、敢えて言うなら、「経済学に理解のありすぎる法律家」と「法律学に理解のなさすぎる経済学者」との協働の姿に見える。

　アメリカで経済学者が100人いれば100通りの学説があるといわれるようであるが、それでもアメリカで経済学者たちによる自由闊達な議論が可能だったのは、司法に対する信頼があったからである。アメリカにおけるルールメイク力(法規範形成力)、エンフォースメント力(法規範執行力)、そして連邦最高裁の権威はきわめて高く、そうしたあり方が人種の坩堝であるアメリカ社会の成立根拠であった[68]。経済学者もそうしたアメリカの法の力を信じればこそ、「安心して」経済学の論陣を張れたのである。しかし、そうした経済学をアメリカで学んだ日本の経済学者がアメリカで彼の地の経済学者と対等にやり合えるほどになり、意気揚々として日本で同じような議論をしても、彼我の法の状況には大きな落差[69]があり、日本では世論形成上法律家とは比較にならないほどの発信力を有する経済学者たちおよび経済系新聞の主張が、実は法的センスを欠い

ために貢献する行為とすることにもなるが、それが公正の観念に反することは容易に理解できるであろう。最近は取り上げられないようだが、以前には「インサイダー取引擁護論」も盛んに主張された。インサンダー取引に関する私見については、上村「(連載)新体系・証券取引法　第6回(流通市場に対する法規制3──インサンダー取引規制)」企業会計53巻10号(2001年)68頁以下。

67　こうした問題に関する著名な論客の一人に、ある席でこうしたことを申し上げたところ、自分の周りにはそうした人しかいないので、と言われたことがある。

68　アメリカのルール形成力の著しい衰退を訴える書物として、ジェフ・マドリック(池村千秋訳)『世界を破綻させた経済学者たち』(早川書房・2015年)、ロバート・B・ライシュ(雨宮寛・今井章子訳)『Saving Capitalism 最後の資本主義』(東洋経済新報社・2016年)、ジョージ・A・アカロフ、ロバート・J・シラー(山形浩生訳)『不道徳な見えざる手』(東洋経済新報社・2017年)他参照。

69　こうした状況を明快に論じた名著として、田中英夫＝竹内昭夫『法の実現における私人の役割』(東京大学出版会・1987年)がある。

たままに主張され、それが制度論に反映されてしまうことになりがちであった。そこでの帰結は多くの場合、規制緩和の名の下に、むしろ日本には適合的であった可能性の高いヨーロッパ流の事前予防的な諸制度(後述)を簡単に過剰規制と見なして廃棄してしまうことであったと思われる[70]。

70　アメリカの不正摘発体制には程遠い日本の体制を知らずに、実証的に見て日本はアメリカより不正が少ないというようなことを平気で言う経済学者も多く、それをそのまま真に受ける法律家もいる。それどころか欧米でのこの分野の歴史を知れば、アメリカの規制緩和だけを真似、アメリカの激しいとすら言える規律(後述注 275)は真似ないできたのであるから、今の日本がどのような状況にあるかを想定できない方がおかしい。

第3章　株式会社法と人間疎外拡大要素

　本書の冒頭で、人間復興の株式会社法を構想する場合に検討を要するものとして、株式会社制度が現に有する人間疎外をもたらす要素、法人・市場・時間（超高速取引）・匿名性等を挙げた。以下では、これらの諸要素の問題点について具体的に検討を加えておくこととする。契約の自由と所有権が保障されても、その主体が人間とかけ離れた存在であれば、そうした主体が行う契約や所有の正当性の根拠自体がどこにあるのかが正面から問題となる。なお、大株主も正当な対価を払って株式を取得した以上、出資に応じた財産権（利益配当請求権など）は当然に付与されるが、人間社会の行方に関わるような問題についても出資に応じた発言権を当然に有することにはならないのではないか、が問われることになる。

法人をヒト並以上に扱うこと

　既述のように、会社の特色としては、営利・社団・法人の三つの要素が挙げられてきた。前二者は私人が契約的に結合する場合にいくらでもあり得る現象であるが、このうち自然人ならぬ法人は権利義務の主体としてはまさに「不」自然な存在であり、当初は国王の特許状 Charter によって、特定の事業目的遂行のためにのみ（東インドでの交易等）例外的に付与された（ローマ法王の免罪符に並ぶ国王の収入源）[71]。それが今日では準則主義により、一定の手続きと形式を踏めば誰でも法人格を取得できるものとなっている。法人は自然人の集合体がまとまって契約主体になることを容易にするための法技術であるが、自然人と同様の立場で行動することが保障されている訳でないにもかかわらず自然人と並ぶ法主体として認知されることで、次のような問題を抱えることになる。

　第一に、法主体（権利義務の主体）としての法人を自然人並に扱えば扱うほどに、自然人の本来の存在意義が希薄化し、自然人が法人にむしろ隷属する状況

71　商人ギルドの特許状から法人格付与の特許状に至る一連の経緯につき、星川長七『英国会社法序説』（勁草書房・1960 年）参照。

が生まれやすくなる。とりわけ人間関与度(後述)の低い法人、具体的には、モノを作らず、サービスを提供せず、したがって消費者(生産財には末端消費者・利用者が存在する――鉄道・飛行機・建築物等)も労働者もいないが資金だけは過剰に有する、いわば人間の匂いはしないがカネの匂いだけはする企業やヘッジファンドが議決権行使を通じて人間たちの営みを支配する。この場合、株主が一人の一人会社も存在し、しかもその一人すら法人ということになりうる。この問題は、そもそも議決権とは何か、法人の議決権行使とは何かという問題であるが(後述102頁以下参照)、さらには憲法の人権規定の一つとされる財産権が、自然人にも法人にも平等に適用されるかという問題でもある(いわゆる法人の人権とは何かという問題)。憲法学の通説とされる「二重の基準」論は、表現の自由等の精神的自由を制約する立法の違憲審査に当たっては、経済的自由を制約する立法の違憲審査に較べて、より厳格な基準を適用すべきとする。そしてその立場は経済的自由にかかわる条項(憲法29条2項、22条1項)についてだけ、「公共の福祉」による制約可能性を認めている日本国憲法が採用しているとされる[72]。ただ、こうした憲法の議論は、人権の享受主体が自然人か法人かを明快に区別した議論とはなっていないかにも見えるが、精神的自由が法人自体にある訳ではなく、前者は自然人のみ、後者は自然人と法人という含意があるはずだろう[73]。とりわけ、議決権が財産権ではなく精神的自由の問題であるならば、法人に対して議決権を付与することの根拠とは何かが問われることになるはずだ。

　第二に、法人の設立が容易である場合には(会社は準則主義でいつでも誰でも設立できる)、人は自然人としての人格に加えて会社の法人としての人格という二つの人格を手に入れることができる。そこでは、本来自然人としてはできないことが法人としてはできてしまうため、自然人の責任逃れの手段として法人が悪用される恐れが大きい。いわゆる実質個人企業の「法人成り」といわれる現象にはこうした事例がつきまとう。いわゆる小規模閉鎖会社法の世界で繰り広

72　樋口陽一『いま、憲法は「時代遅れ」か』(平凡社・2011年)37頁以下。

73　会社の経営者、経営幹部、従業員等は自然人としての人権享受主体であるが、彼らが法人の機関として見解表明する場合とは截然と区別される必要がある。経営者の表現の自由を企業の表現の自由と同視するところから人間疎外は始まっている。

げられる法人格の濫用の例としては、例えば一定の不作為義務を負った者が、その者と実体的には同じ別会社を設立し、個人として不作為義務を負った行為を会社の名において実行するといったことが起こる。あるいは実質は個人企業であり、会社は単なる衣でしかない実態のない会社を名乗ることで、どこまでが会社でどこまでが個人か分からないような状況を放置し（あるいは故意にそうした状況を作り）、あるときは会社として、あるときは個人として行動するといった例もある（会社法人格の形骸化事例と言われる）。こうした状況に対しては、法人格を利用する権利の濫用を問題とし、特定の事例についてのみ、法人格を一時的に否認して背後の実体の責任を追及するための法理（法人格否認の法理と言われる）が判例法として確立しているが、訴訟に訴えないと是正できないということは、多くの不正が放置されていることを意味している。

　第三に、支配企業が大企業であり、多くの子会社を有しそれらを支配しながら、親会社と子会社が別法人であることを強調することで、子会社の少数株主や子会社債権者に対して親会社が責任を負わないといった事例は広く見られる（支配すれども責任なし）。経営効率の観点を強調することで、グループ企業はきわめて多くの会社群を抱えているが、そこに責任体制がきちんと対応しているとは言えない。これに対しては、親会社に一定の責任を認める法制がある程度整備されている国もあるが（ドイツのコンツェルン法、英米法の支配株主の信認義務等）、日本はほぼ全くといってよいほどに対応がなされていない[74]。判例法によ

74　デサントの株式の30％を有する伊藤忠が40％以上の株式を取得する目的で公開買付（TOB）を行った例が話題となったが、これはデサントの定款変更等々、株主総会特別決議にすべて反対できる立場を得ようとしたものであり、当然ながらそれは支配株主としての責任を負うべき立場であるが、放置されている。上村「伊藤忠の株式取得に疑義あり」産経新聞「正論」2019年4月5日付。その後、アスクルの株式の45％を有するヤフー（現Zホールディングス）が株主なら何でもできると言う姿勢を剥き出しにした行動を取った件（当時のヤフーの親会社であるソフトバンクの会長孫正義氏もこの行動を批判したが、そうした企業社会の根幹に係る問題について誤った行動を行ったヤフー経営者を放置する姿勢は批判されるべきだろう）について、私はアスクルの求めに応じて「法律意見書」を提出した。この意見書は2019（令和元）年7月23日付のアスクル企業情報に全文が公表済みであるhttps://pdf.irpocket.com/C2678/GDpy/L1Ke/KWIW.pdf。この問題については、上村＝神作裕之＝斉藤淳＝坂本里和＝岩田彰一郎＝宍戸善一＝澁谷展由「（座談会）親子上場議論の現在地点——グループガイドラインとアスクル・ヤフー事件の検証」別冊商事法務452号（2020年6月号）1頁以下、参照。なお、後述注158参照。

りこうした事態に対応しようとする試みがないではないが、親会社が100％子会社の少数株主や子会社の債権者に対してすら、自社の株主や債権者と同等に扱うことが原理的に求められていないことは立法の不備である（親子会社法制の必要性については、後述222頁参照）。

第四に、法人同士が株式を互いに持ち合うことに寛大な国では（日本が代表）、実は会社設立時に互いに出資し合うことで出資自体が空洞化している場合も多い（出資なき支配）。会社設立後に流通市場で株式を購入することにより互いに株式を持ち合うことになる場合でも、結果的にはほぼ同様な状況が生じうるが、後述のように議決権の意義を人格権として理解するとしても、それは出資を前提としたものでなければならないことは当然であり、出資と離れて人格権同士が打ち消されて空洞化する訳ではない。

非常に寛大な日本人の法人観

以上のような法人の不当利用による人間疎外と言える状況は、日本では特に顕著であるが、それは日本人の法人に対する過度に寛容な姿勢によって大きく増幅されている。法人の問題は、実は法人内部に多数の人が存在するという観念が前提になる場合には、まさに社団の実態に法人格が付与される（社団法人）。ここでは法人は人の集団の上にかぶる薄いベールにすぎない。法人を語る際に特に大事なのは、その内部の構造の評価（実は外部の人間たちの評価も）にあるのだが、薄いベールどころか分厚いベールでもなく、ベールが主役の世界（ペーパーカンパニーなど）が、人間たちの営みとかけ離れた法人世界を展開することも決して異例な事態ではない。

特に日本では、会社で仕事をしている時と家庭人になったときの区別がつかないことが多く、退社した後の会食も交際費を使って会社の名前で飲み食いすることにもともと非常に甘い社会であった。5時に退社したら、そのあとは個人の時間という欧米が共有する感覚が乏しい日本では法人がいつもつきまとう。「個人」を法人色に染め上げるための社歌、社員旅行、会社運動会、社宅、修養団の禊ぎ研修、自衛隊研修等々。宴会でも系列のビールしか飲まないとか、競合メーカーの車は乗らないとか、競合の株式は買わないといったことも普通とされてきた。法人がゴルフクラブの会員であったり、アスレチッククラブの会員であるのは日本では普通だが、欧米ではまずないと言われる。理由は、法

人は水泳やゴルフができないから、というだけである。この種の会員権は投資目的に買うのだから良いという人もいるが、その投資目的の会員権の中身は水泳をすることのできる資格である以上、本来は法人が持てないに決まっているのであるが、そういう感覚が日本にはない。法人会員と言っても誰か特定の人間がゴルフや水泳をしている。法人の名において行動することで、法人内部の一部の人間だけが法人の名において特権的な地位に就くことになる。法人会員だらけのクラブになれば、そのクラブは法人に寄生した人間たちばかりのゴルフ場ということになるが、その姿をグロテスクと感ずる発想が日本には弱いようだ。法人会員の存在により、その分本来の有資格者であるべき人間たち(市民)が追い出されている可能性も高い。庶民が出入りするようなクラブはいやだと言う人間が、会社のカネでゴルフをしている姿をみっともない、と思う感覚も乏しいようだ。

　市民の共有財(Commons)の名称を自治体の長が僅かな金ほしさに企業に売るという行為(俗に命名権売買と言われている)も、生身の人間たちの営みを法人に売り渡す恥ずべき行為である。そう思わない感覚には根源的な貧しさがある[75]。「広島市民球場」を「MAZDA Zoom-Zoom スタジアム広島(略称「マツダスタジアム」)」などと呼んで何とも思わない感覚は恥ずべきである。2019 年 11 月に福岡ソフトバンクホークスが、PayPay 株式会社のネーミングライツ(命名権)の取得により、球場名を「福岡 PayPay ドーム(略称「PayPay ドーム」)」に変えると公表したが、古くからの西鉄ライオンズファンとしては、長年のファンの思いが詰まった公共財である球場の呼称を勝手に売買し、特定の商品名をその名称にしてよいという思いあがった感覚に、名前を聞くだけで不快感を覚えた。圧倒的に強いチームと選手たちの名を汚すものであると強く思わざるを得ない。西鉄ライオンズの本拠地福岡平和台球場が懐かしい。

　人間以外の存在を人間のように扱うことに対するヨーロッパの感覚は、人間のように動くロボットや人間とまったく同じに動く顔などにも強い嫌悪感を示す。神が神に似せて作った人間だけが特別という感覚は、他方で人間以外のものを開発客体としか見ないという精神にも結びついている。しかし、他方で故梅原猛氏が強調された山川草木悉皆成仏の日本が人間以外の自然をも崇拝する

75　Commons の代表である町名を役人が勝手に変える行為と発想の貧しさは同じである。

という得がたい長所[76]を有していることをもって、法人という人工物に対して適当な距離感を保てないことを正当化すべきではないだろう。

日本の憲法のテキストには法人がその性質上なしえない行為として、婚姻や養子縁組などが挙げられているが、「憲法の教科書に、法人は自然人しかできないこと（水泳やゴルフなど）はできない（から会員にもなれない）」となぜ書かれていないのか、ヨーロッパでは当たり前だから書いてないとしても日本では書くべきではないかと申したことがあるが、その場におられた樋口陽一教授は、憲法学者の感度が鈍いと言われていた。

暴れる株式市場——巨大バブルとのつき合いの始まり

人間を疎外するもう一つの要素は証券市場（ここでは株式市場）である。株式会社制度は証券市場を使いこなすことのできる会社形態であるところに最大の特徴がある。しかしそのことは、証券市場が人間の営為とかけ離れた巨大な存在として人間たちを押しつぶすような取扱危険物でもあることを意味していた。会社法は証券市場と一体になった瞬間から、巨大な富と巨大な厄災が背中合わせの世界を知ることとなった。経済学者の多くがいつも間違えるのは、大きな不幸と戦うことで歴史的に形成されてきた、株式会社制度・資本市場制度に備わるべき標準装備の意義に無関心な姿勢にある。欧米の失敗の経験に学ばず、法的な標準装備が備わっていない証券市場を搾り取るほどに使いまくったことがバブルの原因の大半なのではないかという視点に発想が及ばず、もっぱらプラザ合意での円高誘導が原因といった金融政策的説明に終始することは、常に制度の基本的な仕組みへの批判を想定しないだけに大抵は見当違いである。

ところでこうした株式会社の特色、つまり証券市場と一体の会社制度が「暴れ馬」であるとの認識は、大失敗の経験なしに、事前に理解されることはなく、それを経験してもその教訓をよく学んで、事前防止体制を取ることはできないのが普通である。後発国は株式バブルをむしろ利用・活用することで様々な内外の矛盾を投資者に転嫁しようとする誘惑に必ず駆られる。国内の資金不足と国家の負債を株式に転換できれば、あとは投資家の自己責任で済む。その投資

---

76 宮澤賢治「なめとこ山の熊」の世界は、生きとし生けるものの命を奪う覚悟と責任を強く訴える。

家が外資であればより都合が良い。何度でも失敗を繰り返すのがこの分野である。

欧州では株式会社制度確立以前から、市場取引をめぐる過当投機を経験しており、三大バブルの一つと言われるオランダのチューリップ・バブルが有名である(他の二つは、イギリスの南海泡沫事件とフランスのミシシッピー事件)。15世紀末にオスマントルコからヨーロッパに持ち込まれたチューリップの球根、それも貴重な品種はアムステルダムで小さな家が買えるほどの値段がついたと言われる[77]。球根の先物取引も行われ、取引のリスクは膨大なものになり、1637年に市場は大暴落した。

大塚久雄氏の有名な『株式会社発生史論』によると、先駆会社形態における「株式制」の萌芽にともなって端初的取引所が発達し、世界的取引所においては商人への預託(デポジット)、公債、手形などの多くが無記名証券の形で転々流通したとされる。持分資本の証券化により、オランダ東インド会社設立後まもなく、その持分ないし株式がアムステルダム取引所において盛んに流通したとされる[78]。この時点で今から見れば不正取引が横行していたことは容易に想像できる。

有名な南海泡沫事件(South Sea Bubble)は、未熟な株式会社制度とルールなき株式市場の下で、イギリス政府が有する巨額な負債を債権者に支払う代わりに、南米大陸との交易のために設立された信用力の乏しい南海会社の株式を受け取らせるという法案が成立した1711年以降に発生した。この計画は南海会社の株価が上がることを前提にしたものであり、株価引き上げのためにはまさに何でもありの状況が巨大バブルをもたらした[79]。南海会社の総裁は時のジョージ一世であり、まさに国王が大がかりな詐欺の胴元であったというような事件であった。

この頃のイギリスは社会全体が「一大賭博場」と言われるほどの時代であり、

---

77 小林章夫『おどる民だます国——英国南海泡沫事件顚末記』(千倉書房・2008年)。
78 大塚久雄『大塚久雄著作集第1巻 株式会社発生史論』(岩波書店・1969年)138、143頁(最初の版は有斐閣・1938年である)。
79 小林・前掲書注(77)113、137頁、浅田實『東インド会社』(講談社現代新書・1989年)107頁以下。なお、佐賀卓雄「アイザック・ニュートンと南海泡沫事件」証券レビュー61巻10号1頁(日本証券経済研究所・2021年)。

泡沫会社濫立時代としても知られる[80]。永久運動の車輪製造会社、流体力学に基づく空気ポンプが人間の脳から空気を引き出す会社、あらゆる病気の治療会社等々。株式売買の勧誘と言えば、今に言う「まがい商法」そのものであったのであり、そうした時代を経て株式会社制度は徐々に整備されていった。現在、ヨーロッパの会社法は、資本概念の重視、法定準備金制度、自己株式の取得原則禁止、合併対価を株式に限る立場の堅持等々、事前抑制的な制度を堅持しているが、そこには歴史的な大失敗の記憶が刻まれていることを忘れてはならない。

　同じような失敗をアメリカも繰り返した。アメリカで狂瀾怒濤の時代と言われる1920年代は挫折を知らないアメリカが大きな挫折を経験する直前の10年間であり、それは土地投機・株式投機、ラジオ、ファッション、禁酒法に代表される繁栄と驕りの10年間であった[81]。ニューヨーク証券取引所には毎日新規銘柄が上場されたが、その株式の価値を明らかにする情報開示も会計も監査も統一されておらず、投資家は価値が明らかでない株式を、必ず値上がりすると信じて買ったと言われる。株式の客観的価値に係る情報提供がない状況で、投資家による株式選別の基準は、「あの証券会社で買えば儲かる」というものであったとされる。

　この間に金融機関による不正が横行し、銀行が証券業務を行うことによる利益相反取引、たとえば、貸し金を回収するために証券発行を強いる、証券価格を引き上げるために融資を行う、新株発行をスムーズに行わせるために投資家に融資を実行する、等々も横行した。バブル崩壊後にこの時代に生じた不正を調査した有名なペコラ委員会(1932年に上院通貨・金融委員会の下に設置)報告書では、この時代のこうした不正がこれでもかと明らかにされ、その後の連邦証券規制(ニューディール立法の代表とされる)の構築に繋がった。

　アメリカのこの巨大バブルは1929年10月24日(木曜日)のいわゆる「魔の

80　小林・同上117頁は、「1720年の夏、イギリスはほとんど狂乱に近い状態となっていた」とする。

81　F. L. アレン(藤久ミネ訳)『オンリー・イエスタデイ——1920年代・アメリカ』(ちくま文庫・1993年)は、この10年間に起きたことを詳細に記録した女性ジャーナリストによる名著とされる。オンリー・イエスタデイとはほんの昨日の出来事、という意味であるが、ここに書かれたことと同じことが昔も今も世界中で繰り返されていることを知ることができる。

木曜日」以降に大暴落し、その後の証券恐慌、ひいては世界恐慌の原因をもたらすものとなった。

バブル崩壊の怖さは、昨日までの約束事の根拠が一斉に喪失するところにある。1000万円の価値がある株式ならそれを担保にして600万円の現金を借りることができる。個人も企業も国家も大きな資産を有していることを前提に多くの約束事や計画を実行する。雇用を増やす、工場や機械を更新する、海外に進出する。個人なら家を建て替える、別荘を建てる、自動車を買い換える、土地を買う、様々な投機に手を出す、等々。しかし、それらの計画の前提となっていた株式という資産の価値が実は10分の1にすぎなかったとなれば、一切の予定・計画・見積もりの前提が喪失する。家計も企業も金融機関も債権の回収を急ぐが返せない。担保が足りなくなったとして増担保請求が相次ぐが、担保の価値が下がっているときに担保を増やすことなどできない。

巨大バブルの崩壊は人為的な巨大リスク

かくして、バブル崩壊は大規模な企業倒産の連鎖を産み出す。家計も破綻し国家財政も破綻する。企業倒産は大量の失業を産み、それは大規模な社会不安をもたらし、人心は荒み、犯罪が横行する。個人レベルの破綻は忍耐力が乏しければ盗みや詐欺、横領といった犯罪へと傾斜しがちであるが、国家レベルの破綻も他国の犠牲による回復、すなわち他国への武力による侵略という形をとり（帝国主義）、植民地戦争をもたらす要因ともなった。

アメリカ発の証券恐慌は、アメリカ企業等による対欧州債権の急速な回収、いわゆる国家レベルでの大規模な貸し剥がしをもたらし、ドイツなどの経済破綻という形で世界中に不況は伝播し、世界大恐慌をもたらすこととなった。各国はその矛盾のはけ口を海外に求め、資源獲得を求めて他国への侵略戦争も加速する。第一次世界大戦、そして第二次世界大戦の遠因の一つとして、アメリカ発の証券恐慌があったことは確かだろう。バブルはそれが形成されているときの幸福と、それが崩壊したときの不幸では比べものにならないほどに後者が重い。個人でも高級車や別荘をもち毎日高級ワインを飲む生活と、失業・犯罪・戦争の日々では到底釣り合わない。

証券取引法ないし金融商品取引法を有価証券ないし金融商品をめぐる単なる取引を規律する法とする理解は、そうした取引の利害関係人間の私的利益の調

整を目的とする私法ないし取引法としてのみこれを理解しようとするが、証券市場が巨大化して制御できないほどの存在となってもなお、そうした論理に固執することは、歴史に学ばない非学問的な姿勢である。株式取引が市場取引に達しない段階では、証券市場はライオンで言えば赤ん坊であるから、これを猫のように可愛がり保護してもさほど問題は生じない。しかし、それが野性を発揮するほどに成長すれば、それまでのやり方では対応できない。証券市場もその草創期には、詐欺による被害者の保護、言い換えると業者の「産業警察的な取締り」という発想で対応する他ないが、その後は関係業界および投資者の「保護・育成」へと規制理念は転換され、さらに市場機能の自律性が発揮されるようになれば、その機能を生かすために市場の成立条件の整備、市場の担い手たる業者のあり方に関する規制、市場の価格形成の根幹に係る規制といった「市場規制」へとさらに規制理念は転換する。そこでは有価証券等の取引も市場の公正な価格形成に貢献するかという観点で、その意義が再評価されることになる(本書後述 183 頁参照)。保護されるべきは国民経済そのものであり、資本市場が機能しないことの被害者は国民すべてになる。証券取引には一生無縁な人々が証券市場崩壊の被害者となる。そうしたときに、取引の相手方の保護ばかりを言う姿勢は反社会的とすら見なしうる。

　すでに市場のあり方が取引ルールでは賄えない状況にあるにもかかわらず、それに相応しい理論の変革と体制の整備がなされなければ、必ず国民福祉に背を向けた無責任な発想となる。このことを証券市場の歴史、バブルの歴史は教えている。巨大バブルを何度も発生させた過去を有するアメリカ、しかも法学部のないアメリカが、歴史に学ばず、特にその後 1990 年代以降に「法と経済学」の名において取引ルールのみをさらに強調してきた姿は、この分野での学びの欠如そのものであろうが、富める者がより富むシステムによる利益の享受者でもあった(その後近時に至ってようやく変化の兆候を認める可能性が出てきつつあるかにも見えることについては、後述 93 頁以下参照)。

　バブルの怖さは、本来なら市場の現実に対応できなかった、言わば安普請の規制をあるべき市場規制へと転換しなければならないときに、むしろそれまでの規制の一層の劣化をもたらすところにある。日本でも生じたことであるが、バブルが崩壊すると必ず要請されるのは経済の活性化であり、起業推進、産業再生であり成長戦略であるが、それは当初は病人対策としての時限立法という、

それでも遠慮気味の形を取る。日本でバブル崩壊後に経産省主導で推進された対策を基礎づける根拠法の多くは時限立法であった。今は病人対策が必要であり、あれもしてやろうこれもしてやろうという対策を取らざるを得ないが、その大半は緊急経済対策のような政策的動機に基づく規制緩和であるから健康になったら元に戻すべきという判断がそこにはあった。しかし、少し元気になると、折角元気になりかけたのだから戻してはいけないという話になって時限立法の時限が延長され、その後本格的に回復を見る段階になると、今はうまく行っているのだから何も変える必要がない、ということになって時限立法の恒久法化が行われ、全体として規制の水準はバブル崩壊前より著しく劣化することになる。日本のバブル崩壊後のこうした実例は枚挙にいとまがない。経産省会社法は規制の緩和の一芸のみで成り立っているのが常である。バブルの怖さは多くの具体的な厄災を人間に及ぼす際に、その時点で確立していた制度を著しく劣化させていくところにある。

市場の急拡大とガバナンスの遅れ——全米市場と州ガバナンス

　このように、証券市場はそれ自体が勝手に拡大し出すと、虚偽の情報開示や相場操縦、インサイダー取引等の不正取引が一斉に発生する。今日の技術革新と情報革命の時代にあっては、顔と顔が見える時代の不正に較べて不正の実行が如何に容易にできるかを思い知らされる（こうした経験則によると、グローバル規範なきIT時代のグローバル不正がどれほどのものか、それがどれほどの不当な経済格差をもたらしているか、想像するだに恐ろしい）[82]。こうした取扱危険物としての証券市場と一体の株式会社制度自体も、制御困難な運営を余儀なくされる。自社が発行した株式の価値・評価が信用できなければ、それに基づく経営判断も必ず誤る。歴史が教えているのはこうした制度の制御システムは、常に市場の拡大よりずっと遅れて、不正が散々行われた後に辛うじて確立されれば良い方、

82　グローバル規範なきグローバリズムは、不正だらけであった株式会社制度黎明期の不正のレベルをはるかに凌駕するほどのものになっているに違いないと思うべきである。新しい取引は常に取引価格の公正確保体制と不正摘発体制の確立とともに語られなければならないのであるが、グローバル・ルールもグローバル司法もない以上、その姿はジャングル資本主義の様相を呈しているはずである。今日の異様なほどの経済格差をもたらした要因には、素朴な不正を摘発できないという事情に基づくものが非常に多いことが容易に想像できる。

という事実である。

　既述のような欧州でのバブルの経験後に、株式に係る大衆参加を前提とした取引所取引が世界で初めて最大規模に展開したアメリカの経験がこうした事情を物語っている。州権が基本のアメリカでは今も会社法とは州会社法を意味し、連邦会社法のない、世界でも異例な国である。しかも、前述のように各州は税収確保のための規制緩和競争をしてきており、こうした状況はアメリカの学者自身が最低へ向けての競争(race to the bottom)と呼んだほどであった。これに対してニューヨーク証券取引所の株式市場は19世紀末以降、アメリカ全土の(州を越えた)投資家を対象に猛烈に拡大し、遂に1920年代末に巨大なバブルがピークを形成し、崩壊したことについては前述した。

　その後、1930年代以降にはニューディール政策の一環として、1933年証券法、34年証券取引所法等を始めとする連邦証券規制立法が導入された。しかし、証券規制について連邦法が制定されても、株式の発行会社からの正しい情報、正確な会計・監査、そしてそれを実施する経営者自身に対するガバナンス・システムが対応していなければ、株式市場自体が成りたたない。他方で、公正な株式市場がなければ株式会社制度が成り立たない。要は両者が一体の会社が株式会社なのである。連邦証券諸法が導入された時点のアメリカにあっては、連邦での証券市場の大展開に対応するきわめて緩やかでプリミティブな州会社法、という構図が原点であった。いわゆる公開株式会社にあっては、発行会社からの正しい情報提供と、証券市場規律を遵守するための各会社による法令遵守体制(コンプライアンス)なしには株式市場自体が成りたたないという意味において、いわば発行会社による対市場責任が強調されなければならない。株式市場規制の中核を占める情報開示制度は、その実施部隊である発行会社の体制如何によってその機能が左右される。今日特に強調される内部統制制度、とりわけ日本の金商法上の「財務に係る内部統制制度」は、やはり株式市場にとって生命線をなす適時情報開示の確実な履行を担保するための経理上の仕組みであり[83]、こうした適時情報開示の確実な履行が、適時開示の年間の集約文書である有価証券報告書ないし年次報告書の財務情報の価値を左右する。会社法

83　こうしたこと全般については、上村「日本の会計・監査制度──資本市場の中核を担える態勢とは(Ⅰ)～(Ⅲ)」会計・監査ジャーナル28巻6号～8号(2016年)。

上の内部統制との関係については、後述 184 頁参照。

　アメリカではその後、こうした連邦レベルでの市場規制と、それを支えるべきガバナンス体制との落差に対しては、ガバナンス体制の事実上の統一ないし高度化が様々な形で試みられ、それにより連邦証券規制との落差を埋める努力がなされてきた。会社法は州権という原則は変えないままに、モデル法である模範事業会社法の策定、アメリカ法律協会(ALI)によるコーポレート・ガバナンスの原理の確立、会計・監査システムの全国レベルの統一を促す内部統制に関する COSO レポートの公表等々が行われてきたが、これは会社法の主権が州にあることの限界を、連邦会社法の制定なしに克服しようとするアメリカに独特の試みであった。そこにアメリカ独自の事情を読み取る必要がある。

　なお、2018 年に民主党の有力な大統領候補であったエリザベス・ウォーレン上院議員が上院に提出した Accountable Capitalism Act(責任ある資本主義法案)[84] は、アメリカで初めて連邦法を根拠とする一種の大規模会社法の創設を意味する提案であった。この法案は結局廃案となったが、その精神は 2019 年 8 月の経済界の Roundtable Commitment に引き継がれた(後述)。

アメリカで起きたことのグローバルな再現——新帝国主義と植民地の内国化？

　市場はグローバルに大規模に展開していくが、デモクラシーや法制度・規範にグローバルな標準はない。それどころか巨大企業は世界中でもっとも楽なルールを選択する自由すら認められている(タックスヘイブン、リーガルヘイブン)。まさに、既述のアメリカの原点の状況、つまり市場はアメリカ全土に展開しているが、法やルールは各州バラバラで市場に対応しておらず、もっとも楽なルールを持つ州が勝ち残る(デラウエア州会社法)、という状況が、グローバルレベルで拡大・展開しているのが現在である。

　連邦制を取っている国でも、たとえば連邦会社法があれば、州を越えて活動しようとする企業は連邦会社法に基づいて設立され、連邦会社法の規律に服する。EU でも EU 全域で活動しようとする会社は EU 会社法に基づいて設立され、EU 会社法の規律に服する。しかし、グローバルに活動する企業のための

84　会社法は州権というアメリカの通念からは連邦会社法 federal corporation act といった表現は使用できなかったものと思われる。

グローバル会社法ないしグローバル私法(民事法)は存在しておらず、グローバル資本市場法も存在していない[85]。もとより法がない以上、それをエンフォースする仕組みも機関もない(グローバル市場監視監督機関もグローバル司法機関も)[86]。アメリカ発のバブル形成の主役となる企業もその設立地はアメリカのある州(多くはデラウエア州)であり(企業活動の場所がどこであっても設立州を選べる)、あるいはタックスヘイブンで設立された企業であることが多い。市場はグローバル、法はローカルどころか、タックスヘイブンという状況は、まさしくアメリカでかつて行われた各州会社法の緩和競争、race to the bottom のグローバルな再現に他ならない。

　しかも、こうした規律なきグローバル・マーケットはアメリカの州と州の競争にも似て、まさに国家間の経済の覇権をめぐる戦争とも言えるほどの様相を呈している。マックス・ウェーバーは 100 年も前の論文で、強い市場を持とうとする国家間の競争は経済の覇権をめぐる国家間の戦争であると述べた(前注4)。今日もっとも強大な経済力を有するアメリカの企業・ファンドにとっては、ウェーバーの時代とは異なり、通信・交通・IT・AI の発達等によるグローバル市場は、当時の国民経済という枠を超えた地球規模の存在となっており、ここでの活動に対するグローバルなルールの欠如は、想像を超えた経済力と支配力の一方的な獲得を可能にし、すでに地球レベルでの、あるいは国内レベルでの極端な格差・貧困社会を招来している。

　そうした既に確立している富を前提にした、他国との戦争は、こうした分野に馴れない途上国等をも巻き込んで一方的な収奪の場となっている可能性が高いが、その際の武器こそが、「会社は株主のもの」「株主主権」といった素朴な観念である。前記のように、ヨーロッパの株主主権論とは個人や市民という社会の主権者が株主であるとの規範意識を根拠としたものだが、それを換骨奪胎して巨額の資金を有して株式を「買えれば」主権者になれるというイデオロギーの布教が、カネによる人間支配を正しいものであるかに思い込ませ、経済の

85　国際手形小切手条約や国際物品売買契約に関する国連条約(ウィーン条約)など、部分的な国際合意が形成された歴史はある。

86　こうした具体的な提案を列挙する貴重な主張として、ジャック・アタリ(林昌宏訳)『2030年ジャック・アタリの未来予測』(プレジデント社・2017年)、同(山本規雄訳)『新世界秩序──21 世紀の"帝国の攻防"と"世界統治"』(作品社・2018年)。

覇権をめぐる戦争を一方的な勝利に導く機能を果たしてきた。人間の匂いがせずカネの匂いしかしないヘッジファンドなどにとっては、株式を「買えば」社会の主権者となることができ、他の会社ひいてはそれを取り巻く人間たちを支配できるという観念ほど都合の良いものはない。すべての会社が有する固有の経営目的を「オレのために経営せよ」に書き換えることができれば、富の集中は約束されている。大企業の株主の大半が国家である中国の著名国立大学等で、アメリカ流の経営学修士(MBA)課程がもてはやされてきたのも、国家株主だらけの中国では「会社は株主のもの」という命題は、会社は国家のもの、共産党のものと言ってくれる有り難い教えに他ならないためであった[87]。アングラマネーでも独裁国家でも暴力団でも、誰でも通貨を自由に使用できるのと同じく、株主にさえなれば「その属性を問われることなく」株主主権論の旨味を十二分に享受することができる、これが現実の姿である。そこにはそれを良しとする経済学者とそれを鵜呑みにする法律家がいる。

　一つのファンドだけで、一企業だけで、その運用資産額や売上高が中堅以上の国家の規模を超えるという今日の事態を前提に、こうしたグローバル・マーケットにおける収奪の姿は、これを「新帝国主義」と名付けることに説得力を与える。私はかつて法社会学会の報告で、「この種の問題を長年見てきた者として、あえて警告を含みつつ言うなら、その様相は新帝国主義と言うに相応しいもののように見えなくもない」と比較的遠慮気味に述べたことがある[88]。

　柄谷行人氏は、新自由主義を弱肉強食の社会的ダーウィニズムの新版とし、それを世界資本主義の歴史的段階、すなわち新帝国主義と呼ぶべきものとした[89]。そしてそのうえで柄谷氏は、共同体にあった互酬性(相互性)を高次元で取り返し、自由の互酬性を実現しようとする運動としてのアソシエーショニズムを提唱する。そこには階級格差をもたらすシステムそのものを変えるべきとの問題意識があり、「資本＝ネーション＝国家を超えて」という副題と共に、「世界共和国」が展望される[90]。人間復興の会社法理を標榜しつつ、グローバル市

87　もっとも近時は、米中対立も背景となって、むしろアメリカ的な発想に対する批判的な観点が強くなりつつあり、後述する日本の「公益資本主義」に対する関心が非常に強まっている(後述 200 頁参照)。

88　上村・前掲論文注(5)41 頁。

89　柄谷・前掲書注(5)166 頁。

場にはグローバルな規範がなければならないという本書の問題意識にとって、資本市場と一体の会社制度である株式会社制度の中核を成す資本市場がグローバル化すれば、グローバル・ルール抜きの株式会社制度は自己崩壊せざるをえないのは見やすい道理であり、柄谷氏の問題意識をそうした発想を正す思想的基礎として受け止めたい。

　帝国主義の時代に生じた植民地戦争は、今は格差・貧困層の固定化という形態をとっているように見える。それは植民地支配の「内国化」である。帝国主義国家が海外の植民地から収奪したように、現在はごく一部の特権的な富裕層を、固定化された格差・貧困層が支えている。丁度、映像を明るくくっきりと見るためには、周囲を暗くしなければならないのと同じように、固定化された貧困層の暗さこそがごく一部の富裕層の明るさを支えている。明るさはそれを享受している者たちの努力によって獲得したものと言える部分もまったくなくはないが、そうだとしてもその努力によって獲得した明るさは、その努力に見合う程度のものを極端に超えたものとなっている。アメリカの貧困地域の低賃金、労働法の空洞化、最低賃金の固定化といった現象が、富める都市を、ウォール街を支えている。グローバル・ルールなきグローバル取引によって獲得された富の大半にはそもそも正当性があるのか、それは法の歴史や現実の姿を見てきた者にとってはむしろ常識ともいえる疑問である。構造的貧困が一部の構造的富裕に対応している以上、ここに切り込むには構造それ自体を問題にする姿勢が必要である[91]。

90　柄谷行人『世界共和国へ──資本＝ネーション＝国家を超えて』(岩波新書・2006年)179、181頁。柄谷氏は、New Associationist Manifest を提案されてきたが(柄谷他『NAM生成』(太田出版・2001年))、近時、改めて、アソシエーショニスト運動の可能性を追求されている。柄谷『ニュー・アソシエーショニスト宣言』(作品社・2021年)。フランス革命の際に、ル・シャプリエ法(1791年)で、国家と個人以外の一切の中間団体の存在を否定し、そのうえで association 法(1901年)で、中間団体の存在を認めるに至った経緯を、柄谷氏は、現在の閉塞状況を打破する運動として、より積極的な形で展開しようとされているように見うけられる。こうした問題意識は、法人・会社・資本市場に人間復興をもたらそうとする本書の問題意識と共通するものとして受け止めたい。

91　近時の、GAFA に対する競争政策による厳しい対応が、アメリカがもともと有していた構造規制の発想(それ自体違法 per se illegal──行為ではなく構造そのものを法的に問題とした AT&T に対する会社分割命令のような)を意味していくことになるか、注意深く見守る必要がある。

本書の問題意識にとって重要なのは、株式を買えばその属性を問うことなく真っ当な株主であり、株主は会社の所有者であり、会社経営は株主価値最大化のためになされるべきという考え方が、富めるものほどさらに富むという、弱肉強食の規律なきグローバル・マーケットを支える基礎理論となっていることである。まさしくこうした観念こそが経済の覇権をめぐる戦争の武器となっていることを正面から見据える必要がある。こうした富の独占・集中は決して人間を支配する根拠たりえない。経済の独占が、政治の独占をもたらすという観念は独占禁止法の基本理念であった。人間復興の会社法理とは、かかる意味において資本市場における富の独占に対するデモクラシーの復権を志向するものとなる。

【格差社会がもたらす中間市民層と民主主義の崩壊】
　経済の独占は政治の独占をもたらすとは競争政策の基本思想である。グローバルな金融・資本市場の展開は、「会社は株主のもの」との誤った発想に背中を押されて極端な格差社会をもたらした。グローバルな金融・資本市場には、グローバルな金融・資本市場法制もグローバルな司法も市場監視機構もないことで、もともと中間市民層の大幅な参加を想定していた株式会社制度はその本来の理念を喪失し、世界中で民主主義が危機に瀕する事態を招いていると思われる。資本市場と一体の株式会社制度は、株主の属性として個人や市民を想定することで中間市民層と彼らを中核とする民主主義と一体のものであることを目指していたが、後述のように独裁的な国家や人間の匂いのしないファンドが株主となって反民主主義の母体となることに対する歯止めを有していない。株式会社制度勃興期の株主とは貴族や地主たちが中心であったが、いまや株式会社制度の運用を誤ることで、かつての身分制社会が新しい衣を纏って復活しつつあるように見える。

時間軸と人間の希薄化——超高速取引の正当性とは？

　人間の学としての会社法学を標榜する上で必要な観点とは、要は人間でない存在や要素を人間扱いすること、人間の意思とは言えないものに人間並の意思の所在を認めること、最終的に人間による判断を伴わない判断や決定に人間による判断と同等の価値を認めること等々、つまりは企業社会における非人間的要素への依存を意識的に浮き彫りにし、警戒し排除しようとする姿勢である。こうした非人間的要素への批判抜きに、弱者保護などをいくら言い立てても、

眼前に存在する「株主(取引主体)らしき者」の権威をすでに過剰に認めてしまっている以上は、弱者とされている主体の本来あるべき権威は出発点において既に大幅に割り引かれ希薄化されてしまっている。そのうえで保護してやるという感覚自体にそもそも正当性がないはずだからである。そうした観点から次に問題となるのは、1000分の1秒とか1万分の1秒といったレベルでの超高速取引をも通常の証券取引(意思の連絡たる民法の契約)と同等に扱ってしまうこと、そしてそうした取引によって取得されたにすぎない株式に安易に株主権を付与してしまうこと、要は非人間的な取引の「時間的側面」に対する根本的な疑問である。

　超高速取引(HFT: high frequency trading)とは一般に、1000分の1秒やそれ以上の高速で、コンピューターシステムが株価や出来高などに応じて、自動的に株式売買注文のタイミングや数量を決めて注文を繰り返す取引(アルゴリズム取引)をいう。証券取引所に最速でアクセスするために、取引所のコンピューターシステムのすぐそばにサーバーを置く「コロケーションサービス(各社のサーバーや通信機器などの共同の場所)」が証券取引所(東証も)によって提供されている。2015年にリニューアルされた東証のアローヘッドと呼ばれるHFTは、注文応答時間約0.3ミリ秒、情報配信時間約1ミリ秒を実現したが、2019年11月には注文応答時間0.2ミリ秒を実現した。0.3ミリ秒とは1万分の3秒であり、300マイクロ秒(1000分の1ミリ秒が1マイクロ秒)であり、東京―大阪間約400kmは光速でも片道約1.3ミリ秒であるから、0.3ミリ秒とは光が東京から大阪を2往復できる速さであるが、これがさらに速くなっていることになる。アメリカの証券取引の過半はHFTと言われており、日本でも今やHFTを含む高速取引の注文は東京市場全体の約7割を占めると言われる。どこの市場に注文を出すにしても、兜町の支店から通常の注文を出すのに較べて、わずか数百メートルしか違わない東証内にあるコロケーションから注文を出す方が断然早い。この問題を世に知らしめたマイケル・ルイス著『フラッシュ・ボーイズ』の副題「10億分の1秒の男たち」に言う、10億分の1秒のHFT取引とは1000ピコ秒単位の取引であるから、0.2ミリ秒など遅いもよいところである(ピコ秒は1兆分の1秒)。

　『フラッシュ・ボーイズ』は、ニューヨーク個別銘柄取引とシカゴ先物取引との鞘を抜くための瞬時の取引を可能とするために、ニューヨークとシカゴの

間に曲がりのない直線ケーブルを引こうとする業者の話から始まる。回線が少しでも曲がるとそれだけ遅くなる。この回線の利用権を取得すれば100戦100勝間違いなしということになる。こうしたケーブルを作るために血道を上げる男たちの姿が描かれている。

　こうした取引は常にその場限りの取引であり、ポジションを持ち続けること自体が危険であるから、高度な定量分析に基づく高度な売買の回転率で勝負し、ポジションの保有時間は数秒か1秒以下とされ、大量注文と大量キャンセルを繰り返す。個別銘柄の善し悪しを人間が判断することはなく、取引は機械に任せっきりである。こうした運用をパッシブ運用と言うが、それなら議決権もパッシブかというと、ここだけ急にアクティブになる連中が「物言う株主」などと持て囃される場合も多く、こうした根拠不在とも言えるような株主(らしき者)のために議決権行使の助言を商売にしているISSのような者が何故か真っ当な業者であるかの顔をして闊歩している[92]。

　この種の新しい取引が行われる場合には大抵、業界寄りのオピニオンリーダーが、「イノベーションに臆病な日本人」などと言いながらこれらを先導するのが常である(仮想通貨でも同じ現象があった)。こうした超高速取引についても、市場に流動性をもたらすとしてその有用性を主張し、手法自体を規制する必要はないなどと主張してきた。日本はアメリカほどに市場の分裂が進んでおらず、取引が東証に集中しているので弊害が少ないとも言われたが、その主張をする人々が市場間競争をさかんに喧伝してきたのであるから、日本で十分に実現していないことのメリットを同時に主張しているようなものであり、こういうのを昔から自家撞着と言う。

　しかし他方で、2015年段階で、日本はHFTに何の懸念も持っていない世界で唯一の主要市場であり、まるで市場参加者を守る気がないようだとの批評もみられていた[93]。HFTによる大量注文・キャンセルによるシステム障害が起こりうるとして、EUの2014年第二次金融商品市場指令は、HFT参加者に対し

92　2020年3月24日の、いわゆるスチュワードシップ・コードの改訂で、こうした機関に関する原則が明らかにされたことについては、後述229頁参照。

93　佐野七緒他「日本はHFT天国、海外倣い規制導入が必要——米リクイドネットCEO」ブルームバーグ2015年11月19日。

て、監督当局によるアルゴリズム(解法、計算方法)の検査・承認の受け入れ義務を課した。イタリアでは、0.5秒未満の注文変更・取消しに特別税を課していると言われる[94]。不正目的のアルゴリズムを組み込むことも可能であるから[95]、こうした対応は当然のことだろう。日本ではようやく平成29年金融商品取引法改正で、高速取引を行う者に対する登録制が導入され、業務管理体制の整備・当局への情報提供等に関する規制を整備した。東証は今頃になって売買注文の監視の仕組みを欧米並みに整備するとしている。

　こうした取引にはこれを利用しうる者と使用できない者との間にマーケットアクセスの不平等があることは確かであるから、きちんとした資本市場法理を有していればこれが行われる前にそうした取引の意義や妥当性が検証されたはずだ。単なる機械による取引速度競争であれば、そこでは投資対象の企業価値分析やその分析に基づく投資判断が行われず[96]、価格がファンダメンタルズから乖離し、最終的な資金の出し手の意図と、運用する機関投資家の行動の分離が生じ、短期の売買に向いた流動性の高い資産が過大に評価され、一方長期保有される流動性の低い資産が割安に放置される、といった事柄が議論の対象になりうることは見やすい道理のはずだろう[97]。証券市場を活用する証券市場と一体の(公開性の)株式会社は、発行株式の評価が公正になされていることを前提に経営判断を下し、その経営判断によって会社をとりまく多様な利害関係者の利害が左右される。株式会社制度の根幹を担う株式市場価格が、会社のファ

94　日本証券経済研究所「情報技術革新がもたらす証券市場への影響に関する研究会」中間報告書(2015年3月)17頁。

95　不公正取引を組み込むアルゴリズム取引が可能であるばかりでなく、アルゴリズム取引は過去の取引傾向を基礎に機械的な投資判断がなされるため、社会的な危機に遭遇することによる株価の急落も翌日の急騰も予測できる者にとっては、驚くほどの利益を得るチャンスが与えられる。コロナ危機に際して、アメリカも日本も驚くほどの株価の急騰に見舞われたが、これを予期したかのような取引はすべて調査し、不公正取引ないし偽計取引としての摘発がなされるべきである。アメリカがかつて、住宅ローン危機(S&L)に際して、刑事罰を遡及適用する措置を取ったが、コロナ危機を利用したぼろ儲けに対しても同様の措置が取られるべきである。「高速取引の利益急増——波乱相場で純利益13倍も」日経新聞2020年5月9日付。

96　金融審議会市場ワーキンググループ第5回会議事務局説明資料3「インデックス運用の位置付けとETF等の投資商品」2016年9月21日1頁。

97　淵田康之「短期主義問題と資本市場」野村資本市場クォータリー2012 Autumn 62頁。

ンダメンタルズと無縁であれば、そもそも株式会社制度の成立根拠自体が危機に瀕しているといえよう。

　この種の取引が流動性をもたらすとの見解が繰り返し述べられるが、そもそも異様なほどの高速取引なら人間が行う取引より数段高い異様なほどの流動性をもたらすに決まっている。それは100メートルを1秒で走れるロボットは速いと褒め讃えるのと同様の児戯に似た話でしかない。高速取引の問題点を論ずるに際してひたすら流動性を持ち出し、他の重要な論点を無視する姿勢にはintegrity の痕跡を見出しがたい。大事なのは一つ一つの投資判断の質であり、それが、議決権行使の取扱を含めた、当該取引の国民経済的意義の評価に直結しなければならないはずである。アメリカの資本市場法制には日本のように、公正な価格形成の確保が国民経済の健全な発展に資する（金商法1条）という目的規定が存在しないことにこそ問題がある（後述。なお、1934 年連邦証券取引所法の2条には「本法に規定する規制の必要性」という大恐慌直後の厳しい認識を示した立派な条文があるが、今のアメリカではこうした明文規定の存在自体が忘れられているように見える）。

　そして何よりも問題なのは、売買の回転率で勝負し、注文とキャンセルを繰り返し一日単位でポジションを持たないため、取引過程で議決権のことなど一瞬も思い浮かべたことがないはずのモノを、そもそも株式と呼んで良いか、その買い主を株主と呼んで良いのかという身も蓋もないほどに根本的な疑問である。

　しかるにこうした者も、たまたま名義書換の基準日に「株式保有者としての」ポジションを有していれば、突如として議決権に目覚め、昔から株主であったかのように振る舞うことができる。名義書換が終わった瞬間に売ってしまっていても、招集通知は株主名簿に基づいて送付されるため、彼らが株主総会で議決権を行使できることになっている。しかしそもそも日常的に議決権に関心がないのであるから、急に議決権行使と言われてもその用意がない。議決権とは株式会社制度にとっては企業ないし企業を取り巻く人間たちだけでなく、人間社会の行方を左右するデモクラシー関与権と見るべきであるから（後述）、こうした者に議決権を付与していること自体が本当は問題なのである。こうしたHFT 株主にデモクラシーの担い手としての地位を与えることは、本物の人間たちに対する冒瀆であり、人間社会のルールの根幹を揺るがす大問題と言う

べきだろう。

　なお、アクティビストと言われるファンドらがHFT取引株主であることはむしろ少なく、会社のガバナンス・システムの根幹を揺るがすような脅しに時間をかけて、経営側に株主還元等を迫る悪質な株主が多々存在する。しかし彼らも、HFT株主として刹那的な利益を掠め取りうる立場にあることに変わりはない。

　日本市場の高速化は東証が長年取り組んできたテーマとされるが、議決権の話を聞いたことがない。こうした取引を全面的に肯定し、推進してきた東証が、コーポレートガバナンス・コードの設定主体として日本企業のコーポレート・ガバナンスのあり方に対して注文を付ける資格がそもそもあるのか、1万分の2秒株主という観念を肯定しながら言われるガバナンスとは、議決権とは何か[98]。

　こうした者のために、代わって議決権行使の方向性を差配しようとしているのがいわゆる議決権行使助言機関であるが(ISS、グラスルイスなど)、もともと議決権行使自体の正当性に疑問がある以上、彼ら自身に関する十分な情報開示と共に、彼らの助言に正当性があることを助言機関自身が証明する責任があるはずだろう(近時のスチュワードシップ・コードの改訂等につき、前注92参照)。真っ当な株主でも例えば代表訴訟を提起するには6ヶ月間は株式を保有していなければならず、企業買収に際しても濫用的買収者とされれば株式を購入しても株主扱いはされない(濫用的買収者の意義につき、本書98頁参照)。真っ当とは言えそうにない者に対する議決権付与があまりに安易になされることで、人間の価値が大きく損なわれている。

98　アメリカで、株主の株式保有期間の長さに比例して議決権が増加する仕組み(tenure voting)の採用を上場要件とするLTSE(長期保有株式取引所 longterm stock exchange)が、2020年9月より取引を開始した。超高速取引の取引時間を一定の時間に抑え揃える取引所もすでに発足している。福本葵「長期保有株主を優遇する議決権行使制度」証券経済研究109号(2020年)13頁、大崎貞和「動き出す米国の新しい株式取引所」内外資本市場動向メモ349号(2020年)1頁。なお、大崎氏はこうした考え方には、株主平等原則に反するとの反対論も根強いとコメントされているが、アメリカに日本のような株主平等原則は存在せず、かなりミスリーディングな指摘である。なお、株主平等原則については、後述144頁以下参照。

匿名株主が企業社会デモクラシーの担い手？

　議決権行使とは、明らかに企業および企業社会の行方を左右する株主による行為である以上、こうした権利の担い手が匿名であることをどのように考えるかは非常に大事な問題である。匿名でも人間に違いないという世界（公衆の資金を運用するために公衆に対して厳しい受託者責任を負う機関投資家が名義上の株主たらざるを得ない場合など）と、人間の匂いがまったくしない資産運用事業の出資者が特定可能な富裕者であるにもかかわらずファンドが名義上株主となっている状況（タックスヘイブンで設立され超高速取引を繰り返すファンドの出資者が特定可能であっても匿名という場合）とでは評価がまったく違う。後者は、本来は特定可能な出資者を株主として扱い、支配株主としての責任を追及できる状況になっていなければならない。

　この問題は議決権をどのような性格のものとして理解するかという株式の本質論に関係するため、それについては後述するが、多数の公衆のための名義株主が匿名「たらざるを得ない」というのと、株主として扱うことが可能であるのに匿名というのではまったく違うことを確認しておく必要がある。

　　【西武鉄道とサーベラスの場合】

　　ここでは、かつて日本で大きな話題となったサーベラスによる西武ホールディングス（以下、西武という）株式の取得について若干触れておく。西武は上場基準（浮動株基準）を充足しない状況が三十数年も続いていたことが露見し、上場廃止となったが（2004年）、西武への資金注入に日本の銀行等が手を挙げない状況の下で手を挙げたサーベラス・キャピタル・マネジメント（以下、サーベラスという）が、32%の西武株を取得した。この32%という数字は3分の1以上を持つと、支配株主の責任問題や雇用責任などの法的紛争に巻き込まれかねず、常に迅速に売買を行うべきファンドの使命を損なう可能性が出てくるために、支配株主責任を負わない範囲でしか投資できないという意識の表れであり、海外のファンドでは普通のことである。しかし、日本には、支配株主責任の法理がなく[99]、どうもこの線を超えて株式を保有しても何の

99　フランスは少数株主権の濫用という概念でこの問題に対処している。近時、伊藤忠がデサントの株式を40%保有する目的で株式公開買付を行った件については、前注74参照。40%保有していれば責任問題が起こるという認識のない後進国日本ならではの現象である。そもそも英国のテークオーバー・コードは全部買付義務を課しているため、40%株式を取得するためというような中途半端な公開買付自体が認められない。

法的問題も起こらないらしいということで、過半数直前まで株式保有率を上げながら投資目的だと言い張る例も多い(村上ファンド事件の例)[100]。ここではサーベラスの株主としての匿名性に絞って問題を指摘しておく。

　そもそもサーベラスとは何者か。サーベラスは2012年2月に、タックスヘイブンとして有名なケイマン島で設立されたファンドであり、LP(リミテッド・パートナーシップ)、つまり有限責任パートナーシップという形態の事業体である。このLPという形態は株式会社のような情報開示やガバナンスに関する強行法的な規制がまるで存在せず、登録簿にはパートナーとして、アメリカの代表の名前が載っているだけで、他には誰の名前もない。そのうえこのLPが持っている西武の株式はたった200株である。200株しか有していない設立したばかりのファンドが西武の株式を大量に取得できたのは、このケイマンのLP以外に、タックスヘイブンとして活用されるオランダ設立の14のファンドが共同で行動する関係者とされているためである。これらについては電話番号、住所などは一応書いてあるものの、その名称等は一切書かれていない。この14のファンドが西武の株式を1億株以上有していた。これらを足して西武の株式の32%になるが、あくまでも、公開買付届出書に記載されている買収主体は、200株しか有しないケイマン島のファンドである。

　英独仏には、ファンドの背後の出資者が誰かを開示せよ、と要求できる権利(いわゆる株主素性情報提供請求権)が会社に認められている[101]。そこには株主とは基本的に目に見える実質的な出資者であるという社会が育んできた強い観念がある。日本の会社法の判例・通説も、株主とは名義人ではなく、実質的な出資者であるとしてきたのだが、ファンドとの関係でこのことが強調されてこなかった。誰だか分からない者に買収されて、議決権が行使されるというような話を許して良いはずがない。背後の

100　村上ファンド事件の全体については、上村＝金児昭『株式会社はどこへ行くのか』(日本経済新聞出版社・2007年)183頁以下。当時日本がモデルにしていたはずのアメリカなら、村上世彰氏らが当時得た利益はすべて剥奪され、かつ懲罰的賠償や民事制裁の対象となり、かつ証券業界からは永久追放される可能性が高いところ、その後も温存されたと思われる資金を活用し(資金の出所、性格にかかる情報開示も求められない)、物言う株主などと言われていることを如何に評価すべきか、本来は大きな反省材料として今も語り継がれるべき問題であろう。なお、上村「ゴーン事件にみる法の誇りと劣化」産経新聞2020年2月3日付「正論」参照。

101　山田尚武「実質株主の開示制度(上・下)──イギリス会社法における実質株主の開示制度を参考にして」商事法務1797・1800号(2007年)。その他、後述226頁注294参照。フランスについては、石川真衣「企業の成長及び変革に関する2019年5月22日の法律第2019-486号(PACTE法)」比較法学54巻2号(2020年)137頁、ドイツについては、神作裕之「企業の持続的成長と会社法・金商法上のいくつかの論点──欧州からの示唆」商事法務2198号(2019年)20頁。「株主が誰であるかを知る権利」として紹介されている。

出資者は、どこかの独裁国家か王族かも知れず、もしかしたらアングラマネーかも知れない。そうした資金によって、日本の鉄道やホテルといった多くの人間たちの営みが支配される。そうした可能性に鈍感であるということは、国が国民を守れないことを意味している。

　日本人の生活基盤を支える経済活動が、誰だか分からない者によって支配される。そうした者がその際に掲げる錦の御旗こそが、株主の属性を問わない株主主権論であり株主価値最大化論なのである。

第4章　人間復興の基礎理論
——会社の目的と議決権の意義

　以下の章では私見の人間復興の株式会社法理の基礎理論をなす論点のうち、会社の目的論と議決権の意義について取り上げることとする。

1　株式会社の目的観
——株主価値最大化論は「俺にカネ寄こせ株主」を支えるイデオロギー

　これまでの章では、事業体が個人商人、組合契約、合名会社、合資会社にみられるような人間の意思の連絡としての契約的結合から、人間から切り離されたモノとしての株式取引の場である株式市場、そしてそれと一体の株式会社制度へと転換されていく経緯を示した。株主とは株式というモノの保有者を意味するが、株式というモノはその保有者に付与される権利が表象されたものにすぎない。例えば食品や化粧品のようにその利用者(保有者)は生身の人間に違いないという世界ではないから、株式保有者たる株主の属性が、容易に人間から遠ざかる危険を常に内包している。人間要素最少でありながら法人格を享受し、株式「市場」で買えたことのみを株主であることの根拠とし、株主とされる者の株式取引の多くが超高速取引であり、しかも資産運用業者と一体の特定可能な実質株主が匿名であるといった性格の株主が、そもそも株主と呼ぶに値するのかという根本的な疑問に真剣に取り組むことが必要となる。これに加えてその者が経営目的観として株主価値最大化ないし株主主権を信奉しているとなると、株主としての属性に強い疑問のある者が「株主のため」「株主のため」と連呼することで、「俺にカネ寄こせ株主」と化す事態が普通のことになる。

　もともと、組合であっても合名会社・合資会社であっても、およそ企業は人が「共同の事業」を営むために結合する存在であった。これらの事業にあって、事業の目的は組合員・構成員が契約によって確認する事柄であり、会社であれば定款の目的条項に記載された目的に決まっている。取締役の善管注意義務も忠実義務も、法令・定款を遵守してその職務を遂行すべき義務をいうことに疑

間はない（会社 330 条、民法 644 条）。株主価値の最大化が定款の目的規定の達成より上位の価値ということはどこから見てもありえず、その実質は人間要素からかけ離れた株主にとってもっとも都合の良いスローガンでしかない。

　会社は定款に掲げた目的と会社自身が掲げてきたミッションを最大に実現するために事業を遂行する。会社がもっとも得意とする分野で最良の商品・サービスを提供し、そうした商品やサービスの受益者である市民や個人の意向を反映するような公正な市場がそれを評価することで、株価も配当も高くなるために、そうした立派な会社の株式を買っていた投資家・株主は報われる。立派でない会社の株式を買っていた投資家・株主は報われない。投資家の選好に応じて投資家が報われるかどうかが決定される。こうしたプロセスを抜きにした「株主のために経営せよ」の主張は、投資家の自己責任原則という証券市場の基本原理に背く主張に他ならない。こうしたメカニズムの発揮を経済システムの根幹に据える体制こそが資本主義市場経済であり、株式会社と資本市場はこの体制の中核を担っている。

　株主の属性を問うことなく、株主価値最大化が経営目的であると声高に述べることは、株式会社法の長い歴史を振り返ればつい最近のことである。それは成熟した法律学の伝統を有しないアメリカの経済学万能の発想が生んだ一時の流行にすぎず、それは会社の経営目的をはき違えることで、筋の悪いファンドなどによる短期的な利益獲得に奉仕し、すでに異様なほどに過剰な富を獲得してしまっている者をさらに富ませるためのイデオロギーと堕している。近時のアメリカの脱株主第一主義の姿勢は次代の新しい発想ではない。それはこのところ通念とされてきた発想の誤りを正そうという反省に根差している。

　株主とは「株式の」所有者であることだけははっきりしている。しかし、そのことが「会社の」所有者に結びつくという主張には、一切の根拠がない。株主は会社の所有者という表現は、単に株式という商品を「買った」だけの者にとってはもともと一種の符牒ないしスローガンでしかないのであるが、それでもそうした表現が認められてきた背景には、欧州において市民や個人といった社会の主権者が株主であることにこだわる規範意識の存在がある。株主の属性をしっかりと認識し、その者が「物言う資格」を有する株主であるかを問題にする姿勢こそが、人間復興の株式会社制度を考えるうえでのスタートラインである[102]。

なお、こうした主張に対しては、それでは外資が日本から逃げていき株価が下がる、という反応が起こるのが常であるが、「物言う資格」に問題があっても、対価を払っている以上は基本的に配当請求権のような財産権やキャピタルゲインまで否定しようという話ではない。あくまでも、議決権行使という人間社会を支配しうる資格、デモクラシーの担い手としての資格を問題にし、「あなたの意見を聞く必要がない」というだけであり、そうした局面は従来も議決権行使以前の段階で、あるいは事後に法的な問題とされてきたのであるから、むしろ企業社会のあり方が正され、株価も上がるはずである（議決権全般については、後述 102 頁以下参照）[103]。

経営目的観とステークホルダー論

　株主主権論ないし株主価値最大化論を採る者も近時は、会社を取り巻く従業員や消費者、地域住民等の立場も考慮すべきであると述べることが多くなっているかに見える。しかしこうした論者の多くは、株主主権論ないし株主価値最大化論は正しいが、かかるステークホルダー「も」大事と述べるのが通例である。そこでは株主主権は当たり前、という前提自体を疑う姿勢は乏しい。しかし、人間復興の学としての会社法理を志し、理念型としての株主像として、人間ないし市民としての株主を想定するならば、実はそうした個人ないし市民が働いているときは労働者、買い物をしているときは消費者、日曜日に子供とハイキングなどをしているときは環境支配を受ける地域住民であり、たまたま株

102　二十数年前の日経新聞「経済教室」欄に、上村「株主、企業の「主」ではない」1997 年 10 月 7 日付が掲載され、その後も同様の主張の論文がたびたび掲載された。さらに、上村「市民社会と株主（8 回連載）」（同経済教室「やさしい経済学——歴史に学ぶ」）日経新聞 2004 年 4 月 9 日付、「市場経済と法（8 回連載）」（同経済教室「やさしい経済学——21 世紀と資本主義」）同 2005 年 4 月 8 日付等々。こうした当時の異端的な主張を歓迎する自由闊達な空気がかつて存在したが（「上村達男「浅薄な株主主権論　斎藤主幹が聞く暴論・正論」日本経済研究センター 2014 年 11 月 10 日）、日本のマスコミは全体としてアメリカの株主第一主義一色となり、多彩な論調は影を潜めた。

103　上村「日本が「ファンドの遊び場」に——東芝問題で露呈した法制度の不備」日経ビジネス電子版 2021 年 4 月 28 日。この「遊び場」という表現は、2019 年にフランスの下院財政委員会調査団から下院に提出された報告書での表現である。日本はアメリカに次ぐ、アクティビストの第一の遊び場となっており、今後フランスにやって来るので今から用心しておこうという話である。

式を買っていれば株主、というにすぎない。ここで株主とは「同時に」ステークホルダーなのであるから、ステークホルダーという言葉すら不要である。ステークホルダーとは、もともと一人の個人や市民の活動の多様な側面を多角的に呼んでいるにすぎないことになる。要は、社会の主権者である個人・市民が株主だから株主主権、というところに常に立ち戻ることが必要であり、株主とはただの share の holder というだけでは人間に迫れない。

　人間の諸活動のうち、労働している部分に固有の法制として労働法があり、消費活動を捉えた法制として消費者法があり、地域住民としての活動を支える環境の維持・改善を担う法制として環境法があり、たまたま株式を買った場合には株式会社法と金商法が担当する。預金者となれば銀行法が中心的な役割を担う。歴史や文化活動にとっては文化財保護法が、健康については医療法が重要な意義を有する。およそ人間の活動のある部分のみを切り取ってここは株主、ここはステークホルダーと分けること自体に意味があるわけではなく、トータルな人間の活動を支える法制の全体像を把握することが必要である。その意味では、ステークホルダー論の中身を吟味し直す必要がある。株式会社法がトータルに人間そのものに迫る法制になっていれば、株主第一主義と言われる場合の株主に人間の要素の希薄なものが存在せず、他方でステークホルダー第一主義といった場合のステークホルダーとして非人間的な存在を想定しないのであれば、そうした対立軸を強調すること自体が妥当ではない。常に人間を最優先するという発想がそこでは貫かれていることが最も重要である。

　イギリスでは 2000 年金融サービス市場法上、投資家 investor と呼んでいた者を、消費者 consumer と呼ぶことに改めたが、そこにはそうした欧州の規範意識が反映されている。ここでは、消費者と呼ぶことに違和感のある株主像にこそ疑いを持つ必要があると、ごく自然に主張しているのである。

コーポレート・ガバナンスとは支配の正当性をめぐる議論

　会社経営の目的が株主価値の最大化であれば、あらゆる会社組織はそうした目的遂行のために構築されるべきとされる。しかし、会社の目的がそれぞれ定款に掲げた目的および会社が掲げてきたミッションの最大実現にある以上、会社の組織運営のあり方は各会社が掲げたそれぞれの目的の実現が公正・効率かつ迅速に遂行されるように仕組まれたシステムということになる。こうした議

論は実は株式会社ないし会社制度についてだけ妥当するわけではなく、およそ人間の組織活動全般について支配の正当性が何によって担保されるのかという社会科学の根本問題に帰する。国家も自治体も、会社も学校も病院も教会も、それぞれに固有の存在理由を有しながらも経営権ないし支配の正当性をどのように説明するかという命題は共通である。

　この支配の正当性に関する議論を代表するのが、マックス・ウェーバーの支配の社会学に言う、伝統的支配・カリスマ的支配・合法的支配の三類型である[104]。伝統的支配は、過去の長い期間にわたって正しいとされてきたことだから、今もそれを行うことに正当性があるとする支配のあり方である。流行の新奇な学説や発想に飛びつくより、長年にわたって正しいとされたことを信頼した方が間違いがないと思うことには強い合理性がある。カリスマとは人が有する天賦の資質(呪術的能力・啓示や英雄性・精神や弁舌の力)に対する情緒的帰依の関係として成立する支配である。そして、法や規則に基づく官僚的支配に代表されるのが合法的支配である。日本は500年1000年の老舗企業の伝統的支配(実は合理的な性格を見出すこともできる場合が多い)、創業者への帰依・信頼に基づくカリスマ的支配、そして経営の組織体制の合理性を追求する合法的支配という具合に、会社経営の歴史に多様な支配の諸類型を見出すことができる。

　コーポレート・ガバナンスとは、経営権の根拠を示すに足りる管理運営の仕組みであり、その仕組みが履行される過程で経営者が評価・選任され、選任後もガバナンスの仕組みが経営者のあり方を常にモニターすることで、そうしたトータルなガバナンス・システム全体による経営に対する信認が経営権の正当性を日々根拠付ける、そうしたあり方を言う。株主は会社の所有者であり、株主総会は会社の所有者の集まりであり、その株主総会で選ばれた取締役によって代表取締役ないし経営者が選ばれた、という具合に支配の正当性の根拠を昔の選任時に遡る昔話に経営権の正当性の根拠を見出すことはできない。経営者は過去にどのように選ばれようとも、いつでも正当な理由なしに解任される。取締役会(社外取締役)、監査役、会計監査人、株主の経営監督機能、情報開示、会計・監査、内部統制・内部監査、公的規制、証券市場等々によって日々モニターされる。経営者を取り巻く比較的厳格なガバナンスの仕組みが、全体とし

104　マックス・ウェーバー(世良晃志郎訳)『支配の社会学Ⅰ』(創文社・1960年)32頁以下。

て経営者をたった今信認しているという事実こそが経営者の経営権の正当性の根拠である。

　大事なのは、経営者をとりまくガバナンス・システム自体の権威と、そうしたガバナンス・システムがトータルに今経営者を信認しているという事実である。1分で急停車できるブレーキがあるから新幹線が時速300キロを出せるように、立派なガバナンスがあるから経営者は安心してリスキーな、あるいは大胆な経営判断も下すことができる。しっかりした免疫力があるから、傷を負い細菌やウイルスに侵されても安心できる。筋肉の強化が攻めのガバナンスで、免疫力アップは守りのガバナンスなどと分けて論ずることはナンセンスの極みである。

　ここでは一定の合理的なガバナンス・システム自体の権威が強調されるため、それが有効に運営されていれば、事後に訴訟になった場合の責任も分散化し経営者の訴訟リスクを最小にする。そうなると、ガバナンスは（社外取締役も）、ルーティンとしてのモニタリングを実施しつつ、経営の背中を押すパートナーともなりうることになる。充実したコーポレート・ガバナンスは経営者を守るものであることを理解できない経営者は、それだけで会社および会社を取り巻く一切の関係者にとってリスキーな存在である。そうした経営者はガバナンス・システムを自己の行為に対する制約としてしか理解できず、結局はガバナンス・システム崩壊への道に手を貸すことで、自らの経営基盤を自己否定することになる。

会社の営利性と公益性

　株式会社はその定款に掲げられた目的・ミッションを最大に実現させるべく経営を行う存在であるが、企業として存続するために、また目的に沿って事業を展開するために元手としての資金（資本金）の他に一定の営利を必要とする。こうした意味での資金ないし営利の必要性は一般社団法人・財団法人であっても、学校であっても教会であっても共通であるが、それは会費や寄付や献金という形態であってもよい。およそ団体にはそれを維持・存続するために一定の営利が必要であるが、その団体の設立目的に応じて、その事業を拡大・展開させるためにも営利は必要である。事業目的が多くの人間の共感を得るようなものであり、あるいは多くの人間の生活にとって真に必要なものであれば、こう

した意味における営利の要求は大きなものとなる。

　この点は株式会社も同じであり、会社の維持・存続・事業の発展が人々に与える共感に応じて、そのために必要とされる営利性は容易に承認される。固有の事業目的の実現という中核があっての営利性である。しかし、こうした事業活動目的の共有と事業活動の発展に向けられた営利性という観念抜きに、会社は株主のものであり、株主価値最大化が会社経営の目的だからそのために営利を追求し、それを株主に分配することこそが大義であるかの主張は誤りである。まして、雇用を切り捨て、借金をしてでも自社株買いに走ることで株価をつり上げようとするような行為は、非行という前に相場操縦の可能性を検討すべき問題である。必要な長期投資を行うために短期的な配当要求に応えないことは至極真っ当な姿勢である。逆に、筋の悪いファンドなどの要求に応えるために虎の子の優良資産を売却して、その資金で大量の自社株買いを行うような行為は、株主のために会社を犠牲にするものであり経営者の会社に対する任務懈怠責任が正面から問われても文句の言えない行為である。これらの行為の判断を行うのは経営を間近で見ている取締役会、社外取締役等であるから彼らの責任も重い。

　事業目的遂行のために真に必要であれば、利益の内部留保も重要な政策判断の一つである。かつて、日本に法定資本、法定準備金制度が存在した時代であれば、あるいは今もこうした制度が維持されている欧州諸国においては、厳格な法定資本、法定準備金(資本準備金・利益準備金)等を純資産から差し引いた配当可能利益の中からしか配当できない。現在の日本のように、法定資本制度も法定準備金制度もほぼ全面的に廃棄してしまい、「配当は利益から」という大原則すら大きく揺らいでいる状況[105]は、実は大きな不景気やバブル崩壊等の危機に際して脆弱な体制であることを意味する。

　日本のバブルが崩壊した時に、日本の企業には全資本金に相当する程の資本準備金があった。新株を時価発行するたびに、株価上昇分の相当部分(払込剰余金)が資本準備金に自然に充当されたためである。こうした法定準備金制度はバブル崩壊その他の危機への備えという重要な安全装置であったのだが、経済学者中心の過剰規制批判を受けて、それをほぼ外してしまったのが今の日本で

105　資本性の資金である「その他資本剰余金」すら今では配当原資になりうる。

ある。したがって、企業が危機的状況に備えて内部留保を厚くしようとすることは基本的に自己防衛本能の発揮であり、かつそのことは国民生活にとって必要な事業が危機時にも容易に揺るがないという、公益確保の意味合いを有する。それを批判する「俺にカネ寄こせ」株主に迎合する昨今の風潮は日本の企業法制の劣化につけ込むファンドなどの主張を日本の国益に優先させるものでしかない。アメリカのファンドも資本制度等が確立しているドイツやフランスに対して、法定準備金制度は過剰規制であるから廃止せよとは言わない。ひたすらアメリカを真似て一気に制度を弱体化させた日本は、彼らの目には美味しそうな小太りの獲物に見えているに違いない。

【日本の近時の会社法のテキスト批判】

　ところで、本書での私見と真っ向から対立する考え方で成り立っていると思われる[106]会社法のテキスト、田中亘『会社法〔第3版〕』(東京大学出版会・2021年)について、この際コメントしておかなければならないと思われる。田中教授のこのテキストは問題設定が絞り込まれた世界での切れ味の鋭さに同教授の面目躍如たるところがあり、私もそうした記述を信頼に足るものとしてきた(そこには東大商法学の圧倒的な存在感に対する長年の敬意がベースとしてある)。しかし、問題が基礎理論や理念、歴史、問題の枠組み自体に関する議論になると、それについて見解が示されることは少なく、示されていてもその趣旨は必ずしも明らかとは言えない。同書のこのところの影響力の大きさに鑑みると、人間復興の会社法理を志す本書として、きちんとした批判的コメントを示しておく責務があると考える(本書の他箇所での批判を併せてご参照いただきたい)。

　①　田中・同書20頁は、「望ましい会社法の規律を実現するには、規制の便益と費用とを勘案し、便益が費用を上回る限度で――効率的な限度で――規制を課すという態度が必要となる」との基本認識を示す。そのうえで、費用を上回る便益を生むことが期待できない行為であっても、法が人々に義務付けることが正当化される場面は思いつかない、とする。しかし、ここで「望ましい会社法」とは何を意味するのか、説明はない。効率という概念は、何らかの達成されるべき目的があり、それを実現させるための効率であれば、無駄は省いた方が良いのは明らかであるからわざわざ論ずるまでもない(獲物を捕るための効率、一定の面積で多くの収穫を得るための効率

106　もっとも、私見に対する論評も反論もないため、本当に対立しているのか、対立しているとしてどこがどう対立しているのかは不明である。以下の指摘が、結果的に教授の見解に対する一方的な批判の形を取らざるを得ないことは遺憾である。

等々、人類はそのことをいつも考え、道具や技術を開発してきた）。会社の場合には、第一は、定款に書かれた事業目的の達成であり、第二に法令が遵守を求める規範の達成である。環境法を遵守し、労働法を遵守し、消費者法を遵守すること等はすべての会社が遵守すべき経営規範の一環を成す。会社法上、取締役にはこの双方を守るべき「法令・定款遵守義務」があり、こうした義務の履行こそが、「望ましい会社法」の第一歩のはずなのではないか。

　こうした明快な認識なしの便益・費用そして効率を何となく論ずれば、その話は会社法でなくても民法でも資本市場法でも他の法領域でも通用することになり、一切の経済事象に共通の問題であるから、そもそも会社法固有の話をしていないのではないか。田中教授が拠り所としていると思われる法と経済学は、個々の法領域に固有の価値や規範を論ずることなく、取引コスト、エージェンシーコストの削減を最良の価値であるかに論ずるが、それは経済学的な仮説検証的作業ではありえても、それ自体が法律学の規範形成目的とはならない。ある程度コストを犠牲にしても達成されるべき価値があるかは人間たちの評価・価値観の蓄積に基づく。便益を将来世代の便益を含めて超長期的に、中長期的に、短期的に捉えるかを判定するのは容易ではないが、それだけにコストばかりが過剰に見積もられることになり勝ちである。安易なコスト論は、その問題がコストを度外視してまでも実現すべき問題ではないとの決めつけを前提にしていることに気付いていない。そこには、人間の尊厳などは社会的な価値とは関わらないとの思い込みがあるのではなかろうか。

　さらに、株式会社制度とは証券市場を活用しうる会社制度であるところに明快な特色を有するが、株式会社の歴史は証券市場で失敗してきた歴史でもある。田中教授は、株式会社を証券市場抜きで取引ルールとしてのみ論ずるという発想に拠っているように見えるが、証券市場（ここでは株式市場）の設置・運営には大きなコストを要する。その点を便益・費用・効率論はどのように理解しているのであろうか。何となく、「効率的であることは良いことだ」では、何が言いたいのか理解しがたい。

　既述の組合契約（合名・合資会社も）のように共同の事業を営むための契約は、そこに参加する人間たちの価値観の多様性に応じて彼らの意思次第でいかようにも設定できる（この自由な合意の保障は人権問題であることについては前述した）。高度な公益目的を高く掲げる事業はいくらでもあったのであり、現に多数存在する。会社法（とりわけ株式会社）になると経済的価値の尺度でのみ規律の意義を測って良いという発想の根拠とは何か。とりわけ私見が欧州に倣ってデモクラシー関与権として位置づけている議決権についての費用—便益、効率とは何のことか。会社法の規律は利益配当請求権のような財産権だけを想定すれば足りるのか。株主の属性（この問題を本書は一貫して取り上げている）を勘案しないで株主を論じれば、ある種のファンドのように僅かな運営者の他には人間の匂いがせず、ほぼカネしか存在しない株主像にとって

まさに適合的な発想となるのは自然であるが（効率を阻害する人間たちがいない）、そうした会社法の理解はここ40年ほど前からアメリカでのみ見られた経済分析至上主義（いわゆる新自由主義）そのものであり、国民の生命・財産を守るべき重い責務に根ざした法的思惟に基づくものとは言えないのではなかろうか。

　②　ところで、「便益が費用を上回る限度」で規制を課すというその「効率的な限度」であることの証明のない制度は新たに構築できないことになり、現に存在する制度の正当性も、それが歴史的に正しいとされてきたという事実やそれぞれの制度趣旨として語られてきた政策目的の合理性という過去の話によっては基礎づけられず、「効率的な限度」の立証がいまなされなければ制度の正当性には常に疑問符が付くことになると思われる。その発想は限りなく、証明がないために余計とされた規制の廃止ないし規制の緩和を志向することになるのではなかろうか。「効率的な限度」であるか否かは、国民代表や政治家が決めるのではなく、経済学者や統計学者が決めることになるのか[107]。

　私は常々、それぞれの条文から一斉に発せられた人間たちの無数の叫び声を聞き取れるようになることが法を志す者の第一の資質であると学生たちに言い続けてきたが、そうした発想は「効率的な限度」の証明にとっては何の意味もない事柄ということなのであろうか。平成26年改正の際の法制審の議論では、議論の全般を通じて何かというと「立法事実がない」ということをもって制度論を否定する決定的な論拠とするような風潮があったが、それは歴史に学ばないとの宣言としか思えない[108]。国の内外を問わず、大抵の条文にはその時代が要請する立法事実が蓄積されているはずなのだが、会社法や資本市場法を学ぶに際しては、そうした過去の立法事実の蓄積は無視し

107　考古学的証拠は主に骨の化石と石器から成るが、それをもって「石器時代」と言うのは考古学上の偏りに基づく誤解にすぎないと言う。木や竹、革などのもっとも朽ちやすい材料で作られた人工物は特殊な条件の下でしか残らないが、古代の狩猟採集民が使った道具の大半は木でできていたので、石器時代は正確には「木器時代」と呼ぶべきとされる。ユヴァル・ノア・ハラリ（柴田裕之訳）『サピエンス全史（上）』（河出書房新社・2016年）62頁。何かというと実証分析とか効率性の証明を言うのは、人間の多様な価値観に基づく営みの一切を無視して、石器時代に似て「効率性時代」を声高に標榜する思い込みにすぎないのではないか。アメリカで1880年ごろ以降に、カロリーの概念が食の価値を示す主なものとなり、味は二の次になったとされる（味・香り・食感・素材・調理法・食卓を囲む会話の質などでなく）。ジャック・アタリ（林昌宏訳）『食の歴史』（プレジデント社・2020年）175頁。カロリーとは要は燃費の問題であり、企業社会の原理に効率性を置く話と瓜二つであるが、燃費の話は自動車だけにして欲しいものである。

108　この問題について、江頭憲治郎他「日本私法学会シンポジウム「会社法改正の理論と展望」」私法74号（2012年）129頁において、宍戸善一教授は立法事実と立法の間には全く論理的関連はないとされる。

てよいということで法律学が成り立つとは思えない。

　③　田中・同書 274 頁は、慈善活動・CSR 経営・政治献金については、それらの行為は「社会的に期待されているがゆえに」上記基本原理の「例外として」会社・株主の利益になるかを問わずに許容されるとする。そこで「社会的に期待されている」とは人間たちの期待ではないかと思われるが、そもそも田中教授の上記基本原理とは「社会的に期待されている」ことではなかったのか。「例外」を言う前に「原則」である効率性の要請と「社会的に期待されていること」との違いはどこにあるのか。私にはその違いは経済学者が言うような仮説の世界での話と、人間たちの現実の期待との違いにしか見えない。それが実は定款の目的内の話か、目的外の話かという問題だとすると目的外とされても肯定されることになるが、コスト・ベネフィット分析を会社法の規律の原理とした立場との整合性はどこに見出されるのであろうか。「例外」と言うだけでは理解できない。

　株式会社制度は国民生活に必要な財やサービスを私企業の活動によって提供し、その活動を市民層を主体とする需要者・投資者（公正な資本市場）が評価するという意味において資本主義市場経済の中核を担う仕組みであるから、その存在自体とその運営のための行為の全体が「社会的に期待された」ものとして構成され選択されているのであり、慈善活動・CSR 経営などが「例外的に」社会的に期待されているわけではない。定款の目的達成も人間のため、慈善活動等も人間のための行為に違いないが、株式会社を問題にする以上、まずは共同の事業目的遂行のためにベストを尽くすことによる社会的期待を第一義に考え、それに加えて地球環境、人権、慈善等についても配慮するとの「社会的期待」にも大いに応えるというのが話の順序である。証券市場と一体となって運営される株式会社制度の一方の柱である証券市場を規律する金融商品取引法の目的が「国民経済の健全な発展に資する」とされているのに対して、これと一体の関係に立つ株式会社制度がそれとは無縁なものであるはずがない。

　近時経営の基本原理とすらされてきているものの、田中・同書には言及のないESG・SDGs（本書 197 頁）のように、費用─便益計算の便益の計算が社会性を有しあるいは長期的なものになり、あるいは地球規模のものとなるほどに計算不能となり、多くの場合費用の正当性の立証が難しいために否定されがちとなる。純便益の増加をもたらすもっとも安易な手段がコストの削減であることへの警戒感が乏しいこととも相まって、要は費用─便益計算を会社法の規律の基礎理論とすることの誤りが露呈している。「社会的に期待されている」という立証不能な例外を認める以上、原則がなぜ立証可能なものとして規律の意義を左右するほどのものとなるのか理解しがたい。

　なお、85 頁①で示したように、田中教授は、費用を上回る便益を生むことが期待できない行為であっても、法が人々に義務付けることが正当化される場面は思いつかない、とされているのだが、「社会的に期待されているがゆえに」例外として、会

社・株主の利益にならなくても許容されるとのここでの指摘は、費用を上回る便益を生むことが期待できない行為であっても、法が人々に義務付けることが正当化される多くの場面を思いついているに他ならないのではなかろうか。

④　田中・同書 272 頁は、株主利益最大化の原則を強調する際に、取締役は会社のため忠実に、善良な管理者の注意をもって職務を行うべきとされていることを認めつつ、要は会社のためとは株主のためと同じだという。その理屈は、会社のためとは基本的に会社の利益をなるべく大きくすることを意味し、会社の利益は最終的には株主に分配されるべきものであるから取締役の義務とは基本的に株主の利益をなるべく大きくするように職務を行うことと解して良い、というところにある。さらに「残余権者である株主」の利益を増加させる決定は社会全体の利益を増加させる決定と一致する傾向があるとする（傍点は上村）。大抵の主張の根拠として実証研究をもっとも重視される田中教授が、「傾向がある」と断定する理由は、理念的にも実証的にも何も明らかにされていない。そこで言う「社会全体の利益」とは、要は「会社の利益」イコール「株主の利益」という発想と一直線に繋がっているもののようであるが、社会のありようとはそれほどに単純なものであるはずがない。社会全体の利益とは何かを語ることは、社会科学の根本命題であり、そこでは社会ひいては法学に関する思想と歴史と哲学が問われているはずである。過去の人間たちが考えてきたことを知り（読書・歴史は「死者との対話」）、未来の人間たちに対して責任ある行動をするという発想に基づいて（「まだ生まれざる者との対話」）、たった今の人間たちの行為のあるべき姿が浮き彫りになる。

ここで「残余権者としての株主」とは、会社の資産から債権者の取り分を差し引いた残り全部が株主の取り分であるとの観念を言う（田中・同書 75 頁）。それは、すべての債務を支払ったあとの利益が株主に分配されるべきことを言うローエコ論者の常套句だが、残余権者といっても、それは解散価値を想定した静態論であり（残存価値があったとして）、証券市場を活用する会社制度である株式会社がその活動の過程において証券市場の市場継続性を踏まえて活動している状況を動態的に把握した観念（把握できたとして）ではない。あらゆる債権者への支払いが最優先されるので株主は劣後権者だと言っているにすぎない。静態論を根拠に動態での配当のあり方を理由づけることはありえず、これをもって残余権者だから株主利益の最大化が図られるべきとか、会社は株主のものであるとか言うことになんらの論理的関連性はない。事業活動継続中にその時点で計算上残存価値がなければ会社は株主のものではないが、それが計算上出てきたら会社は株主のものになると言う話でもないはずだろう。

⑤　田中・同書 273 頁は株主価値最大化論にも例外があるとして、ⅰ）法令違反の行為、ⅱ）株主利益最大化が株主有限責任によるモラルハザードによって過度なものとなり社会全体の利益を害する行為、ⅲ）株主利益最大化に繋がらなくても例外的に

社会的に期待される行為、を挙げる。しかし、ⅰ）については、会社法上の取締役の会社に対する義務とは明らかに「法令・定款を遵守し」という条件の下での忠実義務・善管注意義務の話であるところ（会社法 355 条）、法令違反のみを挙げ定款違反に言及しない理由を理解できない。定款の目的規定より株主価値最大化の方が優先されるという趣旨で敢えて無視したのであろうか。定款には目的条項があり各会社がそれぞれ固有の目的を有し、その定款の目的を遵守することが取締役の義務であることを「実定法上」否定できない以上、株主価値最大化が定款の目的条項より上位の意義を有するはずがない。定款の目的は共同の事業遂行の目的を定める契約上の合意事項とも言えるものであるところ、契約重視の発想を取るはずの田中教授がこれに言及しないことには強い違和感がある。

　　ⅱ）については、そこで言われる有限責任とはそもそも「株主」有限責任ではなく、ヒトから分離した金融商品としての株式を「後腐れなく」買い取った状態とみるべきであるから、そうした問題に言及しない「株主」有限責任論はそれ自体として説得力を有していない（前述 32 頁）[109]。私は相当以前より、株式会社に有限責任社員はいないと言い続けてきているが[110]、正面から批判を受けた記憶がない。なお、株主有限責任によるモラルハザードを言う前に、日本には支配株主に忠実義務がないことによるモラルハザードこそ、真剣に危惧すべきであり、アメリカには備わっているそうした問題を無視したモラルハザード論に説得力はなく、私見によると効率を第一命題とする教授の会社法論こそがモラルハザードの最たる源泉なのではないかと疑念を禁じ得ない。ⅲ）は、CSR などとの関係で前述した通りであるが、社会的期待が原則の例外とされる点で同じ問題である。

　　ところで田中教授に限らず、株主価値最大化を言う論者は株主の属性について何ら言及しないのが常である。財産権だけの問題であれば、怪しい株主であっても公序良俗に反しないならば、対価を払った以上はそれなりの処遇をすべきであろう。しかし、議決権という、人間ないし人間社会に対する支配権能の行使主体としての適性が論じられないことは、株主価値最大化論が結果的に無機質な資本ないしカネによる人間支配に奉仕する事態を放任することになってしまうであろう。本書で繰り返し述べているように、欧州での株主主権論が株主の属性としての人間・市民にこだわってきたことに正当性の根拠を有するのに対して、そうした問題を問わないことの反人間的性格を自問することが必要である。

　　なお議決権の意義につき、田中・同書 174 頁は、「一般に、会社からより多くのキ

109　上村「104 条」山下友信編『会社法コンメンタール 3　株式(1)』（商事法務・2013 年）12頁。
110　上村・改革 141 頁。

ャッシュフローを得られる株主ほど、株主総会の議案の精査に時間と費用をかけ、会社の利益になるように議決権を行使する動機をより多く持っていると考えられる」とするが、ここで会社の利益とは田中教授によると、前述のように株主の利益と同義であるから、それは要は、会社からより多くのキャッシュフローを得られる株主(この発想自体に問題があるが)[111] が議決権(会社支配権)を行使すれば、会社の利益すなわち株主の利益になるという同語反復に他ならず、配当などをたくさんもらえる株主に議決権を行使させれば株主の利益になるように議決権を行使することになるという、利己的行動の肯定に他ならないのではないか[112]。

会社の目的をめぐる海外の会社法改正動向等——取り残される日本

① ところで、日本がアメリカに追随して(法律学に疎い経済学者の仮説的見解を法律学であるかに信じて)、会社の目的を株主価値最大化などと言うようになって三十数年であるが、実はアメリカも1992年アメリカ法律協会(The American Law Institute)Principles of Corporate Governance: Analysis and Recommendations(試案は1982年から)2.01条(b)は、会社の目的として、「会社は、その事業を行うにあたり、会社の利潤及び株主の利益がそのために増進されない場合においても、(1)自然人と同様に、法が定める範囲内において行動しなければならず(傍点は上村)、(2)責任ある事業活動にとり適当であると合理的に見なされる倫理上の考慮を加えることができ、並びに(3)公共の福祉、人道上、教育上、及び事前の目的に合理的な額の資源を充てることができる」としてい

---

111 民法上の組合契約などの世界で、もっとも重要なのは共同の事業目的の遂行であり、損益の分配は契約自由の世界に属し、多く出資をすれば多くのキャッシュフローを得られるという関係にはなく、多くを出資した者も少なく出資した者も共同の事業目的遂行のために協力し合う関係にあることについては、前述15頁以下参照。

112 なお、田中・同書21頁は、会社法の入門書である同書は、望ましい会社法に関する見解の呈示は最小限にとどめられているとし、読者は以上のような私見に同意しなければ同書を読み進めることができないということはない、とする。しかし、本書を読まれれば直ちに分かるように、法目的の根幹にかかる基礎理論に、株主の属性を問わないままになされるコスト・アンド・ベネフィット分析による純利益の最大化を置く見解と、市民社会や人間を基礎に置く見解が、各論において大差がないというようなことはありえない。特に、ここでは「ある事業目的を遂行するために」効率的に行動せよ(無駄を省け)という、誰もが肯定する話と、会社法の規律の原理自体が効率追求にあるという田中教授に固有の話が混同されている。

た（証券取引法研究会国際部会訳編『コーポレート・ガバナンスの原理』前掲注(11)）。

　会社法の主権は州にあり、会社法は連邦憲法上の連邦事項でないために連邦会社法がない珍しい国であるアメリカで、ALIのような権威ある機関によるこの種の提言は重く受け止められてきた。この1992年の会社目的観は明らかに株主価値最大化、株主主権論ではない。こうした発想がアメリカでもつい三十数年前までは当然とされていたのであるが、レーガン以後の小さな政府・規制緩和路線を契機に、連邦レベルで実質的な会社法を模索する動きはなくなり、経済学がそのまま法規範を左右して良いかのごとき風潮が席巻し(新自由主義、市場万能主義とも言われた)、日本もそれまでの欧州型の制度を徹底的に廃棄して今日に至っている。

　ところがそのアメリカで、次期大統領選の民主党左派の有力候補と言われたエリザベス・ウォーレン上院議員が、2018年8月15日に「Accountable Capitalism Act(責任ある資本主義法案)」を上院に上程し、大きな話題となった。その内容は、①連邦に会社法のないアメリカが一定規模以上の会社を連邦特許会社としての「アメリカ連邦会社」とし、連邦法適用の実質基準をいわゆるBenefit-Corporation[113]基準に置き、さらに次項に述べる英国会社法172条と同様の規定を導入し、②ドイツ的な従業員代表取締役を肯定し、③この会社の取締役・役員が報酬として得た自社株を株式取得後5年間に売却できず、また3年以内に会社による買い戻しを受けてはならないとし、④取締役と株主の75%の承認なしに政治的な支出を禁止し、⑤この会社が悪質な不正、不正の繰り返しを行った場合には連邦政府として「アメリカ連邦会社」の特許を取り消せる、とするものである。Accountable Capitalism Actという表現は、会社法が州の専権であるアメリカで連邦会社法という言い方ができないことからくるものと思われるが、少なくとも連邦のcharterに基づく会社という観念を初めて認める提案であった。

　この法案は結局成立しなかったが、こうした議論があのアメリカでなされた

113　米国ペンシルバニア州に本拠を置く非営利団体のB Labが運営している認証制度で、環境、社会に配慮した事業活動を行い、アカウンタビリティや透明性などB Labの掲げる基準を満たした企業に対して与えられる民間認証。英国会社法上の制度であるcommunity interest company(CIC)をはじめとする英米の社会的企業法制については、奥平旋『社会的企業の法──英米からみる株主至上主義の終焉』(信山社・2020年)を参照。

ことの意味は非常に大きい。以下に言及する「Our Commitment」と重なる部分もあり、この問題に右も左もない。大事なことは、それが今までの株主主権論を急に変えるというよりは、1992年段階以前のごく自然な発想への回帰を意味していることである。

　その後、こうした動向の延長として、アメリカ経済界のRoundtableは2019年8月19日に、181名のアメリカビッグビジネスの経営トップによる各人の署名を付した「Our Commitment」を公表し株主第一主義の放棄とイギリス型の経営目的観への転換を宣言した。連邦会社法のないアメリカで、この経済界の声明や見解は法源の一つとされるくらいの権威がある。とくに、今回の「Our Commitment」は、各経営者の決意表明の集合であり、契約書といって良いほどの重みがある。

　②　2006年英国会社法172条（会社の成功を促進すべき義務）は、取締役が特に考慮すべき事項として、「（ⅰ）一切の意思決定により長期的に生じる可能性のある結果　（ⅱ）当該会社の従業員の利益　（ⅲ）供給業者、顧客その他の者と当該会社との事業上の関係の発展を促す必要　（ⅳ）当該会社の事業のもたらす地域社会および環境への影響　（ⅴ）当該会社がその事業活動の水準の高さに係る評判を維持することの有用性　（ⅵ）当該会社の社員相互の間の取扱いにおいて公正に行為する必要性」を挙げる。この規定ができたときに、この発想はEnlightened Shareholder Value（啓蒙的株主価値）と呼ばれた。英独仏、いずれももともと労働者の地位が高いが、それは人間の地位が高いためであり、労働者概念は会社法に馴染まないとの誤った思い込みが日本には強すぎたのである。

　その後、2018年の英国改訂コーポレートガバナンス・コードは、従業員代表取締役 employee director の招聘、従業員に諮問する正式な会議体の設置、従業員との対話を担当する非業務執行取締役の配置、といったことを求めている。これについて、日本では株主のために経営すべき取締役の義務との利益相反問題であるかのような紹介がなされることがあるが、そうした認識が誤っていることは繰り返さない。

　③　フランスでは2019年4月11日に、かねてより政府が提案していたPACTE（企業成長と変革行動計画）法案が成立した。特に注目されるのは、民法典1833条を改正して、「会社はその事業活動に関する社会的及び環境上の問題を考慮して、その intérêt social（ソシエテの利益）のために管理運営される」と

の規定を設け、具体的に従業員その他利害関係者の保護を謳ったこと、さらに民法典1835条を改正して、会社定款に会社の「raison d'être（存在理由）」を記載できると定めたことである[114]。これらに関する条文はPACTE法の第3章「より正しい企業（Des entreprises plus justes）」のなかの第2節「社会における企業の役割を再考する（Repenser la place des entreprises dans la société）」に置かれている。存在理由を定款に記載できるとの新規定は、会社独自の「ミッションを有する会社」との資格をラベルとして公表できる（登記簿上も）との一定の法効果が認められる。一部に新たな会社形態といった紹介があるが誤りである。

④　このように、日本人が明治以来学んできた欧州型の会社法制を放棄して、経済学依存のアメリカに追随しているうちに、欧州は欧州が維持してきた会社の目的観をさらに深め、さらにその内容を磨いてきている。日本がアメリカの模倣をしているうちに、アメリカ自身、これまでの行き方が今日の極端な格差社会を作ったこと等を反省する議論がかなり広範な支持を集めつつある。

　日本がもともと有していた安定的な会社観を放棄し、しかも新しい時代に相応しい日本の企業社会の将来構想に関する議論をまったく怠っているうちに、日本だけに結果的に誤った会社観、企業社会観が化石のように残り、周囲の満ち潮に取り残された孤島の悲哀を味わうしかないかに見えることは甚だ残念なことである[115]。

経営評価としての数値基準と外形基準

　会社は定款に書かれた目的および長年にわたって培ってきた経営の理念・ミッションを最大実現させようと努めるところにその存在意義がある。しかし、そうした目的・ミッションの最大実現のために会社が営まれているかを判断・

114　これらの規定が、ナポレオン民法典の改正であるところにフランスのこだわりがあると思われること等、PACTE法の詳細については、前注101の石川論文参照。

115　アメリカの近時の脱株主第一主義をめぐる、田中亘「日本企業、安易な追随避けよ」日経新聞「経済教室」2019年12月18日付は、アメリカを含む世界各国が株主第一主義を反省している中、日本に孤立の道を歩めと言っているように聞こえる。上村・前掲「正論」論文注(100)。なお、田中教授は「ゴーン逮捕は日本の恥」と発言したとのことであるが、労働者や工場を徹底的に切り捨てることで株価をあげれば名経営者、という発想なのだろうか。山田雄一郎「日産ゴーン事件「最後の証人」が示した重大見解——東大教授は法廷で「虚偽記載ではない」と述べた」東洋経済オンライン2021年5月27日。

評価することは、株主が容易になしうるものではない。そうした評価をなしうるのは、会社経営をいつもウオッチし、日常的な経営評価を自らに課す会社の運営機構・ガバナンスである。というより、そうした評価をなしうるものとして適切に設計された仕組みがガバナンスである。

　しかし、会社の経営目的を株主価値最大化とする者は、「会社経営は株主のためになされる」「株主は株価の上昇に最大の関心がある」「故に高株価を実現している会社こそが会社の経営目的を達成している」と思いたがる。彼らと彼らの代弁者たちは、株価が高い会社の経営者は優秀で、低い会社の経営者は無能というキャンペーンを繰り返し行ってきた。短期利益の獲得にしか関心のない株主には、会社経営に深くコミットする暇はなく、彼らがいつも頼るのは、ROE（return on equity, 株主資本利益率または自己資本利益率）8％とか営業利益率といった数字だけであり、経営者報酬も株価連動報酬が望ましく、自社株買いによる高株価を実現する経営者は株主還元に熱心な経営者として讃えられる。経営者報酬を株価に連動させるのはあたり前ということになる。

　こうした株主がその主張を経営者に要求する場としての特定の「株主との対話」はエンゲージメントと呼ばれ（後述 137 頁②）、一般株主（投資者）に対する迅速平等なディスクロージャーの充実よりも重要であるかの情報操作がなされる。日本のマスコミは、こうした株主ないしファンドの属性を一切問題視せずに、「物言う株主」として盛んに彼らを持て囃し、彼らの行動を「資本市場の厳しい目」として盛んに持ち上げてきた。

　経営評価の基準として外形や数値に頼るという発想は、コーポレート・ガバナンスの仕組みが実質的に機能していないことを前提とするものである。社外取締役が一人もいなかった時代には、「うちには一人いる」「二人いる」というだけで評価された。社外取締役がいるだけで、先進的なガバナンスを採用しているかに見えた。取締役会がどうであろうと、社外取締役の二人が決めれば最終決定になるという指名委員会等設置会社（旧委員会設置会社）は、それだけで先進的な仕組みであるかに見られた。

　社外取締役がいさえすればよいのであるから、経営評価を社外取締役の「機能」に頼るという発想はなく、したがって、ROE 8％というような根拠不明の目標数値が独り歩きする[116]。そもそも、株主資本利益率にいう「株主資本」という概念は、過去のどこかで株主が出資したことのある資金ではあるが、

（株主）有限責任性を前提にする株式会社にあっては、その資金に対する優先順位は有限責任の被害者となり得る債権者にあるため、実は「株主」資本という用語自体がおかしい[117]。

　繰り返し述べているように、会社経営の目的は会社が掲げた定款の目的および会社が営々と築いてきたミッションの最大実現にあり、こうした数値基準や外形基準は本来の経営目的の実現とは基本的に関係がない（というより、真に生身の人間を尊重し、デモクラティックな手続きを尊重すればするほどに数値は悪化しがちである——人間との関わりの少ない企業の利益はコロナ期にむしろ大きくなっている）。経営者報酬も経営者の指名も、取締役会・指名報酬委員会・経営評価委員会等が日々経営者評価を行い、そうした充実したガバナンスの機能に基づいて決定されるべきものであるところ、ROE や株価のような外形基準に頼ると、ROE を下げるような経営判断は、それがいかに重要な経営課題であってもそれを実施すれば無能経営者呼ばわりを受けることになる。いますぐなすべき重要課題を先送りすることで維持される ROE が褒め讃えられるが、高い ROE によって恩恵を蒙った株主はもうそこにはいないことが多い。

　悪化した経営状態を立て直し、負の遺産処理を迫られる経営者が例えば、巨大な減損処理を実施し、溜まりにたまった在庫を思い切り特損処理し、老朽化した工場を更新し、同時に研究開発や宣伝広告にも多くの費用を用いるとなれば、ROE は最低水準となり、彼の業績対応報酬部分はゼロとなる。しかし、そこに充実したガバナンスがあれば、自己の報酬が最低となり、ROE の数字などまったく出ないにもかかわらず、それを断行しようとする経営者の経営判断こそがいまどうしても必要であると強く認識することができる。－10 を 0

116　なお、利子率が5〜6％の時代の ROE が仮に8％であったとしても、それがゼロ金利時代に通用するはずはない。それが極めて杜撰なイデオロギー的宣伝ないし掛け声にすぎないことは明らかであり、このようなものを経営の目標に据えれば大抵の会社はすぐにおかしくなる。喜ぶのは投資対象会社の事業目的など無関心な怪しいファンドだけということになるだけに、これを喧伝した伊藤レポートの罪はきわめて重い。

117　東証理事長だった谷村裕氏は、当時の「資本の部」を「株主資本の部」に改めるよう主張した。谷村裕『株主勘定復活論』（日本経済新聞社・1982 年）。その趣旨は、当時、一般株主があまりに尊重されない状況を変えようとするところにあったが、結局のところ、この名称は本書が問題にしているような市民性の乏しいファンドなどによる株主主権の強調に道を開き、ROE などの数値にお墨付きを与えたことは遺憾なことであろう。

にすることは+10であると評価することができる。もとより常に十二分の説明責任を果たすことが必要であるが、それができるのが機動的で有効なガバナンスである。ROE のような外形基準を強調するのは、自分が株主でいる間には負の遺産処理などしないで欲しいと願う刹那的な株主に決まっている。ROE 一点張りで経営を評価すべきと考えるような株主(およびそれを推奨する怪しいコンサルタントや学者たち)に囲まれた経営者は、高配当や自社株買いによって彼らの歓心を買い、自分もストック・オプションなどで高報酬を受け取る。これと反対の立派な経営者であればあるほどに無能扱いされることになる。

企業買収の論理

　株価万能主義にしてかつ株主価値最大化論に支配されたアメリカでは、敵対的買収があった場合には、経営者は株主にとってもっとも有利な買収価格になるように対応すべきとされ、要は1円でも高い買収価格を提示した者を勝たせるべきという発想が支配的であった(今も、そう信じている者が多い)。したがって、ホワイトナイトと言われるような対抗買収者が出てきて、買収者同士が高値を競い合う状況(オークション)は望ましいこととされた。1980年代にいわゆるハイリスクハイリターン融資や低格付けのジャンクボンド(ボロくず社債)を利用した短期借金漬け買収(LBO、レバレッジドバイアウト)が横行した。ここでは企業買収とは買収対象企業の資産を担保とし、買収が成功したのちには当該企業を切り売りすることで借金を返す取引が先端的な金融取引であるかに持て囃された。

　こうした買収の対象となった会社は閉鎖会社化され(going private と呼ばれるがその狙いの多くは上場廃止により証券取引所の干渉を排除するところにある)、税収の大幅減少による地域サービスの低下、企業が提供してきた商品の不提供、雇用の削減、インサイダー等の不正取引の横行等を伴う状況が顕著となるに及び(というより、インサイダー取引や相場操縦目的での買収が多かった)、ようやく、証券市場は必ずしも正しい者を勝たせないとの認識が高まった。代わりにコーポレート・ガバナンスの意義が認識されるに至る。1980年代末のバブルのピークの時期に起こったKKRによるナビスコの買収(250億ドルの買収として著名)を筆頭に、短期借金漬け企業買収(LBO)は攻撃方と防衛方の二手に分かれた巨大金融機関によるLBO融資・ジャンクボンドの無限の(?)提供合戦となり、対

価だけでは買収の是非を判断できず、結局独立取締役会の判断等のガバナンスの機能が重視されるようになった。

　しかし、会社経営の目的は会社が定款に掲げる目的・ミッションの最大実現である以上、買収者としては自分が経営者になった方がより良く会社の目的・ミッションが実現されることを自ら立証ないし疎明すべきであり、その場合には株主としての属性の正当性を含む情報提供が不可欠であり、それができない者は対象会社の経営者ないし支配者としての名乗りを上げる資格をそもそも有しない[118]。そうした主張ができない蓋然性が高い場合に、事前の濫用規制としての議決権行使禁止の仮処分制度等の事前規制を充実強化すべきである(後述127頁以下参照──株主の「物言う」資格については次節参照)。

　田中亘教授は、会社の支配権争いの帰趨は株主が決めるべきものとした上で、公開買付後に残存株式を公開買付と同額でキャッシュアウトする予定であることを開示すれば非強圧的な買収とされ、防衛策を正当化できないとするが、このことは要は企業買収の正しさの判断にとって、当該企業の社会的な存在意義は関係なく、すべては対価次第(要はカネだけの問題)という発想であることを意味している。

　ニッポン放送事件(ライブドア事件)の東京高裁決定(平成17年3月23日判時1899号56頁)は、買収防衛目的の新株予約権の発行等について、買収者が4類型の濫用的買収者とされる場合には防衛策による対抗を肯定した。それは、①真に会社経営に参加する意思がないにもかかわらず、ただ株価をつり上げて高値で株式を会社関係者に引き取らせる目的で株式の買収を行っている場合(いわゆるグリーンメーラー)　②会社経営を一時的に支配して当該会社の事業経営上必要な知的財産権、ノウハウ、企業秘密情報、主要取引先や顧客等を当該買収者やそのグループ会社等に移譲させるなど、いわゆる焦土化経営を行う目的で株式の買収を行っている場合　③会社経営を支配した後に、当該会社の資産を当該買収者やそのグループ会社等の債務の担保や弁済原資として流用する予

118　田中・会社法727頁は、会社の支配権争いの帰趨は株主が決めるべきものであり、株主が判断する機会を妨げるような防衛策は基本的に禁ずることが望ましいとする。ここには攻撃方は善との思い込みがあるようであるが、買収側の言動と属性によっては、事業目的を遂行すべき職責を果たすために、取締役会限りで対抗することも当然にありうる。教授が前提とする株主第一主義自体が誤っていることについては前述した。

定で株式の買収を行っている場合　④会社経営を一時的に支配して当該会社の事業に当面関係していない不動産、有価証券など高額資産等を売却等処分させ、その処分利益をもって一時的な高配当をさせるかあるいは一時的高配当による株価の急上昇の機会を狙って株式の高値売り抜けをする目的で株式買収を行うなど当該会社を食い物にしようとしている場合、である。こうした判断は、要は買収の対価や防衛策の合理性より買収者の属性を問題にしているのである[119]。

　これについて田中教授は、効率的な企業買収(要は対価の評価のみ？)を阻害するようにならないよう、4類型は合理的に限定解釈すべきであるとするが[120]、企業買収は対象企業を取り巻く人間たちのあり方を左右ないし支配する行為であるから、そこでの「効率的」も、合理的に限定解釈すべきという場合の「合理的」も何を意味するのか不明である。

　思うに、この高裁の判断は買収側の属性を正面から問題にするというきわめて正しい発想を示すものであり、むしろ買収側の属性の正当性の立証を広く求める立場を控えめに述べたものに過ぎないとみるべきである。その後、スティールパートナーズによるブルドックソースの買収に際して最高裁平成19年8月7日第二小法廷決定(民集61巻5号2215頁)は、「濫用的買収者であるか否かにかかわらず買収防衛策は有効」とし、濫用的買収者とはこの4類型に限らないことを明らかにした。こうした発想はこれを正しく受け止めて、買収目的の濫用のみならず株主としての属性自体に問題がある場合をも含める形で、「限定的」どころか、より広範な運用の可能性を模索すべきである。株主となること自体が否定され、あるいはそうした者への差別的取扱が肯定されるような者を、株主になった後にも真っ当な株主として遇しない法理が用意されている必要がある(後述127頁以下参照)[121]。

119　上村「敵対的企業買収と防衛策のあり方」浜田道代・岩原紳作編『会社法の争点』(有斐閣・2009年)212頁。
120　田中・会社法720頁。
121　なお、安全保障上重要な日本企業に対する外国資本の出資・買収を規制する外為法(外国為替及び外国貿易法)改正案が令和元年11月22日、国会で成立した。こうした対応は、各国も主権にかかわる問題として実施していることであり必要な場面があることは確かだが、本来は経産省や財務省が出てくる前に、会社法理論として企業買収のあり方が論じられ、問題が処理される必要がある。外資規制を理由に政策官庁が会社法立法や政策等の主役の色を強めていくことには、強い警戒が必要である。2021年6月の東芝株主総会は、まさにファ

なお、敵対的企業買収の判断について日本の判例法上「主要目的論」が確立してきたが（主として、買収防衛策としての第三者割当増資の差止めをめぐって論じられてきた）、それは第三者割当増資の資金調達目的と支配目的を比較して、資金調達目的が優先するならその第三者割当増資を肯定し、支配目的が優先するならそれを否定するというものである。

　ここで資金調達目的とは経営目的に適う資金調達の合理性を言うが、それが株主利益に勝るものであることを明らかにするものである。主要目的論はこのように買収防衛策としての第三者割当増資を想定して論じられてきたが、その際、それが否定されても（差し止められても）買収者に財産的不利益を補填するといったことは問題にしてこなかった。負ければ手傷を負って引き下がるだけであるから、買収側にも大きなリスクがある（第三者割当が肯定されれば株式の一株当たりの価値は下がり、支配比率も低下する）。

　ところが、新株予約権を使った近時の防衛策は、新株予約権の発行自体に資金調達の意義がないのが普通であるため、主要目的論ではなく、買収側と防衛側のどちらを勝たせるかという価値判断が剥き出しで迫られることとなった。そこでは買収防衛策の在り方よりも私見のように買収側の属性の評価こそが基本であるべきであり、第三者割当増資の場合と同様に、属性の悪い買収側に相当のリスクを負わせることでまったく構わないはずだが、買収者の属性よりも防衛策の合理性ばかりを問題にする発想の結果として、買収側に経済的な損失を与えなければ防衛策を肯定するという発想が強くなっている。これにより、会社は勝っても不当な支出を迫られ、買収者は負けても損はないということで安心して敵対買収を迫ることができ、これに関わる弁護士としても買収者に資金を提供すれば敗訴の可能性が小さくなるという結果をもたらしている。本来は、属性の悪い買収者への経済的利益の付与を行うことを主導した弁護士は、依頼会社に対する任務懈怠ないし忠実義務違反として、その財産付与について法的責任を負うべきである（会社はそうした弁護士に対する損害賠償請求を怠れば株

ンドに蹂躙されたに等しい惨状を呈したが、それを契機に経産省がその権限を強化しようとしていると伝えられる。会社法の充実が大前提であることを強調したい。なお、上村「ファンドに翻弄される日本企業」産経新聞（正論）2021年7月14日付、同「東芝調査報告書に関する見解」商事法務ポータル2021年9月14日、同・前掲注(50)インタビュー28頁、同「東芝調査報告書と企業社会の危機」世界2021年11月号217頁。

主代表訴訟により、経営者責任が問われかねない）。

　なお、判例理論では、しばしば「株主共同の利益」を確保するために株主総会の特別決議が必要か、普通決議でよいか、総会決議がなくても良いか、といったことが言われるが、「株主共同の利益」よりも会社の事業目的の遂行が優先されるべきであるから、そうした発想自体が誤っている[122]。株主の属性を問わない会社法理を前提に言われるこうした発想の実体は、多数の市民層の利益よりも「支配株主の利益」を優先させる実質を有する場合が多い。

　ところで、個人株主ないし市民株主が主役の企業社会は市民的基礎の上に安定的な社会的基盤を有しており、例えば英国を始めとする欧州では敵対的買収自体がまずないと言われる。英国には長年にわたって信頼を得てきた企業買収ルールが take-over code（後述 223 頁参照）として確立しており、このルールに従わない企業買収はあり得ないため、友好的買収も敵対的買収もないからと言われる。こうしたルールがない日本で強圧的な買収が過剰に起こりうることが理解されなければならない。英国の株主の大半が実質的に市民や個人であり、市民社会が支持してきたといえる企業を敵対的買収の対象にすることは、市民社会全体を敵に回すに等しい行為だという側面が重要である。敵対的買収が無能な経営者を交替させる意義ある行為だと思われることの多い企業社会は、属性に疑問のあるファンドのファンドマネージャーなどの判断ないし連携によって安易に支配が左右されるような株主構造となっていることが多い。敵対的企業買収をそれ自体を良いものであるかに考える発想は、未熟な市民社会のあり方を反映している。株式を財産権のみで語り、議決権をインセンティブとのみ理

122　令和元年改正でこうした文言が会社法に入ったことへの批判については、後注 283 参照。改訂コーポレートガバナンス・コード（2021 年 6 月 11 日東京証券取引所）が、さかんに ESG、SDGs などを強調しながらも、株主をコーポレート・ガバナンスの規律における主要な起点であるとし、株主の属性を問わずに株主総会は株主との建設的な対話の場であり、株主の視点に立って株主総会の適切な環境整備を行うべきとし、上場会社の取締役会は株主に対する受託者責任・説明責任を踏まえるべきとしており、一貫して株主を主役と見る株式会社観を変えていない。超高速取引を推進し、利那的な株主に議決権行使をさせることを躊躇しない姿勢を踏まえると、そこでの株主の主役とは現実には株主としての属性の正当性に疑問のありうるファンドなどを想定しているものと見られても仕方ないのではなかろうか。金融商品取引法の株式等に適用される部分を上場会社法の一部と見ることもできていない現状（後注 245 参照）の改革なしに何を言っても空虚に響くのは、会社法の根本改正に対応すべきガバナンス・コードになっていないためである。

解するようなアメリカで(後述107頁)、しばしば「支配権の市場」なることが言われてきたが、そもそも議決権をデモクラシー関与権として把握するなら、このような発想は、普通選挙権の売買市場類似のものでしかない(次節以下で論ずる)[123]。

2 議決権行使と「物言う」資格

株式会社における議決権は財産権か

① **人的会社の意思決定は人格の表現** 本書では、株式の本質についてこれを所有で説明するいわゆる社員権論について言及した。そこでは所有とは民法で言う法的な所有権のことでないことは確実だが、配当と議決権に所有権の機能が残っているのではないかということから、所有権の変形物とか希薄化された所有とか言われたことにも触れた。戦前から戦後にかけて、こうした社員権論だけでなく、日本では株式の本質論について、まさに百花繚乱とも言える程の高水準の議論が展開された。証券市場の展開を現実には知らない当時の状況で、外国の文献と自己の思考力で到達したガバナンス論は今も世界に冠たるレベルのものと自信を持って言える[124]。ここではそれらにも触れながら、議決権の本質とは何か、という角度から問題点を確認しておきたい。

既述のように、共同の事業目的のために組合員ないし社員が契約的に結合する民法上の組合、合名会社、合資会社のいずれも、業務執行は特に定めのない限り、組合員、社員の過半数をもって決する(民法670条、会社法590条2項)。ここでは、出資の多寡に関わらず多数決は組合員、社員の頭数で決定する(イギリス会社法上一人一議決権がいまでも原則であることについてはこの後に触れる)。要は共同事業に参画した人間の過半数である。ここで、社員の過半数で決するということの意味について、これを仮に議決権と呼ぶなら、それは人間が自分の意見を表明する行為、すなわち社員の人格の発露そのものである。

---

123 コロナによる株価低迷を受けて、アメリカでは自社の魅力をなくすことで防衛しようとする毒薬条項(ポイズンピル)の導入が増えているようであるが、本書が述べているような買収法理を前提にすれば、このような心配は不要であり、それはアメリカの未熟なあり方が露呈している姿であろう。

124 これについては、上村・改革50頁以下参照。なお、後述110頁以下。

株式会社は資本多数決と言われるが、イギリス会社法は今でも株式会社の議決権は一人一議決権が原則である(これを挙手による投票という——show of hands)[125]。ここでは株主とは挙手による議決をなしうる個人ないし市民であることが前提とされている。株主が法人である場合には物理的に挙手ができないかに思われるが、権利行使者としての法人代表者(corporate representative, 2006年会社法318条3項2号、323条)を選任し、この者が挙手を行う。もっとも、挙手による決議の結果が議長から宣言された後に(まず、挙手は行われる)、株主が決議を投票 poll によって改めて行うように請求した場合には、挙手による決議は効力を失い、一株一議決権による多数決が行われる。ここで投票の請求とは挙手による決議の資本多数決による修正を求める権利であり、資本多数決が大原則とされてはいない。フランスについても言いうるが(後注186参照)、常に原則が確認されることそれ自体が重要であり、資本多数決であってもそれを行使する者の基本は人であるという原則が常に意識される。

　日本では資本多数決が当然視されてきたが、株式会社であっても発行する全株式について譲渡制限が付されているような閉鎖的な会社(株式の譲渡につき取締役会の承認を要する)の場合には、出資の多寡だけではなく株主(社員)の頭数が尊重され、重要な問題に応じて、議決権を有する株式の頭数で半数以上にして議決権の3分の2以上(会社法309条3項)、あるいは総株主の半数以上で議決権の4分の3以上(会社法309条4項)、といった決議要件が課されることもある。この場合には、株主の頭数の過半数が賛成しないと、どんなに出資比率の多い株主が賛成しても決議は成立しない。当然ながら、株式会社でもこうした会社では出資の多寡だけでなく「人間の数が重視される」。

　また、株式譲渡制限会社や旧有限会社にあって、新株ないし新持分を発行する場合には既存株主に対して、その持ち株数に応じて割り当てるのが普通であったのであり(旧商法、旧有限会社法はこうした立場を採用していた)、欧州では公開会社でも株主割当増資が原則視されている。こうしたことは、個人株主ない

125　私会社(private company)にあっては書面投票が原則化しているが(2006年会社法281条1項)、これは株主間の人的信頼関係の存在を前提にしたうえでの便法であり、頭数主義の本質は変わらない。こうした問題全般については、中村信明「イギリス法上の株主総会」中村一彦先生古稀記念『現代企業法の理論と課題』(信山社・2002年)391、392頁。ここでの中村教授の記述の基本は2006年会社法においても変わらない。

し市民株主の比率が高い現状を維持したいとの規範意識の表れであり、日本が見逃してきた重要な問題を提起している[126]。

　②質問権に均一性の要請は及ばない　　資本市場と一体の本来の（公開）株式会社の場合には、利益配当請求権は1株単位で均等に付与され、1株に1個の議決権が付与されると説明されてきた。1000株を有する株主には1000個の議決権と1000個の利益配当請求権が付与されている。これを株式の均一性と言う。

　ところで、1株が他の株式と同じ均一な単位とされるとの要請は出資という財産権については容易に理解できるが、議決権が均一な単位とされていることの意味は理論上そもそも明らかでない。利益配当請求権なら、1株しか有しない株主も、僅かであっても配当金を受け取る利益があることに合理性がある。しかし、僅かな配当に対応する僅かな議決権とは何を意味するのか。既述のように株式を所有の変形物と言っても、1株分の議決権を所有と呼ぶことには違和感がある。もとより、徹底的に所有と経営が分離し、小さな1粒の株式を有する株主が無数に存在し、それぞれに意見を異にし、株主総会で成立する決議とは毎年偶然の結果にすぎないということも仮説としてはありえなくはないが[127]、現実にそうした状況が存在したことはない。

　この点、例えば株主総会での質問権行使という局面を想定すると、1株のみを有する株主も大量の株式を有する株主も質問する回数は同じである。株主総会で議長は一人1問ないし2問に質問数を制限するが、その出席者の持ち株数は問わない。1万株を有する株主が1株主の1万倍質問できるというようなことはない。動議などの扱いについても同じである。要は現実に株主が物理的に集まる場での「意見交換」については人間単位で物事が処理される。意見の陳述や質問という人格の発露に関わるような問題に持ち株数は問題にならないのである。株主代表訴訟の提起権、取締役の行為の差止請求権、新株発行の差止請求権、株主総会の決議取り消しの訴えの提起権などの単独株主権も同じであ

126　日本の現行会社法は、もともと有していたこの原則を廃棄し、閉鎖会社であっても原則を株主総会特別決議としたが、その実質的な理由については、できるだけ条文数を減らしたいという以上の説明はなかったように思う。

127　完全な所有と経営の分離モデルであり、バーリ＝ミーンズ型完全競争モデルという。

る。1000 株主は 1 株主の 1000 倍訴えを提起できるなどということはない。

　このように質問が人格の発露だとすると、それでは法人株主の質問とは何か。法人とは多数の利害関係を整理するための法技術であるから、それ自体に人間並の人格はない。その意味では法人には質問権はないということも理論上はありえなくはないし、質問と一体の議決権もないということも理論上はありうる。既述のように、法人も出資に対応する財産権が認められる以上、その有する財産の価値を少数者による毀損から守る利益を有しており、そのために議決権を行使することは認められる。しかしそのことは他方で、人間社会のあり方や環境・労働・人権といった問題について、人間並か人間並以上の発言権を認めることの根拠とはならない。

　③1 株 1 議決権原則による「議決権の過剰付与」　ところで、株式の均一性の最小の 1 単位の担い手とは誰か。単位の大きさにはどのような意味があるのか。これについては、定款自治の問題とする見解もあるが[128]、真摯な投資判断と議決権行使を担う最小の個人ないし市民 1 名に相応しい単位として位置付けられるべきである。議決権をデモクラシー関与権とするなら（後述）、企業社会ないし当該企業のデモクラシーを担うに相応しい最小の単位である。明治 23 年商法が株式の単位を意味する額面を 20 円としていたことは、当時としてはそれなりの金額であり、こうした単位としての性格を欧州の法制から継受していたものと考えられる（前述 34 頁参照）。平成 13 年商法改正以前までは、出資単位として純資産 5 万円以上との規律を維持してきたが、主として閉鎖会社ないしベンチャー企業を想定して、この規制が完全に撤廃され、その後ライブドアによる株式の 1 万分割などが放任されるに至った。現在では実態として、株式の大きさに存在していた規範的意義は喪失している。

　このように、株式 1 単位に込められた担い手としての 1 市民という規範的意義を前提にすると、1 万株主は 1 市民の 1 万倍の議決権を有することになっても良いというのが 1 株 1 議決権原則であるが、それは本当か。もともと民法上の組合契約や合名・合資会社なら人格単位の多数決（頭数主義）が当然であり、

128　江頭・株式会社法 138 頁は、単元株制度も含めて、株式の大きさ（出資単位）の規制は、会社の管理コストの観点から定款自治がみとめられているとされ、かつ 1 株 1 議決権とされる理由も株主の数えやすさを言われる。同書 123 頁参照。

出資が多いから発言権もそれに比例して大きくなることはない。歴史的にも、今も、株主の持ち株数が増えるにつれて議決権が反比例的に逓減する定款規定（tenure voting という——株主平等原則につき、後述144頁以下参照）はごく普通のことである。出したカネに比例して発言権があるというような発想はもともと原理的におかしいと考えられていたのである。

　ところで、株式の均一性の要求は、既述のように株式市場形成のための条件として要請されたのだが（前述35頁以下参照）、思うにその際に「ついでに」議決権も均一にしてしまったのではなかろうか。そう思えるほどに、1株1議決権の成立根拠は曖昧である。せいぜい、株主が数えやすくなるという程度の話しか聞こえてこない。

　もともと民法の原則からすると（特に民法を人権の法と見る既述のフランスの発想からすると）、株式会社にあっては、労働・環境・消費・人権といった人間社会のあり方の根幹に関わるような問題の判断について（今日の公開企業の経営判断がこうした問題と無縁ということはあり得ない）、出資金額の多い者の見解が突出して重んじられる事態は、人間社会の基本原理に反すると見る方が普通なのではなかろうか。こうした事柄の判断は人間たちの名においてなされなければならないのではないか。モノを作らず、サービスを提供せず、したがって従業員も消費者もおらず、環境に左右されることもないファンドらのカネの力に、人間社会のあり方を委ねて構わないという感覚が意味するところとは、1株1議決権原則による、出資の多い株主に対する支配権の「根源的過剰付与」を疑わない発想であり、実は多くの問題がそこから発しているように思われる[129]。

　なお大株主も、その大きな出資が小出資者によって容易に毀損される事態から身を守るという立場には正当な根拠がある。会社法は以前より、株主以外の第三者に特に有利な価額で新株を発行する場合には、株主総会の特別決議を要するという形で株主の経済的地位を守り、かつそうした新株発行を差し止めることができるとしてきている。このことは経済的利益に関する大株主の立場でもあるが、反面において人間社会のあり方に関わるような事柄の判断について大株主の立場を、その属性と関わりなく擁護すべき理由はない。

129　上村「株主の「物言う資格」——過度な議決権行使に規律を」日経新聞（経済教室）2021年11月8日付。

④インセンティブとしての議決権とは？　　既述のアメリカの「法と経済学」の発想によると、議決権も取引コストの問題として捉え、取引の効率性ないし株主価値最大化の目標を達成するためのインセンティブとして説明されることが多い[130]。取引の効率性は取引コスト、エージェンシーコストを最小化した時のモデルとすると、そのためのインセンティブとはやはり財産権の延長の問題として理解されていた。アメリカの議決権について書かれたものには、出資者に議決権を付与することで株式会社の正統性が確保されることの理由として株主が残余権者であること、議決権行使にインセンティブを有することが強調されるが[131]、出資者に議決権を付与することが正統とされるのは、既述の組合契約や合名会社・合資会社のように、人に財産が付随し、財産には人の固有名詞がつきまとうという世界なら直ちに理解できた。

　仮に議決権の付与がそのインセンティブ機能によって肯定された場合に、小さな単位としての１株の議決権に(株主利益最大化のための)インセンティブ機能があるなら、1% や 3% の株式保有ならきわめて大きなインセンティブ機能があることになりそうだがそれで良いか？　株式を大量に有する株主による議決権行使にはきわめて大きなインセンティブ機能があり、支配株主や大株主による議決権行使は手放しで歓迎されることになるのか。むしろ、1% や 3% 株主は少数株主権者として、議決権行使の濫用や経営支配に対するモニタリング機能を発揮すべき存在のはずではないか。こうしたことはむしろ、問題を財産権の帰趨のみで判断してはならないことを意味しているのではないのか。

　いずれにしても、議決権を効率的な取引や株主価値最大化のためのインセンティブとする発想によると、議決権自体の固有の意義が強調されることはなく、利益配当請求権も議決権も共に財産権ないしその延長として理解されるため、議決権を財産権から何らかの形で切り離す契約等に対する抵抗感も小さくなる。議決権と経済的権利を分離させるエクイティ・デリバティブは、経済的貢献(出資)のない者による議決権行使を可能とし(empty voting(空議決権行使)ないし

130　田中・会社法の議決権に関する認識とそれに対する批判的検討は前出 90 頁以下参照。
131　加藤貴仁『株主間の議決権配分』(商事法務・2007 年)67、68 頁。さらにデラウエア州判例法上、株主の議決権が株式会社ないし経営者の権力の正統性を基礎付けてきたとする。同261、307 頁。

naked voting（裸の議決権）という）、あるいは経済的利益のみを有することを理由に大量保有報告書による開示規制ないし強制公開買付規制を潜脱するといった資本市場法制および会社法制に対するあからさまな挑戦も現実の問題となっている[132]。株式に対する正当な対価を払わない貸株による議決権行使は日本でもしばしば見られており、ついにはネットオークションやメルカリで議決権行使書までもが売買される事態となっているが、実に憂慮すべき事態である。

　昭和13年旧商法は、名義書換後6ヶ月間は議決権を行使できない旨の定款規定を設けることができるとしていたが（旧商法241条）、こうした趣旨の規定の復活は喫緊の課題である（後述227頁参照）。この規定は11株以上を有する株主の議決権を制限できるとも規定していた。1株を有する株主にも与えられている代表訴訟提起権は6ヶ月間株式を有していなければ提起できないとされている（会社法847条1項）。しかるに名義書換直後に株式を売っていても、それが1株主でも支配株主でも議決権を行使できるとされていることの方がよほどおかしい。この株主代表訴訟の提起期間制限の6ヶ月は、定款によりこれを下回る期間を定めて良いと明文で定められているから、理論上は名義書換後ただちに代表訴訟を提起できると定めることも認められる。これを思うと、単独株主権である株主代表訴訟提起権について6ヶ月の期間制限を短縮できることの反面において、やはり単独株主権である議決権について、6ヶ月間は議決権行使できないと定款で自主的に定めることは、それを認める明文規定がなくてもその効力は原則として有効と解すべきだろう。会社は株主でない者による支配介入を防ぐべき正当な根拠を有する。

最小単位株主が担う株主権の意義とは

　思うに、アメリカで蔓延した、議決権を効率的な取引ないし株主価値最大化のためのインセンティブにすぎないとみる発想は、株主像として人間の匂いのしない刹那的な株主、あるいは刹那的でなくともガバナンス・システムの崩壊を企図するような株主であるファンドなどを想定する場合には適合的である。前述の超高速取引などを日常的に繰り返すような株主にとって、日頃の取引で

132　武井一浩＝太田洋「ヘッジファンド・アクティビズムの新潮流（上・下）」商事法務1840号（2008年）74頁、同1842号23頁。それぞれ両氏の単独名の論文となっている。

議決権を意識することはないはずである。1万分の1秒株主の議決権という観念はあり得ない。既述のように、むしろこうした株主(と称する者)でも、基準日にたまたま株式を有していれば名義書換が可能であり議決権が行使できるとされていること自体がおかしい。こうした、もともと議決権行使に関心のない者のために議決権行使の助言をするISSやグラスルイスのような議決権行使助言会社が、何らの規制を受けることもなく(登録義務すらない)、ガバナンス問題の専門家であるかにふる舞い、専門誌を通じて日本の企業社会に対して大いに訓示を垂れてきたこと自体が異様な姿である。ISS自身の徹底的な情報開示、十分な顧客情報の開示、コンサルタント業との利益相反規制等の規律を受け入れることなしに、こうした声を否定できる根拠があるとは思えない(何らかの規制を課すべきとの声が高まっていること、および2020年改訂スチュワードシップ・コードにこの問題への言及があることについては本書229頁参照)。

　アメリカは、議決権を効率的な取引ないし株主価値最大化のためのインセンティブにすぎないとしつつ、他国に対しては堂々たる株主であるかにふる舞い、他国の企業ひいてはそうした企業をとりまく人間たちを支配し、収奪することを躊躇しない。まさしく議決権は前述した「経済の覇権をめぐる戦争」の手段として最大に活用されている。株価だけを考えて、外資であってもその属性を問わずに歓迎する日本のマスコミは、それが日本企業に対する根拠の乏しい支配・収奪の肯定を意味することへの洞察力を欠いている。

　以上に対し、会社経営の目的を会社が掲げた目的・ミッションの最大実現であると理解し、また株主像として市民や人間を想定するならば、その目的の実現によって市民生活に必要な財やサービスが提供される。企業がそうした存在であるかどうかを評価するのはそうした企業活動の受益者たる市民、そしてそうした市民の代弁者たる機関投資家から成る証券市場である。企業が遵守すべき環境基準や労働法規・消費者法・災害対策、あるいは社会貢献等の行為は、それらの遵守を求める市民ないし人間としての株主の立場と一体のはずである。人間の匂いのしない株主にはこうした規範を積極的に遵守する動機自体がない。株式に表象される議決権とはそうした人間社会における企業としての行動のあり方を左右する権利であり、その意味で企業社会におけるデモクラシー関与権として把握されるべきものである。

　議決権をデモクラシー関与権として理解するなら、それは企業社会への参与

権であるから、ここだけを切り離して譲渡することは原則として認められるべきではない。株主像として個人や市民を想定してきた欧州型株式会社制度の下で、こうした感覚はむしろ当然視されてきたと思われるが、人格から株式というモノが分離した株式会社制度にあっては、モノとしての株式の保有者の属性として、人間的要素[133]を再度確認するという発想が不可欠のはずである。

　1株しか有していない者に議決権を付与しても、1株の単位が小さければそれがデモクラシーにどう関与しうるのかという感想があるのは事実と思われるが、それは1株1議決権原則が、大株主に対して議決権を過剰に付与していることの反映と見られた（前述105頁）。

　そして、市民としての1株主であっても株主総会に出て行って質問をし説明を聞き、動議を提出し、経営者の人物評価を行うことができる。あるいは、委任状勧誘などに対応することにより会社支配に一定の影響を与える可能性もないではない。その意味では市民としての1株主の意義は議決に至るプロセスへの関与のあり方によって、今でも現実的な意義を有しうる。それは生身の人間としての声を発すること自体の意義に関わるものと言える。金持ちでも貧乏人でも人間であるからには一人1票の参政権を有する普通選挙の精神と共通の理念が「一株主」という存在に表現されている。市民としての一株主の意義については、1株1議決権原則が大株主に与えた過剰な支配が是正されることによって、相対的にその地位が高まるという視点が重要である。

人格権としての議決権

　①松田株式債権論の先駆性　　ところで、日本が世界最高レベルの株式会社本質論をかつて展開してきたコーポレート・ガバナンス論先進国であることは知られていない。戦前から戦後にかけて日本で展開された株式会社本質論は、アメリカで先行した株式市場の全面展開を踏まえた所有と経営の分離論に影響を受けたものであるが、もとより当時の日本に株式市場の展開はなく、戦後も

133　ここで人間的要素とは、株主が人間ないし市民であること、および法人であっても人間ないし市民のために厳格な受託者責任を負う機関投資家、ないし法人であっても人間関与度の高い法人（従業員、消費者、取引先、株主等人間の匂いだらけの法人）であることを包含する（これらの「人間関与度」については後述、本書206頁以下参照）。

当分の間は政策金融・間接金融の時代であり、証券市場の存在が法理論上も実際上も意識されることはなく、精々業者の産業警察的取り締まりないし業者および投資者の保護・育成の視点が見られたのみであった。しかし、あたかも江戸時代末期の先人たちのように、当時の商法学ないし会社法学の泰斗たちは、飽くまでも文献上の研究を頼りに、また明治初期からの比較法重視の学問精神[134]の発露として、侃々諤々の株式会社本質論(今で言うガバナンス本質論)を展開し、それが今日の議論の多くを先取りしていたことは驚くべきことである。

　そこではまず、所有と経営の分離現象を前提に、株主が利益配当請求権を中心とする財産権を有するという理解を共有したうえで、議決権の意義についてはおよそ世界に類のない多彩な見解が展開された。議決権を所有の変形として理解するという先に述べた社員権論の他に、議決権とは会社のために行使すべき「株主の権限」であるとの社員権否認論(田中耕太郎)は、丁度、会社のために誠実に職務を遂行すべき取締役の取締役会における議決権が、取締役会での合意形成のための手段でありかつその行使が会社に対する責務であるのと同じく、株主の議決権も株主が会社のために行使すべき責務としての権限であるとした(会社機関としての株主総会構成員としての職責――この時点では、株主とは人間であることは共通理解であり、その点はこのあとに述べる松田株式債権論と同じである)。この見解によると株式の本体は利益配当請求権を中心とする会社に対する債権であり(所有権ではない)、議決権はこれとは異質な権利とされる。この見解の先見性は、支配株主の議決権行使が会社のために誠実になされるべきであるとの見解(支配株主の忠実義務概念を認めるに等しい見解)が、この時点で「理論レベルで」示されていたことにある(通常の社員権論者も誠実義務の語は用いていたことにつき――前述 23 頁参照)。

　株式会社財団論(八木弘)[135] は、株式会社とは人の集合体としての社団法人ではなく、営利を目的とした財団法人であるとの独創的な見解である。会社の定款の目的規定とは理論上は財団法人の寄付行為に相当するものとされ、また株主は株式会社との間に締結された投資契約(出資約束、経営・管理約束、利益の配分約束の三要素から成る)の締結者であり、株主総会とはそうした契約者として

---

134 内田貴『法学の誕生』(筑摩書房・2018 年)。

135 八木弘『株式会社財団論――株式会社法の財団的構成』(神戸法学双書・1963 年)。

第 4 章　人間復興の基礎理論　　111

の株主(投資者)を保護するためのいわば投資者保護集会であり、社債権者集会とその意義は変わらないとする。議決権は契約主体としての株主の自己利益が損なわれるのを防止することに主眼があり(投資者保護)、会社ないし他の株主を支配しうることに本質的な意義はないため、株主価値最大化は主張できない。経営が寄付行為に沿ってなされているかを監視するのが株主総会・取締役会・監査役会といったガバナンスということになる。ここでも大切なのは寄付行為に示された財団の事業目的である。この見解は、株式会社をいわば複雑な社会的存在としての事業目的を有するファンドとして構成しようとするものであり、実に現代的な意義を有する見解と言える。

　株式債権論(松田二郎)[136] は、おなじく株式を債権としたうえで、これを国民の公権(参政権)に対する私権であるとし、議決権は株式を取得すると当然に付与される公権に比すべき人格権であるとした(18歳になると選挙権が付与されるのと似る)。したがって、議決権のみを財産権のように譲渡することはできず、それは株主の一身専属的な権利であるとした。この見解は、株主像として市民や個人を想定してきた欧州の株主像を正しく踏まえて議決権を理論的に位置づけようとしたものであり、当時の外国法継受のレベルの高さを示すものと言える。前述(11頁)の川島武宜の言葉をここに再度引用しておく。「所有権の侵害は、単なる物質的な利益の侵害にとどまらず、主体者の人格的利益、その精神の自由の侵害として意識される。……もし人々にかような主体性＝「権利」の強い意識乃至感情が欠けているときには、法は踏みにじられ、正義は地におちてしまうのである。」

　先に述べたように、1株主も1000株主も質問や動議等の意見の表明について、持ち株数は関係がないとされることは、その権利が人格権であることを意味しており、議決権もその延長で理解することはむしろ自然なことである。議決とは質問というプロセスを踏まえたものである以上、質問は人格の発露だが、議決は人格と無関係という方がおかしい。この松田説は、株式会社制度の重要な視点を踏まえた貴重な学説であり、今こそ、その意義を再評価する必要があ

136　松田二郎「共益権の性質について(1)(2)」法学協会雑誌47巻10・11号(1929年)、同『株式会社の基礎理論』(岩波書店・1942年)。松田博士は、田中耕太郎の高弟にして元最高裁判事である。

る[137]。この見解によると、議決権の行使主体は人格権を担うに相応しい者であることが要請されることになり、まさに株主の属性を問うという株式会社法理の根源に関わる問題提起がなされることになる[138]。

② 人格権のデモクラシー関与権としての構成　ここで議決権を人格権とみるという場合の人格権とは、もともと身体・名誉・肖像・プライバシーといった個人の尊厳を守るべき権利であるが、それが人権問題というレベルの問題であることについては前述した。株式債権論の、議決権を市民社会の公権に比すべきものとする説明は、明らかにそうした私的な権利の枠を超えており、そこには人権の担い手たる個人・市民が株主として企業ないし企業社会のあり方を決めていくのが当然という発想を認めることができる。この意味において、松田説が言う人格権としての議決権は企業および企業社会のあり方に係るデモクラシー関与権として理解されるべきである。ある意味ではこの見解は、国家・社会の規範形成主体としての市民(シトワイエン citoyen)に対応する、企業社会ないし当該企業に係る規範形成主体としての株主像を想定していると見ることができるであろう(10頁)。

もっとも、議決権を所有権の支配権能の変形物と捉える社員権論(前述22頁

137　田中・会社法68頁は、一身専属的であること等の「特殊性」を主張する見解が有力であったとして松田説を引用するが、「しかし、今日では、共益権も自益権と同様、基本的には株主自身の利益のために行使できる権利であるとする立場(鈴木竹雄教授を引用——上村)が一般に支持されている」としている。田中教授にとって「一般に支持されている」ことが一定の権威を意味するとは信じがたいが、それを措くとしても、議決権を人格権と見て一身専属的権利とする発想はどこからみても「特殊性」の主張ではなく、個人や市民を株主として想定するヨーロッパ企業社会の自然な発想を正しく理解していた優れた見解である。鈴木教授らが社員権論を主張した頃に、株主像として人間の匂いがほぼしないような(特殊な？)株主を想定していなかったのであるから(法人持ち合いの問題はあったが、それは出資自体が空洞化しているという世界の話である)、そうした株主であってもその属性を問われることなく、資金提供者だから議決権を有するのは当然とする田中教授の見解の方がきわめて特殊である。これでは松田二郎裁判官はもとより、株主による支配権行使が「その属性を問わずに」肯定されることを支持する見解であるかに引用されている鈴木竹雄教授も浮かばれない。

138　なお、これらの株式会社本質論がその後顧みられることなく、社員権論が通説とされてきたのは、戦後の株式会社の大半を占めた閉鎖的株式会社の株主の地位は社員権の所有者的な説明が適合的であるのと、公開性の株式会社でも、支配株主が有する支配権とはそもそも個々の株式の所有権の表現だからだとの説明が適合的、というところにあった。前者は資本市場と一体の株式会社の話ではなく、ここで論ずるに値しない。後者については、次項で説明する。

参照)であっても、社員権否認論であっても財団論であっても(そうした議論がなくても)、株主像として常に市民ないし個人を想定し、経営目的としても市民生活に必要な財やサービスの提供を掲げるとの強い社会規範意識に基づいて、資本主義市場経済の要諦が確保されているのであれば、株式会社本質論によって現実の株式会社制度の運用が危険視される要素は相対的に小さいと言える。もとより、そうした要諦の確保が株式の本質論として理解されていることが重要であることは言うまでもなく、そこに日本の株式本質論の先駆性がある。

　なお、総議決権数(または発行済株式総数)の一定の比率を占める株式を所有する者に与えられる少数株主権(1%——株主提案権・株主総会の検査役選任請求権等、3%——株主総会招集請求権・役員解任請求権等、10%——支配権の移転を伴う株式発行に際して株主総会の招集を求める権利・会社解散の訴え提起権等)は、最小単位の株主ではなしえないデモクラシー関与権の強化を少数株主権として立法政策的に認めるものであり、それは、一株一議決権が大株主に対して議決権を過剰に付与してしまっていることの是正という意味を有している(前述105頁)。

株式の保有者に再び人格を求める

　①**人格なき支配の行き着くところ**　　上記のように、株主総会での質問は1株主でも1万株主でも質問の回数は同じであり、それは人格の発露と言えた。このことは、市民や個人が1株式を有し、株主総会に「出席し」「質問し」「決議する」場合を想定すると、その行為は一貫して人格の発露と言える。ヨーロッパによくあるように、ファミリーが大量の株式を有しているような場合に、質問も決議も人格の発露と言える。前者との違いは、表現は悪いが貧乏人と金持ちの違いであり、参政権が両者を区別しないのと同じと、まずは言える。個人としての1万株主が所有株式を勝手に区切って、7000株は賛成、3000株は反対というような議決権行使は人格の分裂であるから認められない。しかし、例えば金融機関が名義株主として(あるいは信託の受託者株主として)議決権行使をする場合には、出資者ごとに賛否を確認してそれに応じてそれぞれの議決権行使をすることは認められる。これを議決権の不統一行使と言うが(会社法313条)、これが認められるのは、名義は便宜上単一でもその背後に多数の人格を想定できるためである。

　ところでこのように、証券市場と一体の大規模公開株式会社にあって、株主

とは単なる株式というモノの保有者であり、その保有者の人格的属性がまるで保証されないような場合でも、株式を持っていれば議決権を行使しうるのは当然と、特に日本、アメリカでは考えられているが、あらためて問われるべきは、議決権を人格権と呼ぶことが可能な条件とは何かである。

　②欧州型は人間主役の株主像　　議決権を財産権の延長の問題にすぎないとしたうえで株主の属性を一切問わないと、まさに上記の「人間疎外要素最大株主」の横行を許すことになってしまう。こうした行き方に対する正反対のあり方を模索しようとするなら、その手掛かりは欧州にある。

　前記のように、欧州でも会社は株主のものと言われることが多いが、社会の主権者である市民・人間が株主であることへのこだわりが、それを可能としている。まさに社会の主権者が株主だから株主主権なのであり、カネがあるので株式を「買えれば」企業社会の主権者になれる訳ではない。株式を買ったことは、企業社会のデモクラシーを買ったことを決して意味しない。

　欧州の会社法制が、株主としての市民性を強く意識していることについては、部分的に前述したが、例えば、（法定）資本概念がヒトと財産との一体化を意味するものとして今も強い規範としての意義を有していること、個人が主役の株主構成（企業社会）を維持するために公開会社であっても新株発行は株主割当増資を当然視していること等に表れている。組織再編で、例えば合併の対価が株式であることにこだわるのも、合併を消滅会社株主と存続会社株主というヒトとヒトの結合を中心に捉えており、そこに財産が付いてくるという発想であるためである。合併対価として現金を認めることで消滅会社株主を追い出すこと（キャッシュアウト）は原則として認められない[139]。会社分割も同様で、欧州では、株主というヒトが二つの会社に分かれる分割（人的分割という）が基本であること[140]、株主構成に占める個人・市民の比率が高いためにカネにものを言わせる

139　日本では、株式併合比率を極端に大きくすることで（例えば、300万対1）、大きな端数を意図的に作り、大多数の株主をキャッシュで追い出すことすらたった今も肯定されているが（同様のことは、全部取得条項付種類株式を使うことでも可能であり、むしろこの制度はそのためにこそ使われてきた）、対価の公正だけを問題とし、解釈論としてこうした帰結を認めてきたことへの批判はあまりに少ない。こうした帰結は私見によると、カネによる人間（人格）の追放を意味しており、少なくともその適法性について最高裁の判断を仰ぐべき問題と思われる（今からでも遅くない）。

140　日本の会社分割は、分割して切り離した会社の子会社化が原則とされており（物的分割と

敵対的企業買収に対する社会的非難が強いこと、等々に彼らのヒト中心の規範意識が表現されている。

　フランスはこうした発想をかなり徹底しており、例えばルノーの株主構成は政府 15% 個人 63% であり（2019 年）、ファンドの存在はさほど意識しないですんできた。これはフロランジュ法により株式を 2 年以上保有すると議決権が 2 倍になるという制度がもたらした面が強い。一定のファンド株主は常に自由な売買ポジションを確保しておかないと、彼らが出資者に対して負担する受託者責任 fiduciary duty に違反してしまうため、2 年以上特定企業の株式を保有し続けることなどできないのが原則である。ファンドは彼らの議決権が他の株主の半分でしかないことを覚悟しないと株主になれない。ファンドを狙った買収防衛策ないし個人・市民を主役とするための仕組みを当初から法が用意している。こうした措置によりフランスは個人中心の株主構成を維持してきた[141]。株主が政府と個人という構成は、フランス革命時に政府と個人以外の中間団体を全面的に禁止したル・シャプリエ法の理念が今に生きているためと思われる（11 頁）。日本ではこうした対応を株主平等原則違反だと言う向きが多いが、人間疎外要素最大株主と生身の人間としての株主との間の平等を主張するなどあってはならないことであり、必要なのはこうした局面での株主（？）「不平等」扱いのはずだ（株主平等原則については後述）。

　③民法の société（組合）としての会社、匿名の société としての株式会社

フランスは、フロランジュ法を制定することで、フランス革命以来の社会規範意識を会社法の世界でもあくまでも貫こうとするが、その背景には、ナポレオン民法典は人権宣言と一体の人権の体系であり、憲法そのものであるとの歴史的に受け継いできた理念があった。このことは日本では会社と訳されてきた

いう）、子会社上場も否定されていない。連結を前提にすると株価は一つに決まっているはずだが（一物一価）、日本ではソフトバンクのようにひ孫会社まで上場することすら否定されていない。https://biz-journal.jp/2019/08/post_114453.html

141　徹底的に雇用を切り捨て、工場を切り捨てたカルロス・ゴーンを賞賛してきた日本人と、フランス人の雇用確保のために株主としての立場を活用しようとしたフランス政府とどちらを評価すべきなのか、よくよく考える必要があるのではないか。もとより、ゴーン事件の本質は特別背任罪の成否にある。この問題については、前注 100 の拙稿参照。なお、日本がファンドの「遊び場」になっているとの評価を踏まえて、フランスは、日本の二の舞にならないようにと、このところアクティビスト対応を検討する報告書が続けて公表されている。

société が今もフランスナポレオン民法典の概念であり、民法学者はこれを組合と訳してきたことに表れている。フランス会社法に会社の定義はない。日本人は société を会社と訳してきたが、フランス人にとっては会社とはどこまでも民法上の société であり、それ以上でもそれ以下でもない[142]。フランスは民法上の組合も合名会社も合資会社も大規模公開株式会社も société であるから、このうち閉鎖的な会社を想定した時の société は、その構成員はヒトに決まっているという意味において民法上の société であり、他方で証券市場で公開されるような大規模公開株式会社を匿名の société と呼んできたと思われる。日本で株式会社と訳されてきた société anonyme の意義および société 全体を通ずる概念としての associé（共同体の仲間ないし社員）の意義については、以下の④を参照いただきたい。もとより、société anonyme を株式会社と訳すことが間違いだと言うことにはならないが、大規模公開株式会社を société と呼び続けてきたことに込められた意味を正面から受け止めれば、そこに人間へのこだわりを見出しうるのではないかと推測される。

　ところで、日本であれば私見のように、証券市場と一体という意味での公開株式会社は、資本市場（とりわけ流通市場）での株式の高度の流動性がもたらす匿名株主の世界と理解することが可能である。高度な流通市場にあって日々大量の取引が連続的に成立しており、株主総会で議決権を行使しうる者とは、理念型的には例えば３月末日にたまたま株式を有しているために名義書換をした者にすぎず、その意味では株主総会とは「流通市場の一瞬の静止画像」の反映にすぎない。翌日には株主でなくなっている者も株主総会では株主として扱われてきたのであるから、匿名とは市場流動性がもたらすものとも言える。ただし、それだけで株主の属性を問わないのであれば、カネがあるから「市場で買えた」というだけの株主を無批判に肯定しているにすぎないことにもなる。

　株式会社制度も資本市場制度も、市民社会へのこだわりの少ない近時のアメリカや日本、中国に行くと、それは株主の属性を問わない利益最大化のための

142　こうした問題については、石川真衣「フランス株式会社法における「ソシエテ契約（contrat de société）」概念の意義(1)〜(3・完)」早稲田法学 95 巻 1 号・2 号・4 号（2019 年 12 月〜2020 年 7 月）他が詳細な検討を加えている。なお、本書がフランスについて言及しているのはすべて石川氏の業績及び氏とのやりとりに負っている。

技術的仕組みとしてのみ猛威を振るう。欧米の法文化の根底にローマ法以来の歴史があることを明治の先人たちはよく理解していた、あるいは理解しようと努めていたのだが[143]、このところの日本は外国法・比較法を広範に論じない風潮が色濃くなっているように見える。

　今グローバルに展開されている現象とは、冒頭に述べた表現をもってするなら、諸国間の経済の覇権をめぐる闘争の手段としての資本市場であり、株式会社制度であり、新帝国主義と言えるような事態に違いない。有名なマックス・ウェーバーの「プロテスタンティズムの倫理と資本主義の精神」の末尾の予言を以てすれば、ここで展開されている株式会社制度とは、民法の組合やフランスの société、associé のような瑞々しい精神を失った「機械的化石化」[144]の姿であり、「精神のない専門家、感性のない享楽人、これら無のものは」「人類の嘗て達せざりし段階に登ったのだと自惚れる」との言葉が妥当するに違いない。

　④「匿名だが人間」という世界とは？　　ところでフランスが、大規模公開株式会社について、世界の株式会社制度を比較・分析する手法を有していないとは言えるとしても、経験「知」の重みのない日本が学ぶべきことは非常に多い。民法の組合 société 概念を維持し続け、匿名 anonyme の組合という表現

<hr />

143　日本の大学の歴史は律令時代の大学寮、空海が設立した綜芸種智院、巨大な学術センターとしての延暦寺、足利学校、蕃書調所等その歴史は旧いが、130 年ほどの歴史のある近代の大学の多くは外国法を学ぶ大学として発足している。英吉利法律学校(中央大学)、明治法律学校(明治大学)、専修法律学校(専修大学)、日本法律学校(日大)、東京法学社(法政大学)、関西法律学校(関西大学)等。東京大学は、フランス法の専門教育機関としてスタートした司法省明法寮(後に司法省法学校→文部省所管の東京法学校)と英法中心の東京開成学校が合体して東京大学法学部を形成した。東京開成学校における教育の中心は法科と理科で、東京大学は 1877 年に東京医学校と統合して設立されたものである。これについては、内田・前掲書注(134)38、43、61 頁参照。1882 年に東京専門学校(早稲田大学の前身)は政治経済学科、法律学科、理学科、英学科から成るものとして設立されたが、法律は建学の母といわれる小野梓が、英国公法を英語で教えた。当時のこれらの学校は外国語による少人数教育が主流で、今の大学院よりずっとレベルが高い。もともと英学校としてスタートした慶應義塾が慶應義塾大学部となったのは 1890 年であり、文学科、理財科、法律科が設置された。慶應は理財科が中心であったが、全体として日本の大学の多くはいわば法律専門大学として発足したとも言える。それがその後総合大学の法学部へと発展していくのだが、ここへきてもともと法学部のないアメリカのロースクールを模範であるかに捉えて、法学部教育と法学研究者養成、そして比較法を軽視し続けていることは憂慮に堪えない(後述 248 頁以下参照)。

144　マックス・ウェーバー(梶山力訳、安藤英治編)『プロテスタンティズムの倫理と資本主義の《精神》』(未来社・1994 年)357 頁。

を自然に維持することで、株主とは société の構成員としての人間でなければならないという規範意識が維持される。それが結果的に資本市場と一体の株式会社制度の活用に対する謙抑的な態度をもたらしてきたとするなら、その意義の方がきわめて大きいと思われる。日本人は société を、そうしたこだわりを持たないままに単に会社と訳したことでこうしたこだわりへの洞察を見失い、人間からかけ離れた株主の介入を容易に招いたのではなかろうか。この辺が、歴史的概念である法概念の翻訳の難しいところであろう（翻訳文化の限界？）[145]。石川真衣氏（前注142所掲の論文）は société の構成員としての associé 概念がすべての société に共有され、それによって株式会社も「associé から成る共同体」であるとの帰結をもたらしているとするが、これは非常に重要な問題意識である。なぜなら、このことはまさに「匿名だが人間」という発想にこだわることにより、大規模公開株式会社も人間の共同体に違いないという発想がフランスで今も生きていることを示唆するためである。

　この「匿名だが人間」という発想を具体的にイメージするなら、それは「5万人の観客が入っているドーム球場」ないし「5000人入るオペラハウス」であろうか。ドーム球場で野球を見る観客は全員が人間であるが、一人一人の固有名詞は問われない。しかし、人間の集合体には違いないために集団内に人間的なやりとりがある。タイガースファンと赤ヘルファンのやりとりは人間の営みに違いない。辛辣な野次もあれば温かい拍手もある。オペラハウスも同じである。温かい拍手もブーイングもある。そこにフランスにおいて大規模公開株式会社であっても小規模閉鎖的株式会社であってもそれはあくまでも民法上の

145　こうした問題については、上村「資本市場・企業法制における法継受の意味について」早稲田大学比較法研究所叢書34号『比較と歴史のなかの日本法学――比較法学への日本からの発信』(2008年)469頁以下。日本が明治維新前後に西洋語の専門語を日本語にすることで、西欧の法律用語、社会科学用語を導入し、西欧の学問を日本語で可能としたことは偉大なことである。ただ、この半面において、日本の社会がもともと有していた言葉が翻訳語によって断絶、言葉の重層性が消えていったことの意味を常に問い直す必要がある。網野善彦＝鶴見俊輔『歴史の話――日本史を問い直す』（朝日文庫・2018年）149頁（網野発言）。company が仲間、友達であり、サーカスの一座であり、組合であり、個々の人でもあり団体でもあるという言葉の歴史（重層性）を「会社」の一語が断絶する。制定法規範と同様かそれ以上の意義を有しうる自主規制や gentleman rule の意味も理解されないのが通例である。憲法典のない英国の憲法の意味も日本人には理解困難であるが、それではすまない。

société であり、いずれも associé から成る共同体であることに徹底的にこだわることの意味を見出すことができる[146]。そうした感覚とは無縁に株式会社制度を展開させてきたアメリカや日本の企業社会のあり方に対する、普遍的な問いかけでもあろう。

　なお、こうした会社理解の感覚が福沢諭吉が慶應 4 年以降に執筆した「西洋事情」で幾度となく披瀝されていることは、今から見れば驚くべきことではある。しかし、実は福沢の正しい認識を忘れてきたその後の日本人の怠慢の罪の方が大きい[147]。福沢はここで、学校・病院等について、「会社を結び」「社中を結び」といった表現を用い、商人による会社である商人会社についても、その構成員を社中と呼ぶ。会社という言葉自体がイギリスでは仲間・社中(company)によって作られた組合(company)を意味する。つまり、ここでは company を会社と言うがその構成員も社中という人間である。この商人会社はアクションという手形(株式のこと)を売って資金を集めるとされているが[148]、資金調達は負債でありガバナンスは社中間の合議という発想が前提となっている。これは、まさしくフランスで会社をあくまでも société としながらその構成員を associé としているその発想と同じことをイギリスを語りながら福沢が正しく理解していたことを意味している[149]。

支配株主責任論の根拠──stock の share 化と share の stock 化とは

　市場流動性が高いために投資者としての匿名性が株主の匿名性に直結するような世界であっても、フランスは会社とは民法の société 組合であると言い続け、かつ société の構成員たる associé による共同体(人間による共同体)との概念を基本的に維持している。こうした発想によると、支配株主は匿名ならぬ、顕名のヒトとして認識しうる存在であるからそのヒトの責任を追及しうること

146　石川氏が associé を最初から社員と訳さず、société を会社と訳さないことの意味を噛みしめる価値があるように思われる。

147　福沢諭吉『西洋事情外編』(1868 年)、『西洋事情(初編)再刻版』(1870 年)は、『福沢諭吉著作集第 1 巻』(慶應義塾大学出版会・2002 年)に掲載されているが、これは抄本である。

148　同著作集 26、37、40 頁等。

149　公益資本主義を主張される原丈人氏が、株主を包含する一切の関係者(労働者、消費者、取引先等)を社中(company)と呼ばれることは卓見である。後述 200 頁参照。

に違和感はないだろう。

　しかし、株式市場を最大に活用するような世界で、したがって小さな単位の株式が無数に存在するような世界で、支配株主の責任論にはどのような根拠づけが可能なのか。アメリカでも支配株主には会社ないし少数株主に対する忠実義務概念が肯定されている。日本ではそうした概念が存在しないために、属性を問われない支配株主が支配のみを最大に主張しながら責任は問われないという状況が基本的に正されていない。

　会社法の議論として支配株主の誠実義務・忠実義務が、あるいは支配企業の義務と責任が問われるのは普遍的な現象であるが（ドイツのコンツェルン法が代表）、そのことを説明するに際しては「支配あるところに責任あり」といった法格言が引き合いに出されるのが常である。しかし既述のように、支配株主が有する株式も、所詮は小さな単位のモノの集合体にすぎない以上、1株を有している者の責任が追加的に問われることはないにもかかわらず、それを大量に有すると何故に支配株主というヒトの責任が強調されることになるのか、きちんと説明されてきてはいない。

　この点は私見によると、証券市場と一体の会社制度である株式会社が小さな粒の均一な単位としての株式 share という形態を必要としたのは、1粒単位での価格形成可能性の追求にあった。それは「1粒単位での市場流動性」の追求であった。そしてそうした均一同質の小さな単位を作るには単位を細分化しやすい金銭出資であることが必要であった。小さな1粒単位での流動性の追求が、株式1粒単位での権利義務（株主というヒトに属するものでないことについては前述した）の根拠だったのである。そうだとすると、こうした小さな1粒単位の株式を大量に保有し続けることは有限責任の根拠である「1粒単位の流動性」を殺していることを意味する。株主とは株式の保有者であるが、大量の株式を「固定的・長期的に保有し続ける」ことで（換言すると、小さな粒の流動性という有限責任の根拠が否定されることで）、支配株主というヒトが浮上し、その者のヒトとしての市民法的な責任原理が復活する[150]。この意味で、支配株主の責任問題とは、小さな単位としての株式を「後腐れなく」買い取ったことによる無責任という、株式会社制度の基本構造そのものに関わる本質的な問題である。小さ

150　こうした問題全般については、上村・改革 143 頁以下。

な粒もバラバラに存在するのではなく、固定的・永続的な大量のかたまりとして認識されるに至れば、株式の1粒単位の流動性と一体だった金融商品という性格はその根拠を喪失し、固有名詞によって語られる支配株主の責任が当然のように復活する。小さなモノとしての株式の単位がヒトが見えるほどの単位であり続け、かつ支配権を有するヒトが具体的に見えてくればヒトとしての責任問題が復活する。stock の share 化(証券化)がもたらした株式の流動性は、現実に流動性が喪失し固定化することによって、share の stock 化(匿名の顕名化とも言える)という逆流が生じ、市民法の基礎理論にとっては異例な論理であった share 化をもたらした根拠(市場取引形成のための流動性)が存在しなくなることで、正規の論理であるヒトの責任の論理に復した姿こそが、支配株主の責任問題なのである。別の言い方をすると、有限責任とは投資家が株式というモノを後腐れなく買い取った姿であるところ(有限責任とは株主というヒトの責任問題ではない──32頁で詳述した)、買い切ったはずの株式が支配権を有するほどの固まりとなってヒトが目立つ存在となれば、真正売買 true sale とは一時の現象に過ぎなかったことになり、「後腐れない」状態の根拠が否定され、後腐れのある元の姿に復元するのである。

　こうした支配株主もその保有株式を再び分散譲渡することにより(こうした株式(既発行有価証券)の「かたまり」の「分散化」現象を金商法上「売出し」という)、再び share の世界に復帰しうるのであるから、share の stock 化により合名会社のような無限責任の世界が固定化するわけではない。そこでは支配権行使に伴う責任が帰責法理として、その行為に即して追及されるのである。

普通株式(common share)の普通とは

　① 普通株式概念──日本は消滅寸前　　ところで、前述の株式本質論についてどのような立場を取ろうとも、人間第一の理念が強く維持され、個人や市民が株主であるのが当然という価値観が共有されているという意味において common であり、それが普通株式(common share)という概念に反映されているのであれば、株式会社制度が大きく軌道を外れることはないはずだろう。しかし、それは言うは易しだが、歴史的に形成・維持されてきたよほど強固な規範意識を背景にしないとその維持は現実には難しい。株式会社制度も証券市場制度もその技術的側面ばかりを安易に導入した、アメリカ・日本・中国などではこの

取扱危険物とも言える制度を人間のための制度として理念的に支える規範意識も理論も乏しい。日本は、明治初期以来当時のヨーロッパの制度・理論を真摯に学び、歴史的に形成された彼らが共有する規範意識まで継受されていなくても、最近まで、そうした規範意識に裏打ちされた多くの概念、ここでは普通株式概念を当然視してきた。たしかにそれは概念を承認してきただけで、その概念が有する意味を深く理念的に理解してきたとは言えない。しかしそれでも、言葉が維持されていれば、いつか、「仏に」「魂を」入れる可能性もありえた。

　しかし、今では普通株式概念は全部譲渡制限種類株式発行会社(閉鎖的株式会社)については完全に廃棄され、公開会社についても風前の灯火と言える状況にある。仏が火にくべられる姿には、明治初期の「廃仏毀釈」を思わせるものがある(次項)。

　無議決権株式等の種類株式は、もともと普通株式概念の例外として位置づけられ、昭和13年改正商法が無議決権株式を認めた際にも、それは優先配当がなされる場合にのみ認められる制度とされ、優先配当がなされない場合には議決権は復活した。無議決権株式の発行限度も、当初は発行済株式総数の4分の1を超えてはならないとされ、その立場は昭和25年商法(242条2項)に引き継がれた。最低でも4分の3は普通株式でなければならないとされていたのである。

　発行限度規制はその後平成2年商法改正で、3分の1を超えてはならないと緩和され、ついには平成13年11月商法改正により優先株を発行していなくても完全無議決権株式を発行できることとなった(議決権制限株式と名称も変わった)。このことは議決権なき株式を例外視しないことを意味している。またこうした議決権制限株式の発行限度も公開会社の場合には発行済株式総数の2分の1を超えてはならないとされたものの、全株式譲渡制限会社については、発行限度規制自体が全廃され、普通株式概念は消滅した。

　その後、平成17年会社法のもとでは、きわめて多くの種類株式が認められた。それは、もともと株主間契約という契約者同士の属人的な(人間間の)問題であった事柄を、そうした契約内容を表象する株式というモノのやりとりであるかに位置づけるものである。例えば現行会社法は、従来なら一定の事柄についてある者に拒否権を与える株主間契約とされていたものを拒否権条項付種類株式とした(会社法108条1項8号)。これは、実態としてその株式を有する特定

の「人間」ないし「主体」に拒否権を与えたにすぎない（決形式的には一人から成る種類株主総会決議による拒否権の行使という不自然な言い方となる）。何となく「拒否権という権利？」が表象されているモノとしての株式という概念は、人間間の合意を無理やりモノとして構成したいという倒錯の姿である。種類株式の発行限度規制が完全に撤廃された全部譲渡制限種類株式[151]の発行会社にあっては、発行する株式の大半を議決権制限株式とすることができるため、逆に普通株主の方が少数者となり、普通株主を種類株主と見立てて、その保護のために「種類株主総会としての普通株主総会」を開くという、漫画のような事態すら生じている[152]。「普通」という言葉に込められた規範意識自体が消滅すれば一切は相対化され、長年排除されてきた「普通でない」ことがまかり通ることになる。

　②common に込められた欧州の規範意識——株主の「物言う」資格　ところで欧州で（アメリカでも部分的に）、個人ないし市民主役の発想を株式会社制度に意識的に盛り込もうとする規範意識は次のような形で実現されてきた。

　若干の具体例を挙げておくと、新株を発行する際の基本原則は株主割当増資である。小規模閉鎖的株式会社（同族的・家族的株式会社）にあっては、株主一人一人の個性が重視され、資金調達も信用金庫等の金融機関からの土地等の担保借入、あるいは連帯保証人による保証といった手段によるのが普通であり、それにもかかわらず株主割当によらない新株発行をすれば（第三者割当増資）、特定の株主の持株比率を下げるためという動機不純が第一に疑われる。こうした閉鎖的会社にあっては新株を発行する必要があるなら、既存株主の持ち株数に応じた発行である株主割当増資によることがむしろ原則視される（旧有限会社法はこうした出資引受権を法定しており、株式会社も株式譲渡制限定款規定を有するものについては新株引受権が法定されていた——平成17年会社法はこれを原則として株主総会特別決議に委ねた（会社法199条2項、309条2項5号））。

　しかるに欧米で、公開会社であっても株主割当増資が原則視されているのは、株主の大半が個人株主、ないし個人に対する厳格な受託者責任を負う機関投資

151　実はこれも閉鎖会社という会社の性格を表すものであり、株式の性格とは言えない。
152　本来は普通株主総会決議により特定の種類株主の立場が害される恐れがある場合に種類株主総会決議を要するという理解が常識であった。

家であるという企業社会を維持したいという、歴史的に構築してきた彼らが有する強い規範意識に基づくものと考えられる。普通株式概念に強いこだわりがあれば、株式発行時の発行相手（株式の引受人）にもこだわらなければ規範意識は貫徹されない。

たとえばイギリスで公開会社であっても、新株発行の際の第一原則は株主割当増資であり、第二原則は完全公募であり、救済等の特殊な事情がある場合にのみ第三者割当増資がありうる（第三原則）とされてきた。現に市民株主を主役とする企業社会を構築している以上は、それを維持するために株主割当増資が要請され、他方で流通市場での取引や公開買付により個人株主が過度に減少することへの対応として公募原則が強調されることは十分に理解できる。個人株主の増大ルートと減少ルートが均衡していなければ中間市民層中心の健全な市場構造は維持できないのである。

制度の外形のみを継受し、こうした事情を理解できない日本では、契約自由の延長で理解される新株発行の際の割当自由の原則を過大視し、特定の第三者に株式を割り当てる（第三者割当増資）自由があるとされてきた[153]。もっとも、もともと個人株主が非常に少ない日本で、欧州の真似をして株主割当増資を強調しても、それは個人株主が少ない現状を固定させるだけであるから、本来はまずは個人向けの完全公募から始める必要があるが、そうした理解はまったくない。株主割当増資に相当する rights offering は日本では、株主構成上の本質的な問題としては受け止められず、むしろ株主割当てによる新株予約権の発行と当該新株予約権の上場とを組み合わせた資金調達手法とされ、証券会社がコミットしないノンコミットメント型ライツプランは不公正ファイナンスともなりうる手法という側面をすら生じた[154]。

新株発行の際に公衆向けの公募を原則とせず、第三者割当増資の自由があり、かつ公開買付の際に、3分の1を超える株式のかたまりの自由譲渡を認めず、

153　割当自由の原則とは、人的信頼関係を重視し株主の持株比率を尊重すべき閉鎖的株式会社には基本的に妥当せず、資本市場と一体の公開株式会社においても、個人・市民中心の株主構成を維持するという見地から否定されるので（欧州において）、その機能領域は非常に限られたものとなる。

154　日本取引所自主規制法人「エクイティ・ファイナンスのプリンシプル──事例と解説」2014 年 12 月。

必ず公開買付によらなければならないとしていることで(金商法27条の2第1項2号)、個人株主の減少ルートのみが開かれ、増大ルートが閉じられていることは、それが個人株主を減少させ、人間の匂いのしないファンド等を跋扈させる仕組みであることを意味している。

　合併や会社分割について、欧州では消滅会社の株主には存続会社の株式を割り当てるのが当然であること等については前述したが、それは、既に株主像として普通株主を当然視してきた社会が、個人や市民が主役の企業社会を維持しようとする規範意識の表れであった。日本の平成26年改正会社法は、株式会社の総株主の議決権の90%以上を有する株主(特別支配株主という)に対して、当該会社の株式の全部を自分に売り渡すべきことを請求できるという制度(新たなキャッシュアウト制度)を導入した(会社法179条1項)。こうした制度は、個人株主を重視する欧州でも例外的に認められているが、日本では、もともとごく僅かしかいない個人株主を強制的に会社から追い出す制度となることが当然に予想される。その点を検証することは喫緊の課題と思われるが、日頃実証分析を強調する経済学者や法律家たちの関心はないらしい。実証分析というのは、彼らが実証分析をしたいと思う、望ましい結果が出そうなテーマについてのみ実施され、望ましい結果が出た場合にのみ引用されるようである。「「実証分析」の実証分析研究」が必要なのではなかろうか(ストックオプションの行使結果と報酬としての妥当性に関する事後検証の必要性につき、後述231頁参照)。

　③**会社法105条と普通株式**　会社法105条1項は、「株主は、その有する株式につき次に掲げる権利その他この法律の規定により認められた権利を有する。①剰余金の配当を受ける権利　②残余財産の分配を受ける権利　③株主総会における議決権」と定めている。この規定は平成17年会社法で初めて設けられた。多数の種類株式が認められている中で、この規定がどのような意義を有しているかはあまり論じられていないが、これを株主の固有権を明文化したものとする有力な見解がある[155]。固有権とは多数決を以てしても奪うことのできない株主に固有の権利をいうドイツ由来の概念であり、この見解の方向性は正当である。ただ、何故これが固有権なのかについては、その背景には、個人や市民がこうした三種の権利を有することが当たり前であり、それこそが株式

155　岩原紳作「新会社法の意義と問題点(1)総論」商事法務1775号(2006年)11頁。

の標準型としての普通株式common share であるとの、社会が共有する規範意識が存在したはずである。私見は、この規定を「普通」株式概念を認めた規定という意味での固有権として理解すべきと考える[156]。この規定は、本書が問題意識とする人間復興の会社法理論を構想する上での、解釈論・立法論上の手がかりとすべきであろう。

　なお、近時創業者の支配を維持し優遇するような複数議決権株を発行しながら上場を認めるケースが増えてきていること等につき、後述152頁参照。

議決権行使──濫用法理の事後規制と事前規制

　①議決権行使──事前の濫用規制の必要性　　以上本書では、資本市場と一体の株式会社において、株主としての「物言う資格」とは何か、議決権というデモクラシー関与権を行使しうる正当性を有する株主の属性とは何か、について検討を行ってきた。そして、人間支配の正当性の根拠を有しうるのは人間そのものであるか、あるいは人間だらけの法人ないし人間の集団に対して厳しい受託者責任を負担する機関投資家でなければならないことを強調してきた。もとより、こうした認識を実現することは、日本にとっては株式会社制度の歴史を戦後の初めからやり直すというくらいの困難事である。日本の状況下で、現実のグローバル・マーケットはほぼ人間の匂いのしない、しかし、巨額の資金を有する株主やファンドに取り囲まれている。こうした状況をどのような発想で一歩ずつ改善していくべきかについては、最後に一定の考察を行うが、当面、株主としての属性に強い疑問のある株主による議決権行使に強い反社会性が認められる場合、あるいは株主としての属性自体にさほどの問題がなくてもその特定の行為に強い非難可能性がある場合に、そうした議決権行使を事前に差し止める手段を充分に用意しておくことは必要であり、実現可能性も高い。日本ではそうした問題意識はきわめて薄弱であるが、まずは現行法の解釈論としてそうした構成を心懸けるところから始めていくことが必要であろう。このことは、実は既述のように1株1議決権原則の不用意な容認により、支配株主・大株主らに議決権を過剰に与えてしまったことの是正という意義を有している（前述105頁③及び前注129に掲げた拙稿を参照）。こうした是正が適切に図られな

156　上村「105条」山下友信編『会社法コンメンタール3　株式(1)』前掲注(109)27頁。

い場合には、そこには常時不当と言うべき状況が温存され続けていることを意味している。

　事前規制として株主総会における議決権行使を禁ずる法制は、明治32年以来80年間にわたって日本の商法上当然視されていた。昭和56年改正前商法は、株主総会決議について特別利害関係を有する株主は議決権を行使できないと定めていた(旧商法239条5項)。それが昭和56年改正により、株主総会の決議について「特別の利害関係を有する者が議決権を行使したことによって、著しく不当な決議がされたとき」には、決議の日から3ヶ月以内に、株主総会決議取消しの訴えを提起することができるとの事後規制に転換された(現行会社法831条1項3号)。事後規制としての特別利害関係人は決議が通ったことを前提とするので、それは実質的に支配株主ないし大株主による議決権行使の濫用規制として理解されている。

　事前規制を事後規制に転換した理由は、主として事前規制としての「特別利害関係人」を形式的に理解すると、合併等の重要な事項について、それを推進しようとする大株主は、その行為の実質的な評価とは無関係に議決権行使が否定されてしまうことにあった。再度株主総会を開き直してもその大株主は依然として特別利害関係人に違いないため、いつまでも問題が解決しない。そこで特別利害関係人を除外して行われた決議が著しく不当であって、その株主が議決権を行使したとすればその決議を阻止しえたと認められるときは、その決議の取消だけでなく、決議の内容の変更を裁判所に求めうるとしていた(旧商法253条)。これについては、司法が契約内容の変更という形で私的自治に介入することに対する強い批判があった。しかし、そうした異例な対応をしてまでも(本当は異例でないが)、支配株主による議決権行使の濫用防止を事前規制すべきとされていたこと自体が本来は重視されるべきである。事前規制が形式的であったとしても、そこでは大株主ないし支配株主による議決権行使の濫用が抑止されていたのは事実であるから、それを事後規制にしたら事前の濫用規制の必要がなくなって良いということにはならないのであるが、そうした問題意識自体をほぼ喪失したまま今日に至っている。

　現実に、昭和56年改正以後に支配株主ないし大株主による議決権行使の濫用を事前に、具体的には議決権行使禁止の仮処分という手段によって規制すること自体が基本的に見られなくなった。株主総会での議決権行使禁止の仮処分

が認められた例外的なケースとして国際航業事件決定があるが（東京地裁決定昭和63年6月28日判時1277号106頁）、このケースはバブル経済華やかなりし頃に、仕手集団による買占め肩代わり目的達成のための議決権行使が問題とされた事例である。

本決定において東京地裁は、この「議決権を行使することを認めるならば、……株式買取請求に応じない……現経営陣を……意のままになる経営陣に交代させ、……会社の乗っ取りを実現する不当な議決権行使がなされることは明らかである」として議決権行使禁止の仮処分を肯定したが、学説はこの決定を引用して、「議決権濫用を事後的に決議取消事由（会社831条1項3号参照）とするのではなく、事前の議決権行使禁止事由とすることは、まったく認められないわけではないが、その判断は慎重でなければならない」[157] としている。思うにこうした立場は過度に謙抑的である。特に今日株主価値最大化論ないし株主主権論が、株主の属性を問うことなく野放図に強調され、単純に資本の論理を振り回すことでガバナンスの全面否定をすら可能と思い込むような株主が横行している状況を思うと、これをほぼ放置するような結果をもたらしかねない。近時、アスクルの3名の独立社外取締役を45%の株式を有するヤフーが議決権行使によって排除した。上場子会社に支配株主からの独立性を特に要求している東証ルール等、企業社会が共有する基本原理自体を全否定したこの事例は、支配株主には義務と責任が伴うことを知らない反社会的な議決権行使が株主主権の名において実行された実例である[158]。

157　江頭・株式会社法363頁(20)。

158　前述55頁注74にこの件についての、アスクルにより公表済みの私の意見書へのリンクが記載されている。なおこれとは別に、そこに引用されている別冊商事法務の座談会、および上村「議決権行使の事前規制・再考」を参照されたい。当時のヤフーの親会社のソフトバンクの孫正義会長が、このヤフーの行動を批判したことが新聞に報道され、独立社外取締役を解任された斉藤淳氏にも直接本意でないと述べたとのことであるが（上記座談会）、そのようなきわめて重大な間違いを犯した子会社社長の川邊氏がお咎めを受けたという話を聞かないどころか、岸田内閣の「新しい資本主義実現会議」のメンバーとされていることには強い違和感を禁じ得ない。なお、東芝の2021年6月の株主総会において、6割近くの株式を有するファンドが、株主総会動議として、会社の業務・財産状況調査者を指名し（会社法316条2項）、その調査者たる弁護士が行ったデジタル・フォレンジック調査等により、経営陣等のメールやファイル77万件を恣意的に閲覧し、その客観性の乏しい調査報告の影響により、独立社外取締役たる監査委員等を事実上排除するという、結果的にアスクルに類似の事

②国際航業事件決定の普遍的意義　　ここで、この問題の法学的問題点を詳細に論ずることはできないが、今日では、国際航業事件決定はより普遍的な意義を有するものとして再構成され、運用されるべきである。

　国際航業事件は、仕手集団が買占め肩代わり目的を実現させるために議決権を行使しようとした事例であり、この点は敵対的買収に関する判例理論として、ライブドア事件の東京高裁決定(平成17年3月23日判時1899号56頁)が判示した四種の濫用的買収者概念(前出98頁参照)のうちの「真に会社経営に参加する意思がないにもかかわらず、ただ株価をつり上げて高値で株式を会社関係者に引き取らせる目的で株式の買収を行っている場合(いわゆるグリーンメーラー)」に該当する。国際航業事件決定は、買占め屋にこうした目的があることは「疑問の余地がない」という。

　次に国際航業事件決定は、「株式買取請求に応じない現経営陣を買収者の意のままになる経営陣に交代させ、……対象会社の乗っ取りを実現する不当な議決権行使がなされることは明らかである」としている点は、例えば前記のアスクル事件で支配株主のヤフーが、アスクルのガバナンスの要である3名の独立社外取締役を放逐することで、ヤフーの意のままになる経営陣に交替させ、アスクルの中核事業を奪う目的のために(これは上記の四種の濫用的買収者概念の一つである「焦土化作戦」に該当する)議決権を行使したと見られることとも共通の問題である。

　そして国際航業事件決定は、このままでは不当な決議がなされてしまい、最早回復しがたい損害を蒙る虞が充分にあるとして、定時株主総会予定日の前日に議決権行使禁止の仮処分を認めたものであるが、こうした事情を勘案して議決権行使禁止の仮処分を肯定することには普遍的な意義がある(アスクル事件でも同様の状況があった)。

　ところで、濫用的買収者概念は、それが認められるとライツプランと言われる買収防衛策[159]による対抗が認められる効果がある。このことは、濫用的買収者とされれば一定の場合には、いくら対価を払っても「株主になることすらで

態が生じた。これについては、前注121及び129に掲載の拙稿を参照されたい。

159　例えば、20%の株式取得を目途に、独立の第三者による評価手続を経た上で買収者以外の株主にのみ新株予約権を付与することなどにより、買収者の株式保有割合を縮減させる等。

きない」ことを意味している。支配株主になろうとする者の属性に問題があれば、自由な株式の売買自体が否定されるのである。

　そうであるなら、株主が議決権を行使すれば株主総会決議取消しの訴えが認められることが充分に予想される状況、換言すると多数決の濫用ないし支配権の濫用が目前に迫っていると見られる状況があれば、株主総会による議決を待つことなくその者による議決権行使は仮処分によって差し止められるべきである。支配株主の会社ないし少数株主に対する忠実義務の観念が肯定されていない日本では、こうした形で支配株主による濫用的行為をチェックする司法の役割は大きい。特に、株主総会決議取消しの訴えが認容されると、その判決の効果には遡及効があるため、例えば取締役選任決議などは遡って無効となり、その者が代表取締役となって行った行為も原則としてすべて無効となる(会社法839条、831条)。2006年イギリス会社法は、取締役の選任に瑕疵があっても取締役としての行為は有効であると規定するが(同法161条)、こうした規定のない日本で問題を事後に持ち越すことによる混乱には耐えがたいものがある。

　以上を総合すると、支配株主ないし大株主による濫用行為が充分に予測され、かつそれによって会社ないし会社の少数株主、あるいは会社ガバナンスのあり方を破壊するような急迫の危険が迫っている場合には、事前の差止が一般的に認められるべきである。そして、こうした判断をなすに際して、その株主が自然人ないし市民性を有しない、人間疎外要素最大株主である場合には、そうした株主の属性を考慮に入れることも積極的に肯定されるべきである(後述)。

《議決権＝人格権》構成と会社法解釈論

　①株主権と二元論的構成　　株式の本質論については若干前述したが、株式を会社に対する所有で説明する社員権論もそれを法的な意味での所有権で説明するものではなく、希薄化された所有ないし所有の変形物とした。しかしそれは一種の譬え話であり、その変形ないし希薄化の意義について何らかの説明があるわけでもなかった。また社員権論は、当時既に文献上は確認されていた、所有と経営の分離・経営者支配といった、最大規模の証券市場を想定したアメリカの議論への反応というよりは、むしろ戦後日本の小規模閉鎖会社向けの議論を表現するものと言えた。この点、社員権否認論(田中耕太郎)、株式債権論(松田二郎)、株式会社営利財団論(八木弘)といった理論に共有するのは株式とは

債権であるという理解であり、議決権についてはそれとは異質なものであるとの本質論を唱えるものであった（二元論的構成）。

　以下、これまで論じてきたことを踏まえて、議決権をデモクラシー関与権としての人格権とみる立場を推し進め、財産権の帰属正当性と議決権の帰属正当性を区別し、両者は異質な権利であるとの立場に立って、現行会社法の解釈論について試論を展開しておくこととする。このうち財産権は株主の属性に疑問があっても対価を払っている以上は、公序良俗に反しない限り原則的に肯定される。ただし、株式買占めに対する防衛策としての新株の第三者割当が肯定される場合、また濫用的買収者に対する買収防衛策が肯定され、買収者の財産的不利益に対する補償がないなど、財産的利益が保証されない場合もありうる。他方、議決権の帰属正当性は、当該株主に対する属人的評価を反映するものであり、財産権と一体的に存在しなければならないという要請は株主を普通株主と評価しうる場合（換言すると、株主としての属性に正当性がある場合）などには肯定されるが、それ以外の場合には否定されて良い場合が多い。かねてより議決権行使の濫用規制を始めとして、こうした対応は肯定されてきた。

　また、株式とは異なり財産権のみが問題となるような社債権者や優先株主等について、その財産権の毀損から社債権者や優先株主を守るために社債権者集会や種類株主総会が認められている。このことに鑑みると、株主総会決議であっても、特定の第三者に対する有利発行について株主総会特別決議が認められているのは（会社法199条1項2号、2項、3項、309条2項5号）、株主の財産的利益保護のためであるから、議決権行使にも財産権の延長で考えるべき場合がある。こうした場合と企業・企業社会のあり方や労働・消費者・環境・人権等の問題に如何に対応すべきかといったデモクラシー関与権としての議決権行使は本質を異にする。株主の権利は、利益配当請求権のような財産権と議決権のような共益権とに分けて理解するのが通例であるが、正確には株主の財産権ないしその有する資産価値の行方に関係する議決権と、デモクラシー関与権としての議決権では本質を異にするものと理解すべきである。

　②**財産権と切り離された人格権の帰趨——会社法解釈論の試み**　デモクラシー関与権としての議決権を人格権と見た場合の会社法解釈論に及ぼす影響について一定の紙幅を用いて論ずる必要があるが、本格的な議論は別稿に委ね、ここでは特にそうした構成が意義を有すると考えられる問題を若干取り上げ、既

に論じた問題については結論のみを示すに止めることとする。以下には、会社法の専門家でないと理解できない事柄が最小限度含まれるが（通説を全面的に批判する以上、それは避けられない）、それは本書の構成が有する解釈論上の実益の主張であり、ご寛恕いただけたら幸いである。

　イ）**株主平等原則**　議決権が人格権なら株主平等原則は人間平等を根拠とする側面を基本とし、財産権の部分は価格形成を可能とするための単位としての均一性の要請が中心となる。次章で論ずる。

　ロ）**株主の質問権**　人格の発露であることについては前述した。

　ハ）**議決権の不統一行使**　人格単位の統一であることについて前述した。

　ニ）**所在不明株主**　株主が5年間配当を受領していないと、会社は事務処理上の便宜のために当該株式を競売にかけて売って良い（会社法196条1項）。当該株主に競売代金に対する請求権はあるが、この規定は人格権としての議決権の著しい軽視であり、あたかも公民権の停止にも似た効果を持つ不当な規定と思われる。

　ホ）**組織再編**　欧州で、合併とは株主という人と人の結合に財産が付いてくる現象であるために合併対価は株式とされていること等については前述した。

　ヘ）**議決権行使禁止の仮処分**　議決権行使の濫用に係る事前規制の必要性については前述した。

　ト）**全株式譲渡制限会社において取締役会の承認なき譲渡の効力**　これについては、当事者間では有効だが会社には対抗できないと解されてきたが（いわゆる相対説）、閉鎖会社において譲渡承認制度の意味は会社と譲受人との人格的信頼の確認にあるところ、取締役会の承認がない以上、会社と譲受人との人格的信頼は不在であり、したがって依然として会社と株主名簿上の株主との人格的信頼が継続していると見て、財産権のみが譲渡されており、譲受人は議決権をそもそも有していない（そもそも議決権は譲渡されていない）と解すべきである。

　チ）**基準日後株主総会までの株式転売**　名簿上の株主が名義書換直後に株式を転売しても、人格権以前に株主ではない以上、総会での議決権行使を認めるべきではない。立法論としては、総会当日に株主であることの確認手続を定めるか、あるいは昭和13年商法に存在した「定款ヲ以テ……株式ノ譲受ヲ株主名簿ニ記載シタル後6月ヲ超エザル株主ニ議決権ナキモノトスルコトヲ得」（旧商法241条）に類した規定を復活すべきであるが、解釈論としてもそうした定款

規定は有効と見るべきである。

リ）株式振替制度における超過記載と消却義務　株式振替制度の下で、誤って振替株式数について超過記載がなされた場合にはその分発行済株式総数が理由なく増加したかに見える。株式振替法はこうした場合に、超過分を知らないで取得した株式譲受人はその全体を善意取得し（振替法 144 条）、完全な権利者になるとしている。こうなると、発行済株式総数が増えてしまうので、口座管理機関（証券会社等）が管理する全口座について、超過分に相当する（大抵は）ごく僅かな分だけ株主権が縮減するとしている。ただし、口座管理機関が超過分の株式を調達して消却する（消却義務という――振替法 145 条）と発行済株式総数が元に戻るので、その間の株主権の縮減はなかったことになるという扱いとなる。しかしこのことは、株主の自己責任とは無関係な理由で株主権が縮減し、一時的であったとしても 1 株主が株主権を行使できない事態を理論上肯定するものである。議決権を人格権として理解するなら特に、テクニカルな理由で人格が増えたり減ったりするような現象を肯定する余地はない。これについては、戦前より市場に紛れ込んだ無効株式の取扱は「事故株式処理」問題として業者が全体でリスクを引き受けることになっていた[160]。ここで消却義務とは私法的に捉えられるべきではなく、無効株式を市場から掃除する業者の公法的義務（市場の担い手としての責務）として構成すべきであった。これなら既存株主の株主権は一切影響を受けない。

ヌ）仮装払込株式の悪意・重過失なき譲受人による権利行使　仮装払込により発行された株式は本来無効のはずである。設立段階ではその規模が僅かでなければ設立無効の訴えの事由となる。それが僅かな場合で設立無効が救済される場合でも、株式引受人は払込義務を履行しない以上は株主権を行使できない。新株発行の場合は仮装が大量でも設立無効ということはあり得ないために、かねてより多くの議論があったが、この場合でも払込義務が履行されていない以上は株主権を行使できないはずである。

　しかし、これについては平成 26 年改正会社法が、仮装払込がなされた場合にその株式を悪意・重過失なく譲り受けた者は権利行使できる（善意取得する）

160　上村「事故株の処理についての証券会社の商慣習」竹内昭夫編『新証券・商品取引判例百選』別冊ジュリスト 100 号（1988 年）136 頁。

との規定(会社法209条3項)を設けたことで、かえって大きな問題が残ることとなった。この規定により、無から有が生ずるかに見える点については、上記の振替制度のもとでの超過記載問題に似ていると言われる[161]。しかし、超過記載は口座管理機関により消却義務が履行されれば元に戻るが、この場合には無から生じた株主権は存続し続ける。思うに、「無」から人格は生じ得ないのであり、ここで善意取得と言われていることの意味(正体)については、議決権は移転していないが善意者の財産権的利益は保護するという趣旨と解すべきではないかと考える[162]。そもそも意図的に払込を仮装するような反社会的な者でもあとで支払いをすれば立派な株主となり(会社法209条2項)、議決権という人格権を行使しうるという発想自体に疑問がある(預合いなら刑事罰があるので、刑務所に入っていれば株主総会に出られないはずだが、見せ金なら良いと言えるのか)。

ル)議決権の代理行使と貸株　議決権の代理行使は株主総会ごとに、つまり1年に限り認められる(会社法310条2項)。この規定は、株主と代理人との間に人格的交流が認められることを根拠にするものと考えられ、したがって株主権を行使するに相応しい正当な対価を払わない長期の貸株によって借り株主による議決権行使を認めることに正当な根拠はなく、1年を超える貸株の借り株主による議決権行使は肯定されるべきではない。

パッシブ運用と議決権行使

①運用はパッシブ、議決権行使はアクティブ？　　株主とは基本的に個人・市民ないしは個人や市民に対して厳しい受託者責任を法的に負う機関投資家だとすると、ここで株主とは普通株主であり、議決権行使にはデモクラシー関与権としての実質がある。株主がヒトないしヒトのために厳格な受託者責任を負う機関投資家であるなら、株主とは同時に労働者であり、消費者であり環境に支配される地域住民であり、同時に株主でもあるという関係であるから、ESGに言うE(環境)も彼らの社会を意味するS(社会)も、こうした経営目的を達成する仕組みであるG(ガバナンス)も、それが追求されることはあまりに当然の

161　江頭・株式会社法796頁。
162　本文のように解すると、ここで善意取得とは一種の外観理論的な財産権上の保護を、対価を払った善意の取得者に与えること以上の意味はないことになる。

ことである。地球と共に持続可能な社会活動がどこまでも求められる以上、企業がSDGs（持続可能社会）[163] を可能とするような開発（development）のあり方を自然との関係で模索することも本来の論理に適う発想である。そうした株主には規範形成主体としての市民（シトワイエン citoyen）として、当該企業ないし企業社会をより良くするために積極的に議決権を行使することが期待される。それをわざわざアクティブ運用とは言わない。運用（売買）も議決権行使も市民としての感性に委ねられる。

　こうした企業像、企業社会像を前提に普通株主たちのために（あるいは彼らの老後の生活のために）株式の運用を担う機関投資家が、これらの普通株主が望む方向で議決権を行使することは彼らの責務である。そこでは明確な経営目的、想定する株主像、それを可能とするガバナンスのあり方、公正な資本市場のあり方に少しでも貢献する方向で議決権を行使することが機関投資家に課せられた受託者責任 fiduciary duty[164] である。年金積立金管理運用独立行政法人（GPIF）のような機関投資家には運用受託機関に対して、自らが負担する受託者責任に適う議決権行使のあり方を要求する責任があり、それを受け入れる運用機関のみに運用委託すべき法的責務がある（次項参照）。

　これと反対に、株主の属性が問われないために、人間の匂いのしない（あるいは人間疎外要素最大ないし人間関与度最低の）ファンドなどの株主の投資目標は、その存在目的自体が人間的営みから遊離しているため、配当・株価といった経済的利益の獲得のみであるのが普通である。彼らには労働者も消費者も地域住民もなく、E（環境）への関心も経済的利益追求に通常は劣後し、彼らは共同体的な S（社会）を構成していないから、社会への関心も乏しく、G（ガバナンス）も株主価値最大化に役立つためのものにすぎないため、自分たちの利益を最大化することに貢献する社外取締役などをひたすら歓迎し、その役割を真摯に果たそうとするような社外取締役を毛嫌いする。

　こうなると、個別企業の特性は関心の対象とはならず、もっとも効率的な資産運用のためには、例えば ETF（上場投信）に組み込まれた個々の企業の企業価

163　ESG、SDGs については、後述 197 頁参照。

164　fiduciary duty 全般については、後述 141 頁参照。議決権行使との関係については、特に後注 167 参照。

値とは無関係に、ETF の全体価値の上昇にのみ関心を有することになる。個別企業の特性に適う投資は余計なコストがかかるだけであり、かつ現実の成果も高くないため(人間の活動にはそれだけでコストがかかる)、コンピューターが示した一定の指数やポートフォリオに連動する運用に頼る(アルゴリズム取引)、いわゆるパッシブ運用が当然の世界である。しかるに、たまたま名義書換の基準日に株式のポジションを有していると急に議決権行使に目覚めることが許されている。彼らは議決権行使も余計なコスト要因であると思いがちであり、議決権行使にも本当は無関心であるが、その議決権を行使しうるとの立場をひたすら利益追求のための手段として利用しようとする。

　②エンゲージメント活動の会社法的意義とは？　　このように、パッシブ運用は市場の数字の上での効率性を前提にした超低コスト運用が本質であり、個別企業を見ないことが、つまりは議決権行使には無関心なのが特徴であるところ、このところ 2014 年に導入され、2017 年、2020 年に改訂された機関投資家の行動原理を定めたスチュワードシップ・コードはパッシブ運用に対しても、その有する議決権等の発言権を活用して、経営者の規律付けのための活動を行うべきとしている。企業との「目的を持った対話」を機関投資家のスチュワードシップ活動とかエンゲージメント活動と称して推奨ないし強要する傾向が強まっている。個別企業に無関心であることをもって特徴とするパッシブ運用に対して、資産運用はパッシブでも議決権行使にはアクティブになれと言われることについては、一方でコストのかかる建設的対話を強いられることに対する困惑が生ずるのは自然であり、他方で、株主としての属性に疑問のあるようなファンドが、あたかも、物言う資格を公認された「物言う株主」として、会社に対してエンゲージメントの名において対話を強要することの口実に使われている場合が多いように見受けられる。

　GPIF(年金積立金管理運用独立行政法人──後述 139 頁③参照)が、運用受託機関に対してスチュワードシップ・コードやエンゲージメントを盛んに言うことで、GPIF としてのエクスキューズはできるだろうが、やる気のない者に議決権行使を強いても、あるいは議決権行使助言機関への丸投げであったとしても、それは会社法が想定するデモクラシー関与権としての真摯な議決権行使に結びつくとは思えず、むしろ会社法的なガバナンスの形骸化ないし歪曲をもたらすだけのようにも見える。

もとより、機関投資家が市民社会や普通株主のための受託者責任の一環としてエンゲージメントに努めるということはありうる[165]。このモデルは公正な資本市場の存在を踏まえた行動であるから、「不特定多数の投資家・株主に対する情報開示という名の対話」が十二分に実施され[166]、「特定の株主である機関投資家との対話」の意義を格別に強調する必要はないのが普通であるが、一般論としてはありうる話である。パッシブ運用株主との「対話」の強調は、資本市場と一体の株式会社制度のインフラが不十分な中で行われるだけに、また一般投資家ないし株主を無視した情報提供の不均衡ないしインサイダー取引まがいの行為を招きやすく、十分な警戒が必要である。

　パッシブ運用を広範に許容する以上は、本来は人格権としての議決権の行使主体であること自体に疑問がありうる。現に議決権があるのだから、何かしなければならない、といった発想でエンゲージメントを求めることは公開株式会社におけるガバナンスの意義をむしろ貶めるものである。エンゲージメントは対話といっても議決権の存在がその究極の拠り所になっている。パッシブ運用の場合には、投資先企業に問題があっても売却する選択肢がないから、アクティブ運用以上にエンゲージメントが重要という見方もあるようだが、パッシブ運用株主に企業社会のあり方を託すような発想自体が問題である。

　ではどうしたら良いか。思うに、英独仏に存在するような株主の素性情報要求制度等を導入し(後述226頁参照)、パッシブ運用株主であることを認定する方法を確立した上で、法により、(a)例えば議決権を普通株主の3分の1程度のものとしか認めない、といったことを肯定し、あるいは定款による定めを有

165　こうした株主としての正統性の高い機関投資家が、2005年に国連が公表した責任投資原則(PRI: Principles for Responsible Investment)を尊重しながら株主としての立場を追求しようとすることは正しい姿勢である。

166　公開会社法要綱案第11案(http://globalcoe-waseda-law-commerce.ltt.jp/koukai_kaisha hou/index.html)3.05は株主の随時質問権と会社の回答義務について定める。株主は投資者又は株主として当然に関心を有すると認められる一切の事項についていつでも公開会社に対して質問することができ、会社は直接又はホームページにおいて回答する義務がある。ただし、回答は1ヶ月(ないし半月?)に1回まとめて行えば足りる。これはIR活動の法制化提案ともいえ、こうした制度や公開会社法の確立抜きに語られるエンゲージメントないし「株主との対話」を安易に肯定してはならない。上村「公開会社法抜きの「株主との対話」とは?」ディスクロージャー&IR1号(2017年)1頁。

効とするといったことも考えられる。これは、株式を2年以上有すると議決権が2倍になるとしているフランスのフロランジュ法による対応の逆作用を営む制度となる（なお、株主平等原則に関する次章参照）。(b)あるいは、一定の基準を設定し、パッシブ運用株主に議決権不行使の自由を認め、議決権を行使する以上は人間社会に対する受託者責任ないしそれに準じた一定の義務と責任を課すことも考えられないではない[167]。

③**日銀・GPIFと議決権行使**　日銀の上場投資信託(ETF)を通じた株式買入は巨額となっている[168]。午前の株式相場が0.5%程度下がると午後に日銀の買いが入ることが多いと言われている[169]。日銀のETFによる株式保有額は2020年度末には約51兆円超に達し、GPIFを超えたという。また2020年には日銀が事実上の筆頭株主の企業は100社を超えた模様という(2020年12月16日付日経新聞朝刊7面)。全額政府出資で約160兆円の公的年金を運用するGPIFによる日本株の保有資産額も2017年末で40兆円を超えており、GPIFが筆頭株主である企業が続々と出現している。

そもそもこうした国の資金および従業員の年金積立金という公的資金による株式買いには、パッシブ運用に共通な問題として、個別企業業績と株価との連動性が弱まる（株価指数が上がれば良いというだけ）ことによる企業経営に対する資本市場の機能の弱体化[170]、これら公的資金を原資として購入した株式の配当金というこれも公的資金を使った官民ファンドの問題点[171]といった様々な問題

167　日本証券投資顧問業協会報告書「投資一任会社の議決権等株主権行使について」(2002年)参照。この報告書については、上村「投資一任会社による議決権行使」商事法務1631号(2002年)4頁以下。

168　なおこの前提として、財政法5条が「すべて、公債の発行については、日本銀行にこれを引き受けさせ、又、借入金の借入については、日本銀行からこれを借り入れてはならない」としていることとの関係で、日銀が国債を大量に買い、打ち出の小づちのような機能を果たしていることが違法ではないかという問題があり、ドイツではこうした問題が憲法問題とされていることとの関係等が論じられるべきである。脱法行為は違法でないのか、違法なのかという問題でもある。ドイツが大規模なコロナ対策を矢継ぎ早に打ち出せるのは健全財政の賜物であるとされるが(日経新聞2020年6月4日付朝刊1面)、ここでは問題の指摘にとどめる。なお、上村・前掲「正論」論文注(31)参照。

169　大村敬一「日銀のETF買入の功罪——企業経営に緩み、終了急げ」日経新聞「経済教室」2018年2月16日付。

170　大村・同上。

171　乱立する官民ファンドの損失・非効率につき、朝日新聞2018年7月30日付朝刊1面。

がある。しかし、そうした問題の深刻さは多々指摘されているが、議決権行使の問題は全くと言って良いほどに触れられてこなかった。

日銀については、国家株主が議決権を行使しうる根拠ないし条件とは何かを本格的に論ずる必要がある。人格権としての議決権という発想からすると、日銀が公的資金を原資として会社支配を左右しうる立場にはそもそもないと考えるのが自然であり、そうした根拠が不明なままに大量の議決権が業者の手に委ねられる形で行使されることは、個人・市民としての株主ないし個人・市民に対する厳格な受託者責任を負う機関投資家が本来有すべき発言権の大幅な希釈を国が先頭に立って招いていることを意味する。

日銀による「議決権行使の指針」(2007年10月1日改訂)を見ると、運用受託機関は、①日銀の経済的利益の増大を目的とし、②株主の利益を最大にするような企業経営が行われるように、議決権を行使すべきとされている。しかし、本書で繰り返し述べているように、企業経営は各企業が定款に定める経営目的ないし長年培ってきたミッション(要は事業目的)を最大実現するためになされるべきものである。日銀が、自行の利益最大化を株主利益最大化と同視していることは、要は株主価値最大化論者ないしいわゆる「物言う株主」と同じ立場に立っていることを意味しており、それだけでも公的資金が企業社会のあり方を大きく歪めていると見られてもやむを得ない。それが肯定されるとしたら、それは真に人間・市民の立場に立った議決権行使が確実に担保される仕組みを真剣に構築するしかないのではないか。

GPIFは根拠法である厚生年金保険法、国民年金法が国民ないし労働者の老齢、障害または死亡に備えるとの目的を明示しているその趣旨に鑑み、その目的に完全に沿った議決権行使であることが保障される仕組みを有することでのみ、その議決権行使の正統性が認められる。GPIFの投資原則は、被保険者の利益のための運用を謳ってはいるが、他方で2017年6月1日に制定された「議決権行使原則」はその冒頭で、運用受託機関に対して長期的な株主利益の最大化に資する議決権行使を求めており、これでは議決権行使を容認するための根拠が充足されているとは言えない。被保険者の資金で購入した株式の議決権が、株主利益最大化のために(端的にはファンドのために)行使されることが許されてはならず、早急にその姿勢は是正されるべきである。

【fiduciary duty（受託者責任）とは何か】

ここでは受託者責任 fiduciary duty と議決権行使の関係について若干触れたが、fiduciary duty 全般の意義について日本では必ずしも共通の理解が確立されているとは言えないように思われるため、ここで私の理解する範囲てその点について言及しておくこととする[172]。

一方当事者が他方当事者を信頼して何事かを委ねる法律関係にはさまざまあるが、大陸法由来の代表的な概念が委任契約である。委任契約は委任者と受任者の対等な法律関係とされ、受任者は委任の本旨に従って善良な管理者の注意をもって委任事務を処理しなければならない（善管注意義務という――民法 644 条）。

これに対して、一方が他方に全面的に依存する法律関係を fiduciary relationship（信認的法律関係）と言い、その場合に受託者 fiduciary が信認者に対して負う義務を fiduciary duty（受託者責任）という。この義務をもっとも広範に捉えた場合の意義は、その職務を「誠実に遂行すべき義務」ということになるが、実は信認者と受託者との間の信認の関係は非常に多様である。これに関するもっとも厳格なルール（strict rule ないし English rule）は、例えば乳幼児と親権者の関係のように信認者たる乳幼児には判断能力がないが財産はあるというような場合で、この場合には受託者は信認者との間で契約を締結すること自体が禁じられる。したがって受託者の過失の有無は問われず（無過失責任）、損害も相当因果関係のある損害ではなく無条件返還（account）義務を負担する。

戦後、日本の商法（会社法）上の取締役の忠実義務や利益相反取引等の意義をめぐって英米法上のこの概念の紹介がなされた際に、この厳格責任が強調された経緯がある。こうした fiduciary relationship は医者と患者、弁護士と依頼人の関係等にも適用される（要件効果は画一的ではないが）。もっとも、信認者と受託者の契約を無条件で禁止することが信認者のためにならない場合も多く、その後この効果は緩和されていく（その場合でも利益相反等の損害賠償について、もともと無過失責任から出発していたとの感覚は残り、過失の認定が容易になされると言った効果は認められる）[173]。

他方で、資産運用業者が資金提供者のために資産運用するような場合もこうした

---

172 この問題を包括的に論じた文献としては、日本証券投資顧問業協会報告書「投資顧問業者の注意義務について」（2001 年）がある。同協会の研究会による、議決権行使に関する報告書は、前注 167 参照。

173 なお、先に述べた私人間の対等な法律関係とされる大陸法系の委任契約も、実は共同体内における信認の関係（日本で言えば、寡婦を助けるための田植えの手伝い、屋根の雪下ろし、葬儀の世話等々）を踏まえたものであり、そのことは委任契約が無償契約とされていることに表れているとも言われる。委任契約概念も社会規範としての信認の関係が前提となっている。

fiduciary relationship と見なされうるが、その関係は資金提供者が個人・市民大衆であり（年金基金等）受託者の責任を重くとらえるべき場合もあれば、特定の富豪のための資産運用のように、資金提供者に判断能力があり、重要な局面では運用業者が資金提供者の判断を仰がなければならないような場合もある。この後者の場合には fiduciary relationship といってもその実態は普通の契約関係が基本と見るべき状況である。

　要は、fiduciary relationship の幅は非常に広く、厳格な信認から契約までを広く包含する。fiduciary duty の判断にとって重要なことは、受託者自身が厳格な責任を負うべき状況か契約関係として理解しうる関係かを自分自身で評価することであり、この評価を誤ると想定を超えた厳しい責任を負担することとなる。資産運用業や金融機関の信託業務で活用される fiduciary relationship はビジネスの需要に応じた信認ないし信託という意味で神田秀樹教授はこれを商事信託と呼び、そこではビジネス関係上のアレンジメントが中心をなすとされたが、重要な指摘である。

　もっともこれらのどの場合でも、資金の運用を委ね、委ねられる関係には違いなく、常に業者に「誠実義務」が課される。しかし「誠実さの立証」は容易ではないため、業者は自身を守るためにも、誠実さの立証を容易にすべき様々な外形的行為を明らかにし、そうした外形的行為の遵守によって誠実さの立証を容易化する努力がなされてきた。例えば、預かり資産の分別管理義務、資産状況の情報開示義務、第三者監査義務、自己執行義務、分散投資義務といった行為規範は fiduciary duty が求める「誠実さ」立証のために遵守すべき行為基準であることを十分に理解する必要がある。

　このように、fiduciary relationship、fiduciary duty には長年にわたって形成されてきたハードローとしての法理の蓄積があり、そうしたハードローの議論をベースにしないスチュワードシップ・コードの強調は問題の本質をとらえたものとはなりえず、グローバル水準の議論ともなりえない。

　　＊なお、アメリカでは証券業者の行為規制の根拠、インサンダー取引の違法性の根拠等につき、fiduciary duty が日本の一般条項（濫用法理、信義誠実の原則等）のように活躍するが、それは私見によると、アメリカが資本市場法制に固有の理論体系を有していないためである。

＊＊会社法上の取締役の忠実義務（会社法 355 条「取締役は、法令及び定款並びに株主総会の決議を遵守し、株式会社のため忠実にその職務を行わなければならない」）の意義については、かねてよりこれを上記の fiduciary duty の内容である duty of loyalty（duty of care に対する）を意味するとの見解と、委任契約上の善管注意義務を敷衍したものにすぎないとの見解の対立があり、後説は最高裁大法廷判決（昭和 45 年 6 月 24 日民集 24 巻 6 号 625 頁）がその趣旨を明らかにしたものとする。しかしこの判決は会社の政治献金をめぐる判決（有名な八幡製鉄政

治献金事件)であり英米法の fiduciary duty とは無関係の事実関係に関するものであるから忠実義務の先例として引用するに相応しいものではない。私見は前説を正当と考える。会社と取締役の関係を、会社が取締役に頼るタテの法律関係をスタートラインとして理論構築することが正当であり、かつ支配株主の忠実義務に類推適用すること、その他の解釈論上の実益も相当に存在しうる。両者の関係を対等な関係と見て、利益相反取引・競業避止義務等の規定を立法政策ないし法定の義務として個々に説明することが望ましいとは言えない。

第5章　企業統治と資本市場法制

1　株主平等原則
——人間平等か提供資金の多寡に応じた平等か

　株主平等原則とは、会社が株主をその有する株式の「数に応じて」平等[174]に取り扱うべきとの原則であり、一貫して日本の株式会社法制の根幹をなす規範として位置づけられてきた。株主平等原則違反の効果は、取引相手の善意・悪意を問わずに[175]絶対的に無効という強行法原則であるが、これを定める明文規定はなかった（平成17年会社法で新設された109条が株主平等原則の明文化と言えるかについては後述する）。明文規定がないにもかかわらず、こうした強い効果を有する原則を正当化することはかなり難しい。そこで学説は、誰もが恐れ入るしかない水戸黄門の印籠のような根拠、例えば、正義・衡平、自然法、人間平等といった観念を基礎に据えることでこの原則を説明してきた[176]。しかし、それだけ重大な根拠を有する割に、かなり容易に例外が認められている。例えば、1%の少数株主権は0.99%を有する株主との関係では不平等であり、6ヶ月の保有制限のある株主代表訴訟提起権は5ヶ月と30日保有する株主には与えられない。優先（配当）株主は普通株主との間では平等ではない。その他今やきわめて多種となった種類株式を有する株主も普通株主との関係では平等ではない。株主優待は1000株主には与えられても999株主には与えられない、等々。

　従来、株主平等原則との関係でこれらの制度をどのように説明してきたかについてここでは述べないが[177]、いずれにしても株主平等原則は大理念を根拠とする割にはその例外は政策的なものばかりで、法に定めさえすれば肯定され、

174　会社法109条が、「内容に応じて」平等とも規定したことについては、次項参照。

175　法律用語で「善意」は知らない、「悪意」は知っていることを意味する。

176　これについては全般的に、上村「株主平等原則」竹内昭夫編『特別講義商法Ⅰ』（有斐閣・1995年）13頁参照。

177　上村「109条」山下友信編『会社法コンメンタール3　株式(1)』（商事法務・2013年）88頁。

解釈論ですら(株主優待制度の)例外が容易に認められる。実は大理念に敬意が払われていない。また、平等と言っても、資本市場にとって不可欠な株式の均一性という意味での平等、出資に応じた平等扱い(民法上の組合契約(民法674条)はこの要請が契約自由の問題であることを明示する)、人間平等という憲法14条に言う平等、売買のチャンスの平等という資本市場のルールの性格を有する平等等々、どのような意味で平等を論じているのか不明な場合も多い。

　また重要なことは、実は株主平等原則は日本・ドイツにはあるが、英米にはない原則であることをどう理解すべきか。これについて私は、次のように考えてきた。英米にこの原則はないが、株主平等に反すれば、当事者の善意・悪意を問わずに絶対無効になるとの効果を有する大原則がないということであって、個々の事案や問題についてそれが fair, just and equitable(公正・公平・衡平)かを評価して、それに相応しい法効果を認めることは当然に行われてきている。それは、個々の行為等が違法かどうかは、それを主張する者が個々に立証する必要があるという、ごく普通の原理である。英米がこうしたやり方を当然視してきたのは、そうした法規範を司法によって運用できるという自信の表れか、ドイツのような法的思考力に乏しいためか、どちらかであるが、近時の種類株式への対応などを見ると、自信過剰であったのかもしれない。とはいえ、日独のような株主平等原則のない英米の行き方が、それを必要とした日独のあり方より劣っていたということにならないのも当然である。

　ドイツは歴史上、同じ株式でありながら議決権が10万ないし30万あるというような定め(複数議決権株式)すら違法視できず、一部株主による専制支配を法によってチェックできなかったという苦い経験が背景にある。こうした事態に対して、もとより手を拱いていた訳ではなく、多数決の濫用法理、固有権理論によって支配の行き過ぎを牽制する努力はなされ、これらは今も重要な意義を有している。そして、株主平等原則とはこうした背景を有する法理の一つとしてドイツで構成されたものである。株主平等原則を強行法理として確立することで、ともかくも外形的に不平等な取扱があれば違法との推定がなされ、そのうえでこの法理の形式的な適用による行き過ぎを防ぐために、英米とは逆に、外形的に不平等と見られる行為を行った経営者の側に、個々の行為の正当性を主張・立証させるところにこの法理の意義が認められる。この立証ができない場合には、原告がその行為の違法を立証しなくても一律に違法視される。

このように、株主平等原則とは一部株主ないし経営者の専制ないし濫用の立証責任を、それを行った経営側に転換させる法理と考えられる。ドイツではこれを正当化事由の証明と言っている。私見は以前より立証責任の転換と言ってきたが、どちらも同じ効果と見ることができる。

平成 17 年会社法による変質

　ところで株主平等原則は、その有する株式の「数」に応じた平等であることを当然の前提としてきた。このことは、株式と言えば普通株式に決まっているという通念が前提とされてきたことを意味している。ところが、既述のように（前述122頁以下）、今や日本では全株式譲渡制限会社にあっては、普通株式は普通でなくなり、ほぼすべての株式が何らかの種類株式であってもよいこととなり、それ以外の株式会社でも総議決権数の半分の株式が種類株式でよいこととなった。こうなると、株主平等原則の根拠をどう理解しようとも、株式の「数」のみではその意義を理解できなくなった。

　現行の平成17年会社法は、会社法とは取引ルールの集合であり任意法規であるというアメリカの「法と経済学」の発想を正しいと信じ、旧有限会社をも株式会社と呼び、株式会社数が254万社も存在するという世界に例のない株式会社制度を容認してしまった。旧有限会社法は、個々の出資持分（株式とは呼ばない）ごとに異なる内容の定めを置くことができるとしており、これを属人性の定めと呼んだ（実例はほぼなかった）。個々の社員（株主とは呼ばない）ごとに権利内容を異にすることができるというのは小規模な人的会社の世界での発想であり、資本市場と一体の公開性の株式会社を前提に株式の均一性を想定した発想とはまったく異質なものであるが、こうした有限会社を株式会社としてしまった以上は、膨大な数となった株式会社のすべてに共通する株主平等原則とは何かを明らかにしなければならなくなった。

　それが現行会社法109条である。この規定は株主平等原則を初めて明文化したものとされるが、それはかつての常識的な株主平等原則を明文化したものではない。同条は株主平等原則の意義について、株式の「内容」および「数」に応じて平等に取り扱わなければならないと規定したが（同条1項）、それは今や種類株式だらけの状況となり、普通株式概念を基本に「数」のみを基準とすることができなくなったためである。例えば拒否権条項付種類株式をたった一人

で有している状況も、「内容に応じた」平等取扱と言えないこともないと開き直った。この発想によると、普通株式とは、今や当たり前となった種類株式と同様、「内容」が同じだから「数」に応じて取り扱うというだけの問題とされ、普通株式概念が有してきたきわめて重要な規範的意義を完全に喪失した。普通株式とは「内容」が同じだから平等に扱われるのだとなれば、それも種類株式の一種に他ならないことになる。種類株主総会としての普通株主総会という逆立ちした現象が当たり前になっている状況を、一流弁護士事務所の弁護士たちも「普通でない」とは思わなくなってしまっている。

旧商法時代から認められてきた、例えば配当優先株などは当時は「数種の株式」と呼ばれていたが、これは丁度普通株式を公開する感覚と同様に、配当優先株式市場に上場されることを想定していたのであるから(日本取引所上場規程「優先株及び優先証券等に関する有価証券上場規程の特例」)、現行会社法が想定する種類株式とは異質なものである(配当優先株式市場内部では価格形成の観点から優先株式の単位の均一性が必要とされる)。

株主ごとに異なる取扱を定める、いわゆる旧有限会社法が認めた定款による属人性の定めを現行会社法も認めるが(同条2項)、それは属人性という言葉が示す通り、ある特定のヒトに帰属する権利であるから、株式会社法もあたかも合名会社の社員間の関係のように社員(株主)の個性が強調される世界でもありうると見ていることになる。しかしそのことは、本来属人的な世界ではないモノとしての株式概念が中心の株式会社との間にまったく平仄が合わないこととなるため、この属人的な権利に関する事項を異なる「種類株式とみなす」との規定を置いた(同条3項)。このことは、現在の通説が、私見とは異なり、株主としての権利も有限責任も株式というモノの世界の話ではなく、株主というヒトに属するとの「株主」の権利および有限責任概念を「通念」としていながら、閉鎖的会社の属人的定めを(種類)株式「とみなす」としたことは、ヒトはモノであると言うに等しく、基礎理論の根本的な破綻を意味している。株主の権利がヒトに属するのか、株式というモノに属し、株主とはそうしたモノとして株式の保有者、share の holder にすぎないのかという、もっとも根源的な相違(株式は stock か share か)に基づく会社区分立法をすら廃棄し、旧有限会社をそのまま株式会社と呼んで構わないとしてしまった当初の設計思想の根本的な誤りがここに隠し切れない形で露呈している。

株主「不」平等取扱の「正当事由」とは

　このように、株主平等原則を明文化したとされる現行会社法 109 条は大きな理論上、実際上の混乱を来しているが、思うに、従来より日本で論じられてきた公開会社向けの株主平等原則は、資本市場のルールの未整備と、それと一体の株式会社法の執行力の弱さからすると依然として維持されなければ、平等原則なき時代のドイツの状況に戻るだけのように思われる（既に大幅に戻っているとみている）。日本の法の形成力・執行力の水準は、株主平等原則なしに問題に対応できるレベルのものになっているとは思えない。そう考えた上で、この法理の例外とされる「正当事由」の意義について、個人や市民としての株主の意義を強調する方向での解釈指針を確立させていくべきだろう[178]。

　①**株主平等取扱の限界**　　以前より、株主平等原則の存在意義が主張される場合でも、それは普通株主間の平等という規範意識を踏まえたものであった。そうした前提なしに条文化されてしまった今の株主平等原則は、株主の属性を無視し、規範的意義を喪失した形式的平等の主張となってしまい、普通株主と普通株主とは言えそうにない株主（とされている者）との平等を意味してしまう。ここでは財産権の均一という問題と、議決権というガバナンス関与権にかかる問題との区別がつかない状況が出現する。本書で繰り返し指摘してきたように、カネの力のみで株式を獲得したほぼ人間の匂いのしないヘッジファンド株主、超高速取引による瞬間株主、独裁国家株主、アングラマネー株主、正当な対価を払っていない借り株主、エクイティ・デリバティブ株主等々、市民社会の理念を踏まえない株主を真っ当な人間株主と平等に扱うのが株主平等原則だということになってしまう。真に株主と呼ぶに値しない株主と、真に人間的な基礎を有する個人や市民株主との平等取扱という観念を容易に認めてはならない（この区別を判定する仕組みを真剣に検討すべきである――「人間関与度」については後述）。

　特に、株主平等原則を肯定する日本が、これを否定する英米等の海外の株主

178　そのことは、旧有限会社法が会社構成員を「社員」と呼んでいたのを、会社法がこれも勝手に「株主」(shareholder)と言い換え、出資を「出資持分」と呼んでいたのをこれも勝手に「株式」と言い換えるという、歴史のネジを逆巻きにするような状況を踏まえてなされなければならない。

との関係で株主平等原則を強調すれば、海外の彼らには自国の株主と日本の株主との平等取扱原則というような発想は露ほどもないにもかかわらず、日本は、英米の株主と自国の株主との平等を当然と主張する「お人好し国家」となってしまう。その意味は海外株主による日本の国益の収奪を日本独自の理論によって正当化することを意味している。

　株式と言えば普通株式でありそれを有するのは個人や市民という規範意識を当然視していた時代でも、株式を大量に保有する者による支配に一定の制約を課すという発想はむしろ自然であった。1800年代半ばのドイツ、フランス会社法は大株主の議決権の逓減について定款規定(持株が増えるにつれて議決権の割合が少なくなる)を置くことができるとされ、この立場は日本の明治23年商法以来引き継がれ、昭和25年商法以前まで11株以上を有する株主の議決権を定款により制限できるとされていた。アメリカでも州会社法では、1株から10株までは1株1議決権、11株から20株までは2株1議決権、21株から50株までは5株1議決権、51株以上は10株1議決権というような定款規定(tenure voting)はむしろ普通であった[179]。議決権の意義について、改めて深く考えるとともに、株主平等原則に外形上反するが「正当事由」ありとされる状況を、資本市場の要請としての均一性と調和する形で解釈上工夫し、個人や市民たる株主を主役と見る発想を強調すべきだろう。

　②株主間の差別的取扱の要請とは　　1株1議決権を前提にしつつも、例えば2年間保有した株主には議決権を2倍付与するといった対応は現にフランス会社法で認められている。マーケットはグローバルでも、デモクラシーは各国単位の問題であり、グローバル・ルールがない以上、各国の企業社会のデモクラシー(自己決定権)を守ることは各国の主権事項である。株式会社法の基本的なあり方を世界に問うという形で自己主張をする権利が各国にはある[180]。その

179　David L. Ratner, The Government of Business Corporations: Critical Reflections on the Rule of "One Share, One Vote", 56 Cornell L. Rev., 5(1970). アメリカでtenure votingの採用を上場要件とする長期保有株式取引所が開設されたこと等については、前注98(74頁)参照。

180　アタリ『新世界秩序』前注(86)は、グローバル国家なきグローバル市場は法の支配なき市場でしかあり得ないことを繰り返し強調し、新世界秩序のモデルを具体的に提案する(305頁以下)。同『2030年ジャック・アタリの未来予測』前注(86)は、このままグローバルな法の支配に無関心でいれば、人々の「99%が激怒する」時代となり、憤怒や激怒は自由によ

意味で、フランスがフランス人中心の個人や市民を優先させる対応を会社法によって提供しようとすることには正当性がある。議決権を効率的な取引を促進するためのインセンティブにすぎないとして、これを財産権の延長で理解しようとするアメリカで特に支持されてきた発想は、企業社会のデモクラシーという各国の主権問題自体を否定し、主としてアメリカの超大規模企業ないし超大規模ファンドによるグローバルな経済支配(新経済帝国主義)を可能とするための理屈として現実には機能してきた。「均一な単位としての議決権」という発想が、議決権行使の主体としての正当性に疑問のある株主(らしき者)に平等に過剰に会社支配権能を与えるという結果をもたらしている。グローバリズムは資金の流れについてもグローバル・ルールを伴わないものである以上、安易に評価しうるものではないが、デモクラシーが資金の流れの世界と一体的に論じられる場合には、それは特定の主体(＝カネ)による専制を語るに等しいこととなる。

　英独仏は、素性の分からない株主を認めないという基本方針のもと、主としてファンドなどを想定して、会社に対して、実質株主に関する情報提供(素性情報)を求める権利を与えている(これについては、後述226頁③参照)。こうした対応は主として素性の分からない者による議決権行使を否定ないし制限するための手掛かりを与えるという非常に重要な機能を果たす制度として評価されるべきである。むしろ日本がこうした制度を有していないことは、自国の企業社会の健全性を守り抜くという国家意思を欠いていると見られても仕方ない。日本でも、買収防衛策の上では、買収対象会社に買収者の実質的な属性、株式売買実績等を明らかにせよと要求する権利が認められており、これに対する客観性のある誠実な対応がない場合には直ちに買収を拒絶する権利が留保される[181]。

って正当化され、そうした激しい感情が逆に自由に襲いかかり、民主主義は「民主主義を装った独裁制」という段階を経て真の独裁制へと移行すると述べる(154頁)。

181　企業買収法を欠く日本で、こうした権利を留保することを内容とする事前警告型の買収防衛策が普及してきた。本来なら立法ないし、英国のテークオーバー・コードに倣った制度をワンセットで導入すべきであるが、それがない以上何らかのこうした制度を導入することは会社経営者としてはごく自然な対応である。最高裁はそうしたルールを正当なものと認めてきた。しかし、こうした防衛策を邪魔と見る議決権行使助言機関やファンドその他の代弁者たちは、防衛策を入れていること自体に反対し、そうした導入を行う経営者の選任そのものに反対するという理不尽な対応を行ってきており、それが功を奏して買収防衛策の導入は

株主になってしまえばそうした情報提供が不要などということはありえない。

　③**株主優待制度**　　日本で大いに普及している株主優待制度は、海外ではまず聞かれない。例えば1000株主に1枚の優待券という制度は900株主などとの関係では明らかに不平等であるが、株主平等原則になぜ反しないのかについては、会社法の解釈論として様々な議論があった。これについては、形式的に株主の平等取扱に反しているかに見えても正当事由があれば認められるという理解からは、個人株主増大策という政策の合理性自体を根拠とすれば足りる。株主といえば個人を当然とする規範意識が存在すれば、株主優待に頼る必要はないが、個人株主が少ない日本ではそれでも存在意義はある。こうした観点からは、大株主のみの優遇は正当事由を欠くものとして違法と解すべきこととなる。

　他に株主の不平等扱いが正当化されるべき問題としては、例えば個人株主向けの配当と支配株主ないし一定の法人株主向けの配当に較差を設け、個人向けの配当額を一定の範囲で優遇することは正当事由を構成し株主平等原則違反にはならないと解すべきである。かつて政府が保有していた日本航空株式は劣後株とされ、一般の配当に対して政府向けの配当を劣後させることを当然視していた時代があった。思うに、こうした対応は劣後株式の形式を取らなくても、充実したガバナンスを背景とする経営判断として肯定されるべきである。日本で特に目立つ子会社上場を例に取ると、子会社上場自体への疑問をも踏まえて（前述55頁注74所掲の座談会参照）、多くの子会社株主に対する配当と親会社への配当に差を設けることはむしろ望ましい対応と見るべきである。

　なお、ある種のファンドなどが「物言う株主」として一定の要求や発言を会社に対して行った場合には、それが単に保有株式の売却機会を得るための発言ではなく、会社の長期的な成長にとって意義ある発言であることを確保させるために、そうした発言や要求の日付について客観的に証拠力ある形式を求め（確定日付ないし、問い合わせ先の明示等）、そのうえでそうした発言を行った場合にはその後、例えば1年間は株式の転売等を原則として行わせないといった対応を強行法的に認めていくことも必要であろう。これに関して、会社法に明文規定を設けることも考えられる[182]。当面、会社が自発的にこうした対応を取っ

著しく減少している。

た場合にも、正当事由あるものとして株主平等原則違反にはならないと解すべきである。

　④　**複数議決権株の上場は堕落**　　前述のように、市民社会の理念に裏付けられた普通株主概念が形成されるには、株式会社制度の失敗と挫折の歴史が背景にあった。しかし、そのような歴史を逆戻りさせるような事態が進行している。そもそも創業者などが会社支配権を有したままの株式上場を望んでも、証券取引所の上場規程がそれを許さず、創業者も上場によって巨額の創業者利得を得る代わりに、上場によって昨日までは my company であった会社が国民一般のための公共財としての会社 your company となることを当然に受け入れてきた。

　アリババの上場をめぐって、創業者の議決権を優遇する種類株式を発行したままの上場を否定していた香港証券取引所、シンガポール証券取引所が相次いでこれを肯定するに至っている。アメリカはかねてより複数議決権株を容認したままの上場を肯定してきており、アリババの上場を肯定した[183]。もともと種類株式は異なる市場での価格形成が可能な配当優先株等については、一定の発行限度を課した上で例外的に肯定されてきていた。その後現行会社法は、もともと小規模で閉鎖的な会社(特にベンチャー企業)での株主間契約に相当するような種類株式を大幅に肯定するに至っている。大規模公開株式会社については、普通株主ないし普通株主に対する厳格な受託者責任を負担する機関投資家から成る証券市場であることにこだわる規範意識を重視してきたのであるが、近時の状況は複数議決権株による一部株主の専制支配に対する対抗原理の一翼を占める株主平等原則(その他は、議決権行使の濫用規制、固有権概念)を否定し、特定企業の創業者等大株主による専制支配への道への逆走を認めるような状況が加速してきている。株主平等原則がなくてもやれると思い込んでいたアメリカのこうした堕落の姿を横目に見て、日本は資本市場の理念を維持することに誇り

182　1株を保有するだけで行使しうる株主代表訴訟を提起するには6ヶ月の株式保有制限がかかる。会社の動向を左右しようとするような一定規模以上の株主にこれ以上の株式保有制限がかかることは当然である。

183　アリババの他に、コカ・コーラ、アルファベット、フェイスブック、アフラック、ボンバルディアがこうした株式を発行したままに上場しているという。日経新聞「複数議決権株　広がる反発」2019年6月8日付。

を持つべきだろう。

　創業者ないし大株主としての立場を保持したまま事業活動を広範に実施したいのであれば、明治時代の日本の財閥のように、創業者は合名会社・合資会社の無限責任社員となるべきであり、あるいはかつてのフランスのように株式合資会社形態における無限責任社員と同等の立場に立つべきである。仮にこうした上場を認めた場合でも、そうした特殊な株式を有する株主の対内・対外責任は格別重いものとして位置づけるべきであり、上場後に支配株式を取得した場合とは異質なほどの高度な支配株主の忠実義務責任(あるいは英国の事実上の取締役ないし影の取締役としての責任)がいつでも追及されることの覚悟を求めるべきである。結局、あるべき制度的条件を想定すると、そのような上場にメリットがないことを知らしめるというのが望ましい姿である(そのくらいなら、初めから禁じた方が良い)。日本取引所グループが複数議決権株の上場を制度上解禁したことは誤った判断と思われるが、その後運用は厳しいとも聞く。最低限そうした姿勢が堅持されるべきである。

2　株式会社の運営機構とガバナンスの意義等

　①事業目的達成のための機構　　コーポレート・ガバナンスとは経営権の正当性の根拠とは何かをめぐる議論を言う(前述)。そして、会社が有する事業目的を達成しうる仕組みないし装置として形成されてきたのが株式会社の運営機構である。本書では株式会社の運営機構について詳細に論ずることはできないので、その意義と運営機構の全体像および若干の具体的問題を指摘するに止める。しかしいずれにしても、株式会社の経営目的を株主価値最大化・株主主権に置いたのでは、株式会社の運営機構はそうした誤った目的達成のための仕組みとなってしまう。人間復興の株式会社法にとって経営目的観を明快に認識した上で、その目的達成を使命とする運営機構を正しく位置づけることが必要である[184]。

184　田中・会社法143頁は、「もともと、機関であるということから直ちに何らかの法律効果が導かれるわけではないので、機関とは何かを論じる実益は乏しい」とし、機関とは会社法の機関の章に定められた者(人または会議体)のことを言い、必ずしも会社の意思決定または

民法上の組合、合名・合資会社、旧有限会社のような人的会社にあっては、経営の方向性や意思決定は、共有する事業目的の達成を目指し、組合員・社員の多数決によって決するのが原則であった。そこでは意見交換も意思決定も人格の表現であり、システムとしての機関を別個に構想する必要はない。そこでは人間である社員が物理的に集まって会合を開き、生の声で質問し決議は挙手ないし記名の投票で行うことが当然視された。しかし、証券市場と一体の大規模公開株式会社はその構成員たる株主自体が日々流動的に変化し(日々ではなくて秒単位以下の場合も普通である)、そこでは構成員から成る物理的な会議体としての株主総会とは別に取締役会等の機関システムが要請される[185]。

　「会社は株主のもの」という発想だと、株主総会こそが最高の意思決定機関であり、ガバナンスの自律性は著しく軽視される。しかし、市場の流動性がき

行為をする者であるとは限らない、とする。この定義では、会計監査人も取締役会設置会社の取締役も会社の機関となるとする。しかし、会社の機関は会社の事業目的を達成するための仕組みないし機構であり、この田中教授の定義だと、そうした機関の意義は見失われており、少なくとも何故会社法が機関の規定を有しているのか自体が分からない。機関とは何かを論ずる実益がないとは、機関などどのように設計されようとも構わないということであろうか。これまで営々と積み重ねられてきた会社機関に関する制度改正ないし法改正に規範的意義を見出そうとすること自体が無意味と言っているように聞こえるが、そうだとしたら一大事である。会社法の目的とはコストとベネフィットの差額の最大化という教授の見解からは、機関構造を一つの意義ある仕組みとして捉える発想自体がないのであろうが、それぞれの事業目的を有する多様な会社群がその目的をもっとも実行しやすい仕組みを工夫し用意することくらい会社法にとって大事なことはない。契約や取引を 100 メートル競走のような活動と見た場合に、参加者が多くなるほどに、それが整備された国立競技場のような場で実施されるのと、どこかの荒れ放題の河川敷で勝手に実施されるのとでは、後者では参加者の本来の実力が遺憾なく発揮されること自体が期待できない。常にいざという時に備えて国立競技場を十分に整備することは、重要な規範的な意義を有していると見るべきだが、そうした視点なしにコーポレート・ガバナンスなどを論ずる意味とは何か。会計監査人について言えば、少なくとも資本市場一体型の株式会社にあって、金商法会計・監査の充実が会社および投資家(買い手の投資家と売り手の現在株主の双方を含む)の意思決定にとって生命線を有しているはずだが、株式会社を資本市場と一体として捉えること自体を否定しようということであろうか。そもそも教授にあっては会社法上の情報開示と金融法上の情報開示の関係性すら明らかでない。会社法の情報開示規制等の多くが金融商品取引法規定を準用していることについては、どのように説明されるのであろうか。

185　人間的要素が希薄ないし薄弱な株主像を前提とする株主総会を肯定するか、株主の匿名性を認めながらもあくまでも株主の属性として人間を追求するかという問題が重要であることとについては前述した(114 頁参照)。

わめて高い株式市場にあって、株主総会とは理念的には「流通市場の一瞬の静止画像」の3ヶ月遅れの会議体に過ぎないことも現行法の下では想定される。質問は事前の質問状によることができ、それに対する説明も株主総会冒頭の経営者による一括説明によれば足りる(最高裁判例)。決議ですら事前に配布された書面投票用紙に〇×を付けて返送することで議決権を行使したことになる。大規模公開会社における株主総会とは所詮この程度のものでありうる。こうした実情を無視して株主総会の意義を過大に評価し、自律的なガバナンスの意義を過小評価することは、経営者にとっては、ガバナンスの充実・強化を図ることよりずっと楽である。機能し難い会議体に最高の権威があるくらい都合の良いことはない。まして株主の属性がまったく問われないとなると、属性に問題のある株主から成る会議体に多くの人間たちの運命が託されるという不正義がまかり通る。

　しかし、株主主権を認めても、株主が個人ないし市民であることにあくまでもこだわる企業社会もある。イギリスの株主総会は株式会社であっても、あくまでもリアル株主総会が大原則であり、決議も挙手が今も原則であった(前述103頁)。フランスにおいても、コロナの影響で一時的な対応が法改正によってなされたものの、株主総会の物理的な開催が揺るぎない原則である[186]。証券市場を使う会社制度である株式会社を活用するに際して、人間が主役の企業社会のあり方との間に深刻な悩みを持たない日本で、あるいは欧州を中心とした比較法的観点を持たないままに、株主の属性への批判的視点を欠いたままに、「会議の開催に意味を見いだせない会社に対してまで、法が会議の開催を要求する理由はない」とか[187]、「「脱・物理的会合」型規律モデルの有用性」[188]といったことが、コロナ期の例外的措置としてではなく、理論上当然であるかに言われることは、まるでこの機に乗ずる悪乗り的な言動に見える[189]。「会議体の

186　石川真衣「バーチャル株主総会と会議体の将来性——フランスの状況を参考に」証券レビュー60巻9号(日本証券経済研究所・2020年)44頁。

187　田中亘「会議体としての株主総会のゆくえ」企業会計72巻6号(2020年)46頁。

188　舩津浩司「コロナ禍が示す株主総会の未来像」法律時報92巻8号(2020年)3頁。

189　なお、日本でこの有事下の株主総会のあり方について、英独仏がすでに早いところで2020年3月段階で緊急立法によって対応しているのに対して、日本が経産省・法務省のQ&Aで対応していることも日本の法状況の著しい劣化を意味するものである。いつも慎重な神田秀樹教授の次の発言には深く共感する。「もし筆者が独裁者であったならば、緊急立

開催に意味を見出せない会社」とは何か。株主に人間を見出そうとしない発想の行きつく姿であろうか。なお、国会のリモート開催について、憲法上国会議員は「全国民の代表」であり、国会議員が議場に現に出席することによって初めて全国民がそこにいることにさせることができ、国会議員の「出席」なき「国民代表」はあり得ないとされている。

　株主総会改革と称して、株主の意思ができるだけスムーズに反映するような技術や制度の改革をすることは、株主の質や属性が問われないならば、その主観的意図とは裏腹に大抵は不正義の拡散を意味する。株主の属性を問うことなく言われる株主の意思のスムーズな反映とは、まさしくどこまでも反人間的な主張の拡散でしかない。

　そうした認識を踏まえたうえでも生じうる株主総会の無機能化は、経営運営機構それ自体の権威の強化を要請する。株式会社を取り巻く多様な利害関係人の利害状況、公正な資本市場の確保、公的規制の遵守等々への目配りを株主総会に期待することができない以上、常にそうしたことを考慮すべき責務を負った専門機関が必要となる。支配株主に会社ないし少数株主に対する忠実義務が課されることが大前提である（後述 222 頁参照）[190]。

　資本市場と一体に運営される大規模公開株式会社にあっては、コーポレート・ガバナンス・システムが適切に構成され、現実にそれが機能し、トータルに経営を信認することによって、経営権の正当性の根拠が提供される。株主総会はこうしたガバナンス・システムの一翼を占め、今日では経営者たる取締役を選任する機関というよりは、経営者たる取締役を指名・選任する取締役を指名委員会の指名に基づいて選任する機関であり、計算書類の承認も取締役会限りで確定する。最終的には株主総会が選任しても、多数株主ないし支配株主が指名委員会の指名に反して理由なく独立社外取締役の再任等を否定するような場合には、多数決の濫用として株主総会決議取消の訴えの事由となりうる。株

法をして会社法の特例として定時株主総会の開催時期を一年先まで猶予し、その間は適切な情報の開示を求めるということとするだろう」（神田秀樹「有事下における定時株主総会の開催」商事法務 2230 号（2020 年 5 月 5 日）58 頁）。
190　株式本質論に関する田中耕太郎の社員権否認論が、株主による議決権行使を会社に対する権限（責務）と捉えることで、こうした主張をもたらすという高い先見性を有していたこと等については前述した（111 頁）。

主総会の無機能化がガバナンスの重視をもたらしたことの意味を十分に認識する必要がある。日本では成熟したガバナンス・システムをも多数株主の一存で全否定できるかの誤解がまかり通っているので、この点は特に留意される必要がある（こうした事態が生じた実例である、東芝・アスクル事件については、前注121および前注158に掲げる文献を参照）。

　取締役の報酬は株主総会で支給総額ないし支給上限額を決めれば、具体的な支給額は取締役会に一任されるが、その場合も報酬委員会での決定手続が優先される。利益配当も今は大規模公開株式会社にあっては株主総会事項である必要はなく、配当政策という経営判断事項とされている。株主が投資の前提としている会社の形態が大きく変更されるような場合に（組織再編等）、株主総会の承認を要することは投資者保護ないし株主保護の観点から当然に必要とされ、このことは種類株主総会や社債権者集会が必要とされる理由と同じであり、株主が会社の所有者だからではない。証券市場を活用する大規模公開株式会社にあって株主総会とはこのような限定的な意義を有するガバナンス・システムの一翼であるが、株主総会に物理的に参加する個人株主が、経営者と直接接することで質疑等を行い、経営者を直接評価しうることは、人間社会の基本原理であり、そうした意味での株主総会の機能には日米にあっても依然として重要な意義が認められる（イギリス、フランスの株主総会の重みについては前述103頁参照）。

　人間復興の株式会社法の観点からすると、現状において投資者概念には人間的要素は必ずしも保証されていないが、消費者・労働者概念にはそれが保証される。株主総会でも物理的に総会に足を運び現実に質疑を行い、経営者をその目で評価する株主が本物の株主の代表である。今日横行している人間の匂いのしない株主（ファンド）から成る株主総会が株主総会の名に真に値するかが問題とされる必要がある。

　ところで、株主総会が無機能化し、経営権の根拠がガバナンスに置かれるということは、経営者に多くを頼ることを意味する。所有と経営の分離という言い方がなされる。貪欲な株主に所有者顔をさせてはならないが、といって株主ほどの利害関係も有しない経営者に好き勝手をさせてならないことも当然である（所有と経営の分離に伴う経営者支配の問題）。取締役会を中心としたガバナンス体制が充実していないことは、経営者支配のリスクが高まることを意味するため、機能し難いはずの、または株主の属性が問われていない株主総会による不

当な介入の口実を許すことになりかねない。

　かかる観点からは、日本の取締役、取締役会、監査役、会計監査人といった制度の現状を適切に評価・検討することが必要なのであるが、ここでは次項の社外取締役を除き、そうしたことを論じた拙稿の論文名を記載するに留めたい[191]。

　②（独立）社外取締役　会社経営の目的が定款に掲げた目的およびミッションの最大実現である以上、社外取締役や監査役の機能も、会社の本来の経営目的に適うように経営がなされているかを監視・監督するところにある。ここで目的・ミッションの中には当然ながら法令遵守が入り、労働法・環境法・独禁法・金融商品取引法等のような株式会社法と深い関連性を有する法令を含む全法秩序が法令遵守義務の対象となる。従来、日本でも社外取締役は株主の代理人であるというような話を盛んに振りまく向きもあったが、これが誤りであることを縷々述べてきた。もとより、会社の経営目的が達成されることで結果的に、そうした会社の株式を有していた株主が報われることは望ましいことであり、経営者がそうした意味において、わざわざ自社の株式を購入してくれた株主に報いたいという気持ちを持つことは非常に大切である。そのことは決して、株主が会社の所有者だからなのではなく、会社の目的・ミッションを誠実に追求してきたことが、そうした株主の期待に報いたのである。

　ところで、日本では社外取締役の採用によって株価が上がるとか、利益が増大するといったことがもっぱら言われ、そこでは社外取締役の効用については経営に対する助言機能が中心とされてきた[192]。退職した経営者OBなどは最適な人材とされたのである[193]。社外取締役は経験豊富な、成功したとされる経営経験者による家父長的な「ご意見番」がよいという感覚が大きかった。社外取

191　上村「任意の指名・報酬委員会設計の視点とは何か」資料版商事法務395号（2017年）23頁、同「取締役・執行役概念の再構成」商事法務1710号（2004年）6頁、同「新たな時代における監査役の役割」月刊監査役643号（2015年）4頁。

192　平成26年改正を検討した法制審議会でも、当初、社外取締役の意義の第一に助言機能が挙げられていた。

193　なお、私は広い知見と経験を有しかつ謙虚で有能なCOE経験者を知っているが、他方で自信過剰で威圧的な（元）大物経営者は社外取締役としての使命を自覚していない場合も多く、そうした人物一人の威圧感で折角構築されたガバナンスが容易に瓦解する例も稀ではないと感じている。

締役より監査役を評価してきた経団連の発想からは、社外取締役がいないより
はいた方が良い理由はこうした機能しかない訳である。しかし、社外取締役を
このように「経営学的」観点から論ずることはそもそも見当違いである。アメ
リカで独立社外取締役が現在では取締役会構成員の8割以上と言われる状況は、
経営者が経営的観点から自発的に「煙たい存在」を求めてきたことの結果では
ない。

　アメリカで社外取締役が普及を見たのは、経営体としての取締役会にドイツ
の二層制のような経営監督機能が当初から備わっておらず、そもそも経営に対
するモニタリングという発想自体がなかった状況に対して[194]、社外取締役・独
立取締役[195] が決定に関与していれば経営責任を問わないとする判例およびそれ
を制定法化した州会社法の蓄積に基づくものである。それは経営学ではなくど
こまでも「法律学」の問題であった。要は、社外取締役ないし独立取締役を必
要としたのは裁判官を説得しなければという感覚に基づくものであり、社外取
締役を尊重していると彼らを説得しやすいというのが基本である。

　こうした法律学の要請に適う社外取締役ないしガバナンス・システムが存在
することを前提に、そこから経営学的観点がスタートする。社外取締役ないし
ガバナンス・システムが法律学のレベルで経営的に機能することで、むしろ経
営者の訴訟リスクを最小化することができ、また経営者としては相当にリスキ
ーな、あるいは大胆な経営判断も安心して実行できる。経営者にとって比較的
厳格なガバナンスが存在しているほどに、経営者の事後の責任リスクは減少し、
社外取締役による経営に対する信認が経営の背中を押す作用をもたらす。換言
するなら真に経営学的観点からの助言がここでは可能となる。株価との関係で
独立社外取締役の意義を論ずるような実証研究の意義を過大に評価することは
経営の本旨を見失わせるものであり、危険な発想である[196]。

194　この時代にモニタリング機能があるとしたら、本人が代理人を監督するという意義でし
　　かなく、したがってここでの関心事は経営者が「本人の意向」に沿った経営をしているかと
　　いう視点であった。全法秩序的なモニタリングという発想は出てこない。

195　社外取締役 outside director とは inside ではないというだけのことであり、独立取締役
　　independent director とは経営と一切の利害関係がないという意味である。

196　田中・会社法156頁は、「わが国の上場会社については、支配株主の権限濫用の問題は、
　　実態としては比較的小さいことを示唆する実証研究が存在する」としているが、制度が未熟
　　で法のエンフォースメント力も不十分なら、支配株主の権限濫用事例が表面化すること自体

近時日本では、ガバナンスといえばコーポレートガバナンス・コードのような
ないわゆるソフトローの話ばかりで会社法の話は少なくなってきているが、あ
くまでもハードローとしての会社法上の論点を徹底的に詰めた上での議論でな
ければ、経営者にとって安心できる水準の議論とは言えない可能性が高い。外
国人株主（といっても実はほぼ全員が日本人というファンドも多い）にとっては、日
本はさらに御しやすい国であり続けることになる。

　③**人間疎外の民事責任論——企業責任論の欠落**　　これまで本書で述べてきた
ところは、人間に非ざる諸要素を人間扱いすることで本物の人間の存在意義が
矮小化されることを問題にし、人間復興を考えようとするものであった。そこ
では人間存在が過小に扱われていることが問題であった。これに対して、本来
法人ないし会社として負担することが当然であるはずの民事責任を個人に転嫁
して平然としているような現象がある。ここでだけ、人間存在が過大に扱われ
る。具体的には取締役の民事責任額のあり方に関する問題が中心となるが、こ
こで詳しく論ずることはできないので別稿に譲り、その概要のみを示しておく
こととする[197]。

　巨額の賠償額で著名な大和銀行株主代表訴訟事件判決（大阪地裁判決平成 12 年
9 月 20 日判時 1721 号 3 頁）において、2 年任期のニューヨーク支店長が就任中の
1 年間に発生した、行員による 11 億ドルに上る投資損害につき、注意義務違
反に問われた被告取締役・支店長について、一個人で 8 億ドル相当（当時のレー
トで 800 億円相当）の損害賠償責任が肯定された。こうした一個人で負担できる

が少ないのであり、こうした指摘はあまりに不用意である。田中教授の見解が有する影響力
の大きさから見て、そうした研究が「存在する」と言っただけで済むとは思えない。むしろ、
海外のこうした問題に関する歴史的知見や比較法的知見（濫用法理、株主平等原則、固有権
法理、企業結合法制、支配株主の忠実義務等々）を探ることこそが重要である。これらの法
理は田中教授が言う実証研究を受けて構成された概念ではないと思われるが、諸外国で維持
されている法理や立法例の評価をどのようにされるのか。数百年、数十年の風雪に耐えて存
在感を発揮し、各国が揃って維持している仕組みも、たった今なされる実証研究の結果が優
先されるべきなのか。実証研究がいくつもあった場合に、有益なものの選択基準が、論者に
とって都合の良いものとならないための歯止めとは、論者の良心のみなのであろうか。

197　こうした諸問題および私見の詳細については、上村「取締役が対会社責任を負う場合に
　　おける損害賠償の範囲」商事法務 1600 号（2001 年）4 頁——本論文は大和銀行事件株主代表
　　訴訟控訴審裁判所に提出された私の意見書を内容とする（控訴審では和解となった）。上村・
　　改革 218 頁以下を参照。

はずのない巨額の損害賠償を肯定する判例はその後も続いており、近時でもオリンパスの旧経営陣 3 人に対して 594 億円の賠償義務(連帯責任)が肯定されている(東京高裁令和元年 5 月 16 日判決)。

　株式会社は株主有限責任を前提に資本の集積・集中を可能とする仕組みであるから(ここでは前述の有限責任の話は繰り返さない)、一個人では到底負担できないほどの資産規模・取引規模が実現する。しかるに、そうして形成された企業の資産規模に対応する巨額の損害額をそのまま取締役個人の会社に対する責任額として肯定することを怪しまないことはいかにも不思議なことである。公害事件のように被害者を一生救済し続けることを取締役一個人に要求しても、そのようなことができるはずがないため企業責任が盛んに論じられ、現に企業が将来責任を負っている(水俣病事件における被害者に対するチッソの責任等)。しかし、既に企業に発生してしまった巨額の損失をそのまま取締役一個人の責任にしても、どうせ払えっこないのであるから同じことという感覚で問題を真剣に論じようとしないのはあまりに無責任である。株主「有限」責任(ないし無責任)の故に実現した企業規模に相当する巨額の損害に対する取締役の賠償責任が「無限」であることに何の根拠もない。罰金刑について、金商法は例えば取締役等個人が 1000 万円以下の罰金なら法人は 7 億円以下という具合に法人と個人で区別している(金商法 197 条 1 項、207 条 1 項 1 号)。禁固・懲役といった刑罰が自然人を対象にしてきたという歴史的経緯から、法人「も」例外的に罰することができるという意味でこれを「両罰規定」というが、罰金刑のような財産刑については、その経済規模の大きさから、法人の責任の方を主たるものとして理解する必要がある。しかるに、取締役の違法行為がなければ会社は罰金を払わないで済んだはずだと言って、それも取締役の賠償責任額に入れれば、取締役は法人罰金の保証人になったも同然であり、法が罰金刑について法人と個人を区別したことが意味をなさなくなる[198]。

　現行会社法は、こうした判決に対する経済界の不満に応える議員立法により、代表取締役は年間報酬の 6 倍、執行担当役員は 4 倍、社外取締役・監査役は 2 倍を限度として株主総会決議によって、損害賠償責任額を一部免除できるとい

198　こうした巨額な個人責任に関するその他の問題点全般と、私見の具体的な制度論については、上村・前注 197 論文参照。

う制度を設けたが(会社法 425 条)、裁判所が間違った判断をするから株主総会が誤りを正すという発想自体が法治国家とは思えず、また取締役の行為が悪意・重過失によるときには軽減できないとされているため、重過失なら 800 億円、軽過失なら年間報酬の数倍という大変な較差(「重」と「軽」の差)が生じるがこれを肯定できる根拠も見当たらない。国際的にもこのようなことをしている国があるとは寡聞にして聞かない。定款に定めれば取締役会による一部免除も認められるが、3% 以上の株主が反対すれば認められない。しかし、取締役の民事責任額という憲法が保障する適正手続によって判定されるべき私人の責任問題が少数株主権の行使という株主間の権力関係によって左右されることが何故肯定されるのか、これも説明できる根拠があるとは思えない。

　思うに、会社に生じた巨額の損害額が、そのまま生活する一個人としての取締役の責任額であるとの思い込みを前提に、責任を一部免除するという発想自体が疑問である。会社法 423 条 1 項が取締役等の損害賠償額として定める「その任務を怠ったことによって生じた」損害とはそもそもどのようなものであるかを真剣に論ずるところから始め、そのうえで、その取締役が現実に行った行為に真に対応する額[199] を取締役の損害賠償額として追及していく必要がある。取締役には、そもそも自己の行為に真に対応する相当因果関係のある賠償額の算定を求める資格があり、それは基本的人権というべきものである。こうした発想に立って大規模な会社全体の仕組みの一部を成す取締役の行為との関係で因果関係ありとされる損害額を追求すれば、現行法の一部免除後の金額が実はもともと「その任務を怠ったことによって生じた」損害賠償額であった、ということになっても不思議はない。仮に数千万円の賠償額が正しいとされるべきところを 800 億円と言われれば、それは財産権の侵害であり、どうせ払えないのは分かっていたから侵害にならないという理屈は通らない。このことは当人の名誉にかかわるだけでなく、人権救済の申し立てを認めるべき状況と言える[200]。都合により、法人を人間並以上に扱う一方で、法人が負担すべき責任を

199　当該取締役以外の取締役、代表取締役、監査役、監査法人、日本の監督当局、アメリカの銀行監督当局等々が負うべき責任が当然に検討されなければならないはずである。

200　私は大和銀行事件控訴審で被告取締役のための意見書を提出したが(前注197)、それを依頼された故河本一郎教授(弁護士)によると、800 億円超という巨額の損害賠償責任を問われながらも、被告の立場に立つ論調がマスコミをはじめとしてまったく見られない中で、元

生活する一個人に負わせて平然としている感覚は厳しく批判されるべきである。

　なお、昭和56年改正前には、定時株主総会において計算書類の承認がなされた後2年内に別段の決議がないときは、取締役に不正の行為がない限り会社は取締役の責任を解除したものとみなすとの規定があった(改正前商法284条——取締役の責任解除)。計算書類の確定が株主総会決議の効果とはならなくなったことからこの規定は削除されたが、その規定が有していた意義が喪失していた訳でないことは上に述べたとおりであり、同規定削除の際にこの制度が有していた重要な意義についてきちんと論じられなかったことは甚だ遺憾なことであった。

　戦前の取締役の責任事例の詳細な研究によると[201]、当時の責任論は大規模公開株式会社における取締役の責任論であり、かつ賠償額についても現在の貨幣価値で見ても、連帯で5億円、個人で1億円が最大規模であり、個人の負担能力をはるかに上回る額ではないとされる。とりわけ銀行に損害が発生した場合には、銀行・取締役間で私財提供協定が締結される場合が多く、訴えが提起されるのは私財提供が拒否された場合であり、賠償額も私財提供として予定されていた額であることが多かったとされる。セイフティネットがない時代にこうした戦前の取扱が軽すぎるという評価はあり得るかと思われるが、しかし大規模企業運営の一部を成す者の固有の責任を、株式会社法理として追及することをせず、単なる民法の話としてしまうことで、異様な高額の賠償額を安易に肯定する裁判所のあり方には問題があるが、そうした発想に違和感を覚えない学説の問題でもある[202]。

　取締役は世を儚んで僧籍に入られたとのことである。どうせ払えないと言っても、800億円超の賠償額に見合う違法・不正を行った人物との烙印は消えない。なお、本件の控訴審での和解に関する、河本一郎「大和銀行株主代表訴訟の和解を語る」月刊取締役の法務94号(2002年1月25日)4頁以下は、学者から弁護士になった身としては、非常に重要な問題が裁判所によって判断される機会を失ったことは、控訴審でかなりの手応えがあっただけに非常に残念であったとされた。

201　西川義晃「旧法下における取締役責任事例の分析——大規模公開株式会社取締役責任論への回帰(一)〜(四・完)」立教大学大学院法学研究(2000年〜2002年)25号〜28号。ここでの賠償額に関する指摘は主として、同(二)66頁以下参照。

202　経団連コーポレート・ガバナンス委員会(御手洗富士夫委員長)「わが国公開会社におけるコーポレート・ガバナンスに関する論点整理」(2000年11月21日)には、「最近では総額約830億円もの損害賠償の支払を求める判決が出ており、大規模公開会社の経済活動におい

以上のようにこの問題も、人間復興の株式会社法の重要問題として位置づけられなければならない。既述のように、法人を過剰に人間扱いすることで本物の人間の存在意義を矮小化しながら、本来巨大な経済規模を有する法人に相応しい責任額をそのまま個人に負わせることに疑問を持たない法律学とは、敢えて言うなら、巨大な経済力を有する企業(法人)という「強きを助け」、生身の人間としての個人という「弱きを挫く」法律学との誹りを免れない。

　なお、金商法上の発行市場ないし流通市場にかかる役員の民事責任について学説・判例は、とくに流通市場に関するそれが資本市場法上の民事制裁的機能を有するとの発想[203] を欠いており、きわめて素朴な民法理論・不法行為法理論に拠ることで、事実上訴訟遂行能力のある巨大企業による損害賠償のみが実現され、会社財産をこれらの企業が大量に奪う結果が放置されている。フランスで人権の法としての民法が個人株主の権威を守る機能を有しているのに対して、日本では素朴な民法理論が、本来法人に帰すべき責任額を個人に転嫁するために機能していると言わざるを得ない(個人の責任にしてもどうせ払えないのは同じという感覚で?)。人間復興のための会社法理を構想するについては、民法の役割・機能の根源に立ち返ることが必要である。

【取締役の対第三者責任規定の存在意義】
(ここでの議論はかなり専門的な話だが、非常に重要な問題であり、専門家として言及しないわけにはいかないことをご理解いただけたら幸いである。ただし、コーポレート・ガバナンスの専門家をもって任ずる人びとがこの話についていけないというようなことはあり得ないはずである。)

　取締役の対第三者責任規定(会社法 429 条 1 項「役員等がその職務を行うについて悪意又は重大な過失があったときは、当該役員等は、これによって第三者に生じた損

て生じうる巨大な損害額を全て取締役個人に賠償させようとする制度は、やはり問題である」との指摘があり、他に公開会社法の立法化についても提言している。その後、経団連は経営者にとってきわめて切実なこの問題への関心を失ったのであろうか。
203　流通市場と民事責任につき、それが民事制裁的性格を帯びた責任であり、政策的な割り切りが必要な分野であることについては、かなり旧くから指摘してきている。民法の不法行為責任の延長でのみ理解すべきではなく、同じ市場関係法規である独禁法の損害賠償制度を参考にしてその意義を明らかにすべきだろう。上村「(連載)新体系・証券取引法　第 9 回(公開買付市場に対する法規制)」企業会計 54 巻 3 号(2002 年)40、41 頁。なお、発行市場と民事責任については、同連載(第 13 回)企業会計 54 巻 10 号 114 頁以下参照。

害を賠償する責任を負う」）は株式会社法上の重要規定とされ、常に大きな議論[204]の対象となってきた。しかし田中亘教授は「その存在意義ないし必要性について根本的な疑問がある」とし、民法の不法行為の成立に関する「検討が進めば、429条1項は不要に帰し、廃止すべきことになるのではないか」とする（田中・会社法370〜371頁）。この疑問というのが、仮にこの規定の理論上の問題を意味するとしても、戦後にこの規定が現実に果たしてきた意義を軽視するとしたら、そのこと自体、決して見過ごしてはならない重大問題である。

　まず当然に生ずる疑問は、民法の不法行為の成立に関する検討が進めば、会社法429条1項は不要となり廃止すべきという場合の「検討」とは誰が行うのか、民法学者に一切を委ねるのか、会社法学者が行うことなのか。これまでの取締役の対第三者責任に関する商法・会社法上の長きにわたる学説判例の蓄積を逐一民法学者に伝えるのか。商法学者（会社法の専門家）は、この「検討」に当たってどのような手順でどのような役割を果たすことになるのか、それを明らかにする責任が田中教授にはある。

　この規定は戦前には滅多に運用されることがなかったが、昭和恐慌に際して破綻銀行の取締役の責任を預金者が追及する際にかなり用いられた。制度としてのセイフティネットのない時代にこの規定が預金者保護の機能を果たしたのである。しかし、それ以外の局面ではこの規定はほぼ活用されてこなかった[205]。それは株式会社といえば今いう大規模公開株式会社（いわゆる、株式会社らしい株式会社）を想定していたためで、取引先や債権者に責任を負うのは会社自身に決まっており、取締役が一個人として、巨大な経済規模を有する会社と取引する第三者に直接民事責任を負うことはごく例外的な状況と見られたためである。また経営者は問題があればかなり頻繁に私財の提供が求められていたという事情もあった[206]。

204　この問題については全体に、上村・改革222頁以下参照。
205　こうしたことについては、上村・改革218頁以下参照。戦前の銀行取締役の責任事例等については、西川義晃「旧法下における取締役責任事例の分析（二）」法学研究（立教大学大学院法学研究科）26号（2001年）37頁以下参照。対第三者責任に関する事例については、同（三）同誌27号18頁以下参照。ここでは、本条の第三者に預金者が入ることは当然視され、株主が入るとしても株主となる過程に問題のあるケース、目論見書の虚偽記載と一緒に論じられるケースが多々紹介されている。第三者に株主が入るかは今日も議論の対象になっているが、戦前のここでの株主とは主として現在の金商法の民事責任規定が保護の対象とする「有価証券の取得者」の意味であり、その意味で株主がここに言う第三者に含まれることは当然視されていた。今日では、金商法の民事責任規定と別にこうした機能を会社法に期待する必要はなく、金商法と株式会社を一体として見ることで足りる（公開会社法の議論については、後述186頁以下参照）。戦前の会社法の制度には、今日の資本市場法の機能を有していたものが多々存在することについては、後述173頁参照。
206　銀行取締役の私財提供と賠償額の算定につき、西川・同上注205（二）論文48頁以下。

他方で、取締役の対会社責任は、株主代表訴訟制度のない時代であっても、株式の10分の1以上を有する株主による請求があれば、会社は当該取締役を訴えなければならないとされていたため（旧商法268条1項）、実は訴訟の数は相当に多かった。戦後この制度が廃止され株主代表訴訟制度が入っても、取締役の対会社責任が問われたのは八幡製鉄政治献金事件等少数であり、代表訴訟が増えたのは印紙税が8200円になった平成5年商法改正以後のことである。

　したがって、当時この取締役の対第三者責任規定は取締役が特定の取引先を害するような格別の意図をもって業務執行をするような場合にのみ、つまりは取締役に第三者に対する「悪意・重過失」がある時にのみ責任を負うとされてきた。したがって、取締役と第三者は加害者・被害者の関係と同じであるためその責任の法的性質は民法の不法行為と同性質であり、「悪意・重過失」とは、民法不法行為の成立要件である「故意・過失」から「軽過失」を除いたものを言うとされた（不法行為責任説と言う）。大組織内での一個人の監督・監視責任まで軽過失責任が問われかねないことは不合理であり、こうした理解は大規模公開株式会社取締役責任論としてはきわめて正しい。

　ところが戦後、最低資本金制度もなく、家族経営が株式会社形態をとることに何らの歯止めのない世界で株式会社が乱立し、個人が会社と個人の二つの人格を使い分けて会社を責任回避の手段とし、あるいはどこまでが会社か個人か分からないような形骸化した株式会社が放置され、会社法が全面的に遵守されない中で、大規模公開株式会社向けの取締役責任論は現実離れしたものとなった[207]。会社法人格が名ばかりのものであるために、背後にある支配者ないし行為者としての個人の責任を厳しく追及しなければならないときに、取締役の対第三者責任は民法よりも責任を軽くしたというのでは話にならない。

　こうした状況に対して、事業継続中の問題については「法人格否認の法理」[208]が判例理論として形成され（昭和44年最高裁小法廷判決により確立した）、取締役の対第三者責任規定は中小株式会社にとってほぼ唯一の破綻処理時における経営責任追及法理として位置付けられた。あるべき株式会社法理を主張するとかえって不正がまかり通る以上、法律家は「法的構成」[209]に努めて望ましい結論を導き出すために努力しなければならない。学者は条文の文言による制約の意味をギリギリまで再検討・工夫し、

207　昭和25年会社法改正に際して、株式会社に対して100万円の最低資本金制度の導入を主張された松田二郎裁判官が、この規定を不法行為の特則と理解したのは一貫していた。

208　法人格が形骸化し、あるいは法人格が濫用される場合に、その問題の解決の限度でのみ二つの法人格を同一視することで、不当に責任を免れる者の責任を追及しうるとする判例法理。条文上の根拠は、民法1条3項の権利の濫用を許さぬとの規定とされた。

209　かつて盛んに議論された裁判による法創造は、条文の柔軟な解釈によりギリギリの許される範囲で、法的構成を行い望ましい結論を導き出そうとする司法の機能である。

弁護士がそれを裁判の場で主張し、裁判所がそれを採用すること、それはまさしく法の創造を意味するが、それこそが主として民事の世界における法律家の責務とされた。民法不法行為法の世界が公害・交通事故・医療過誤・企業責任等々の豊かな判例法理を形成しているのはそうした努力の蓄積によるものである。もとより、人格の拘束等を結果する刑事法の解釈はより厳格とされるが、社会全体を害するような経済犯罪はその保護法益の大きさからまた別の見方が要請される。本来のあるべき株式会社を想定した立派な理論である不法行為責任説は、大会社にはそれに相応しい立派なガバナンス・システムや、会社財産の維持・確保のための法制が現実に機能していることがその背景であるところ、そうした条件が軒並み存在しなければ取締役の責任を軽減する根拠自体がない。

そこで学説・下級審判例の蓄積を経て、最高裁は（昭和44年11月26日大法廷判決）、取締役の対第三者責任は、取締役の責任を特に重くする趣旨の規定であるとのいわゆる法定責任説を採用した（この時に最高裁には、松田二郎、大隅健一郎の2名の大商法学者がいた——その後今に至るもこの分野の専門家が最高裁に入ったことは一度もない）。ここでは詳しい解釈論は述べられないが、その理論構成はまさに創造の連続である。そのことを自覚すればこそ、最高裁は重大な判例変更として大法廷を開いてこの判決を下し、司法としての責任を全うしたのである[210]。この規定が不法行為責任であれば損害とは、加害者（取締役）の行為によって被害者（債権者）に直接生じた直接損害ということになるが、判決は取締役が会社に対して負う責務を怠ったことにより会社に発生した損害が、結果的に第三者に及んでいる場合、いわゆる間接損害も直接損害も対象になるとした。悪意・重過失とはしたがって、第三者（被害者）に対する直接の害意ではなく、「会社に対する任務懈怠に係る悪意・重過失」で足りるとした。民法の不法行為責任はこれとは別個の問題であり、これも成立しうるため結果的に取締役は直接損害については軽過失の責任も問われることとなる。これは、旧来の見解とは似ても似つかぬ厳格責任を意味する。この見解は法が政策的に定めたという意味で法定責任説と言われた。この理解を大規模公開株式会社に適用したら、そう

210　同族会社の支配者である個人は大株主であると同時に取締役であるのが通例であるため、この取締役の責任規定が活用された。しかし、大規模公開株式会社の大株主・支配株主の責任は未だに追及されず、子会社債権者に対する親会社の責任も親子会社法制（後述222頁参照）も存在していない。結果的に、大株主が「中小企業のオヤジ」であれば安心してその責任を追及するが、「立派な大企業」株主の責任追及には及び腰であることを意味している。こうした状況は、敢えて繰り返すが、「弱きを挫き、強きを助ける」法律家の姿と言うしかない。問題を最高裁まで持ち込むことで新たな規範を形成しようとする「規範形成主体としての市民citoyen」としての法曹がこの分野にはほぼ存在しないかに見えることは日本の法曹教育の失敗の姿と重なってくる。

した会社の取締役などやっていられるはずがない。しかも個人の賠償額も未だに青天井なのであるから。

この昭和44年の大法廷判決は、あるべき正統的な法理論の世界が修正法理の世界に大きく変わったことを意味する（イギリス法で言えば、普通法 common law の世界が衡平法 equity law の世界に移ったことを意味している）。論理的に「こうなる」という世界が、「こうてなければならない」という世界になったことを意味する。それはいわば「立法の敗北」とも言えるが、事態の進行に時々刻々対応しなければならないこの領域の法解釈のあり方を示したともいえる。取締役が対会社責任を果たすについて悪意・重過失があると言っても、取締役がそうした行為をしなければその会社は破綻しなかったかと言えばそうは言えないので、その行為と第三者の損害に因果関係があると言えるかは怪しいのであるが、求められている状況がもともと閉鎖会社の破綻処理理論であるから、要は保護されるべき第三者と取締役のどちらを勝たせるかという価値判断が優先され、第三者が勝つべき場合には、そこに「相当因果関係がある」とされ、取締役を勝たせる場合には因果関係なしとした。一定の価値判断に基づいて、一定の者に責任を負わせるためのこうした法理を「帰責法理」（権利の濫用、信義誠実の原則、外観理論等）というが、この規定はそうした世界に入ったのである[211]。

この判例は立法に等しいとも言われたが、龍田節教授は当時「会社らしい会社を前提に考えれば、本条（旧商法266条ノ3第1項——上村）の広い活用は異様な膨張と映るだろう」と言われた（『新版注釈会社法（六）』（有斐閣・1987年）301頁）。常に先見の明を示してこられた龍田教授も、まさかそれから三十数年を経て何も手当てがされないところか、有限会社が株式会社と呼ばれることになるとは夢にも思わなかったことであろう。

ところで、田中亘教授がこの規定の存在意義自体を否定する理由は、次の点にある（田中・会社法370頁）。すなわち、取締役が会社に対して損害を与えたことによって生じた第三者の損害、これを間接損害と言ったが、これは取締役の対会社責任を債権者が民法の債権者代位権の行使により追及すればよいので、この点では、第三者の

211　いったん、この世界に入ったら徹底的にこの世界で議論しなければならない。多くの閉鎖的会社で取締役の選任決議などなされておらず、取締役の多くは法律上の取締役ではなく事実上の取締役である場合も多いが、彼が取締役としての責任を負うのは当然とされる。しかしその理論構成は非常に苦しくなる。そこでの苦しい説明は「仮想理由」と言われることもあるが、私は授業では「世を忍ぶ仮の姿理論」と呼んできた。会社法が守られないことを前提に議論をしていながら、急に彼は適法な取締役でないから責任がない、などと言ってはいけないのである。そこに鎖だらけのガレ場や剣の刃のような峰を登るに似た法解釈学者のやせ我慢の美学？もある。立法に問題があるからと簡単に諦めない。それによって、真に保護に値する「人間」が救われる。

取締役に対する直接の請求権を法定する必要はない。要するに民法があるのだから会社法規定は不要ということである。第三者が取締役の行為により直接に損害を受けた場合についても、民法の不法行為責任を追及すればよいからこの規定は必要ない、これも民法さえあれば良い、ということである。

　しかし第一に、取締役の対第三者責任規定は、株式会社形態をとる多くの中小企業が全面的に会社法を遵守せず、株式会社としての実態のない会社が破綻した際の個人の責任を追及するための法理として解釈されてきたのであり、取締役の会社に対する責任が履行されてもそれを受け止める会社実態がないからこそ、敢えてこの取締役の対第三者責任規定に法創造的解釈を施してきたのである。田中教授は、会社に対する任務懈怠という概念を、一定の組織原理（ないし組織法理）の中で、任務とか懈怠とか相当因果関係といった概念が生きている標準型の世界を前提に論じているようであるが、そもそもここでは会社に対する任務を履行させるプロセスもその資産を保全する仕組み自体も形骸化している状況を前提としているため、悪意・重過失と言ってもその機能は、帰責法理の要件の一つである帰責事由（責任を負わせることがもっともとされるような事情）としての実態を有している。任務懈怠の「懈怠」も本来の任務が果たされるべきとの期待を前提にした文言ではない。田中教授は、立派な株式会社がそこに存在するという前提で、この規定はそもそも不要であるとするようだが、戦後日本の会社法学が、無数の小規模閉鎖的株式会社の乱立による株式会社法無視の実情と格闘してきたことをどう受け止めているのだろうか。そして、長年にわたるそうした努力の最終成果である昭和44年の大法廷判決も不要ないし無意味であったとするのであろうか。あるいは、大法廷判決と同じ結論を、特に適用要件が厳格な民法の債権者代位権（民法423条）のみで導き出せたと言うのであろうか。

　なお、田中教授は取締役は会社に対して任務懈怠責任を負っていることを当然のように前提にするが、田中教授の論法によると、これはなぜ民法の債務不履行責任ではなく会社法の規定を必要とするのであろうか。取締役の会社に対する任務には、株式会社法の機関構造を前提としたガバナンス機能の充実を図り、法令遵守義務の法令には労働法・消費者法・環境法を始めとするあらゆる特別法規による法令上の責務が含まれるが、ここで間接損害を言う場合の任務の理解にそうした観点は不要なのか（不法行為責任の成否の判定にもこうした諸点の評価が必要なはずであるが）。民法のみでは足りない要素はどこにもないという趣旨なのであろうか。仮にそうだとしても、前述のように会社法上の議論の蓄積が民法の議論に移されるだけとなるのではなかろうか。取締役と会社の関係は委任契約とされているが（会社法330条）、思うにこの規定があることは思考経済上一定の意義があるとは思うものの、会社法上明らかな法令・定款遵守義務や義務違反の効果について会社法が固有の規定を有することは可能であり、民法の委任規定でなければどうしても困るということはそもそもない。むし

ろ委任者を安易に株主と想定することで、巨大企業の取締役の民事責任額の算定について民法のあまりに素朴な発想が一個人て800億円の賠償額を導くなど、大きな障碍になっているとみることもできる。

　第二に、直接損害については民法の不法行為責任を追及すればよいとするが、それは大規模公開株式会社の取締役に軽過失責任を肯定して良いという趣旨てあろうか。悪意・重過失という概念に意味はないということであろうか。

　第三に田中教授は、基本的に第三者は取締役の行為が不法行為を構成する場合に限って取締役の責任を追及できるとしたうえて、不法行為が成立するのはどのような場合てあるかを検討すべきではないかとし、例えば取締役は職務上、株主の利益を図る義務を負っており[212]、この義務に反した場合には株主に対して不法行為責任を負うと解されるとしている（同頁）。しかし、取締役の不法行為を問題にする以上、株主の利益を図らないことが違法ということになるが、そのような行為とは何か。配当をしないことか、株主総会の意義を軽視することか？　思うに、取締役には職務上株主の利益を図る義務があるという認識自体に一切の根拠はなく、むしろ定款の目的規定の遵守義務だけが明快な義務である。取締役が株主利益を図らないことが株主に対する不法行為を形成するという場合の、株主に対する故意・過失とはどのような場合を想定しているのか。この規定が戦前から第三者に株主を含むことを当然視していたことについては前述したが、それは主として「株式取得者」という意味の第三者であり、現行法でいえば金商法上の民事責任に言う「取得者」と同旨てあった。取締役には株主の利益を図る義務があるという話（それ自体が誤っているが）と同視はできないはずだろう。

　第四に田中教授は、「会社法の入門書てある本書は、法令や判例の解説が中心てあって、望ましい会社法に関する私見の呈示は最小限にとどめられている」（同書21頁）とするが、その最小限の指摘として日本の商法学・会社法学が蓄積してきた重要部分を全否定するに等しい見解を自信をもって？披瀝されることの意味とは何か。本質的に廃棄されるべきと考える規定の解釈や判例について詳細に述べているのは、田中教授にとっては不本意なことであるらしいと読者は思うであろう。

　現行会社法は、かつての「株式会社らしい株式会社」「閉鎖的株式会社」「有限会社」をまとめてすべて株式会社としたため、取締役の対第三者責任規定は少なくとも「閉鎖的株式会社」ないし旧有限会社に相当する閉鎖的会社にとっては昭和44年最高裁大法廷判決の法定責任説は生きている。一方、「株式会社らしい株式会社」ないし公開株式会社の取締役責任論は不法行為責任説（軽過失責任を問わない）が妥当する

212　この発想が、会社の利益とは株主の利益と同じという発想に基づいていること、それが誤っていることについては、本書89頁④参照。

はずだろう。その意味では、現行会社法429条1項は理論上廃棄されるべき、とされていることで、教授のテキストは学生、法曹志望者に対して大きな誤解をもたらすことになるのではなかろうか。いずれにしても教授の望ましい会社法とはコスト・アンド・ベネフィット分析による効率の最大化であるから、それが詳細に論じられることで何が変わるのかを想像することは難しい。

3　株式会社法の生命線——資本市場法制

市場の発展段階に応じて変わる資本市場法の性格

　株式会社制度は不特定多数の市民層(中間層)が有する遊休資本をも一気にかき集める仕組みであることの前提として、株式の買い手も売り手もいつでも一定の信頼できる共通の価格(公定相場)で売買でき、その株式の一部を買い増し、一部を売却する自由があることが不可欠の要請である。すなわち、株式会社制度にとって株式市場は、自由な売買と公正な価格を保証する制度によって維持されることがその生命線である。会社法を取引ルールの集合としての私法としか見ない旧来の通念は、株式の自由譲渡性を契約自由の一環としてしか捉えないが、そこで自由譲渡とは資本市場を前提とする出資の「投下・回収の自由」までをも含むものとして把握されなければならない。契約自由としての株式の自由譲渡性は、一方で日本の戦後の株式会社の大半が閉鎖的・同族的会社である状況を背景とするものであったが、大規模公開会社であっても私法ないし取引ルールとしての株式会社法と、業者規制の発想で理解されていた証券取引法は無関係とされてきた[213]。しかしそれは資本市場と一体の株式会社制度が全面展開される本物の株式会社制度を知らないナイーブな発想であり、明治期の理論水準に及ぶものですらなかった。今問われているのは、株式会社制度の本格展開を支える資本市場法としての金融商品取引法が、欧米の経験「知」を克服して、制度の本来の要請に適う論理と体系およびその実施体制を有しているかにある。

---

[213]　むしろ業者規制を除くと、証券取引法は商法と同性質の証券の「取引法」であるとする見解が有力であった。

そこでこうした観点から、まずは資本市場法の考え方の変遷と現時点での理論上の意義について若干の検討を加えておく。

株式の売買市場は、当初は仲買人が一定の場所に集まって自主的に売買を行うところから始まり、徐々に市場取引ルールが形成されていった[214]。沿革的には、租税滞納債権や公債のような商品を対象とした市場取引は株式以前より行われており(日本も秩禄公債・金禄公債のような債権市場が先行した)、かつ株式についても18世紀前半の会社設立ブーム以前から仲買人を中心とした株式取引所は存在した。ただし、その発行会社の多くは既存の特許会社 public company[215] と、単に株主を募集するだけで実際にはいかなる事業も行わない、いわゆる泡沫会社であった。1719年には有名な泡沫会社法(Bubble Act)が制定され、かかる会社の株式を取引した株式仲買人に重い罰金を科す事態にもなった[216]。その後有名な南海泡沫(South Sea Bubble)事件等が発生し、「会社の時代は終わった」とされた時代が約1世紀に及んだ(歴史的には、株式会社不要論は何度も繰り返された)。株式市場が存在し一定の価格が公表されていても、詐欺や不正だらけの株式市場は株式会社自体を「まがい商法」の巣とする見方を助長した[217]。その後、1800年代半ば以降に株式有限責任と一体の株式の均一性の確立等が新たな株式市場の形成を可能とし、これと平行して公衆を相手とする本格的な株式会社制度が展開していく[218]。

---

214 アメリカでのこうした歴史については、熊潔「ブルー・スカイ・ローにおけるメリット・レギュレーション(1)〜(3・完)」法研論集(早稲田大学大学院法学研究科)130・131・133号(2009年〜2010年)、李淼「ニューヨーク証券取引所による上場会社の規律──連邦証券諸法成立前を中心に」法研論集(早稲田大学大学院法学研究科)152号(2014年)、同「アメリカにおける証券規制を巡る議論の展開と証券取引所──1921年ニューヨーク州 Martin 法成立まで」法研論集156号(2015年)。フランスの上場制度の形成過程については、石川・前掲論文注(46)641頁以下。

215 ここで public とは国王の特許状ないし議会の特別法により設立された会社を意味する。後述の公衆への公募をした会社を意味する public(limited) company とは意味を異にする。

216 この間の事情については、星川・前掲書注(71)233頁他を参照。

217 会社の商号に Co. Ltd.(company limited 有限責任の会社)を付けることになったのは、一種の危険開示マークであった。株式会社不信論で知られるアダム・スミスの『国富論』はこの時代1776年に出版された。

218 ソフトバンク傘下の投資ファンド「ビジョン・ファンド」の特別買収目的会社(SPAC)が、上場時点で事業を持たない「箱」にすぎないにもかかわらず、米ナスダック上場に伴い、5億2500万ドルを調達したとのことである(日経新聞2021年1月9日付朝刊7面)。他に、

日本で証券取引法は昭和23年に制定されたが、それ以前に清算取引を中心とする証券市場もそれを可能とする法制も存在していた。取引所法、有価証券業取締法、有価証券引受業法、有価証券割賦販売業法、外務員規則等の法制の他に、商法株式会社法上の募集概念、取締役の対第三者責任規定に言う第三者に（買いの投資家である株式取得者としての）株主を想定することで現在の金商法上の対投資者向けの民事責任規定の機能を果たしていたこと、公募債としての社債概念等々が、戦前の資本市場法制を形成していた[219]。ただ、これらの法制は大衆参加状況を想定していないにもかかわらず、現実に投資者の被害は起こっていたのであり、これら法制の性格を産業警察的な取締りを目的とする業法[220]と見る発想が妥当する状況があった。しかし取引所法が制定当初より取引所の経済的機能を中心に論じられていたことも確かである[221]。

証券取引法・金融商品取引法の目的

（1）　日本の証券取引法の目的については、これを投資者保護と解する見解（鈴木竹雄＝河本一郎）、業者規制と投資者保護の二種の異質な目的を有するとの二元論（神崎克郎）、公正な価格形成の確保を通じた資本市場の機能の確保を目的とする見解（私見の市場法論）の対立があった[222]。それらの見解はある意味ではそれぞれがその時代を担っていたのは確かだが、明治26(1893)年取引所法制定

同新聞2021年2月20日付「「空箱上場」米で400社」等。この「箱」と歴史的な汚点である泡沫会社との違いを十分に確認すべきである。とりわけ、金商法1条の目的規定に言う「公正な価格形成の確保」の根拠とは何かを明らかにせよと迫ることで、日本の資本市場法制の先見性・優位性を世界に向かって堂々と主張すべきであろう。

219　日本の証券取引法、金融商品取引法のテキストにはしばしば、それが戦後アメリカの制度を導入したかに書かれているものも多いが、それは明白な誤りである。戦後証券取引法がアメリカから導入したのは、すでに大衆参加状況を想定していたアメリカの情報開示・会計・監査等に関する部分であり、証券取引法の証券取引所や業者規制等の基本は戦前の諸制度が基礎となっている。

220　神崎克郎『証券取引法〔新版〕』（青林書院・1987年）4頁。

221　田中耕太郎『取引所法』、岸信介『取引所法』については、前注65参照。

222　こうした問題全般については、上村「（連載）新体系・証券取引法　第1回（証券取引法の目的と体系）」企業会計53巻4号(2001年)133頁以下。この連載は旧証券取引法を前提に書かれたものであるが、制度の趣旨や概念・体系の理解は今もまったく変わらない。なお、私見の証券取引法市場法論を最初に披露した日本私法学会報告は、上村「証券取引法における市場法的構成の試み」私法48号(1986年)179頁。

以来の取引所の経済的機能を中核に据えた発想が、戦後の証券取引法理論にあっては後記の私見以前に全く消えていたことは問題であった。現行金商法は、その目的論として恐らくは世界で初めて、「資本市場の機能の十全な発揮による公正な価格形成の確保」を掲げるに至っており（金商法1条）、これが私見の市場法論を採用したものであることを立法担当者は認めている[223]。

　ただその後、いわゆる「法と経済学」の影響の下、金商法の目的については、その基本に資源の効率配分ないし取引の効率性を求めながらも、個々の問題についてそれぞれの制度趣旨を個別に論ずる見解が黒沼悦郎教授によって主張されている。本書は、株式会社とは証券市場を活用しうる会社形態であり、そうした株式会社にとっては当該会社が発行した株式について、株式市場で公正な価格形成が確保されることが株式会社制度を維持する上での生命線であり、それが保証されなければ株式会社制度を構成するあらゆる仕組みが機能しなくなるとの問題意識で貫かれている。金商法が株式の公正な価格形成を目標としないのでは「株式会社制度」はその本来的機能を発揮できない。

　もっとも、この分野の代表的な研究者である黒沼教授が金商法理解に関する私見について正面から批判的な見解を示されている以上、同教授の見解を批判的に取り上げることは私の責務とならざる得ない[224]。そうした趣旨から、この箇所の記述は専門的なやりとりとなるが、ご寛恕いただけたら幸いである。

　（2）　金商法1条は「この法律は、①企業内容等の開示の制度を整備するとともに、金融商品取引業を行う者に関し必要な事項を定め、金融商品取引所の適切な運営を確保すること等により、②有価証券の発行及び金融商品等の取引等を公正にし、有価証券の流通を円滑にするほか、資本市場の機能の十全な発揮による金融商品等の公正な価格形成等を図り、③もつて国民経済の健全な発展及び投資者の保護に資することを目的とする」としているが（①～③は黒沼教

223　上村＝松尾直彦「（対談）会社法・金商法の諸問題を語りつくす（下）」ビジネス法務2012年3月号73頁。なお、故池尾和人教授が金融審で私見に言及して下さったこと等について、上村「池尾和人先生を偲んで」商事法務ポータル2021年4月12日。
224　なお、同教授の見解に長年接してきた私としては、同教授が当初主張されていたような効率性一点張りの見解を常に検証し見直すという模索の姿を強く感じており、特に不公正取引に対する教授の評価には一貫して高い信頼を寄せていることに変わりがない。このところ学界においてすら、論争を避けるかの空気が支配的な中で、教授との間でこの分野に関する論争を長年にわたって行うことができたことに感謝している。

授がこのような分け方をしているので、繰り返しを避けるために便宜上付したものである）、黒沼教授はこのうちの③の「国民経済の健全な発展」と「投資者の保護」をともに金商法の究極の目的としたうえで、両者は異なる目的ではなく、資源の効率的な配分の達成という点で一致するとしてこれを統合説と呼ぶ[225]。

　しかし、この③の部分についてのみ学説の対立があるとし、次項の「2 学説」を独立の項目として論ずることは、②の部分の、とりわけ「資本市場の機能の十全な発揮による公正な価格形成の確保」をこそ、金商法の目的と解し、③をそれが達成されることによる結果ないし効果を意味するにすぎないとしてきた私見の位置づけを予め誤ったうえで、③の世界でのみ学説の対立を論ずるという誤りを犯していると言わざるをえない。旧証券取引法の1条は「この法律は、国民経済の適切な運営及び投資者の保護に資するため」に「取引を公正ならしめ、且つ、有価証券の流通を円滑ならしめることを目的とする」としていたのであり、国民経済の適切な運営と投資者の保護に「資するために」という以上、まずはこの二つを中心に法目的を考えたことは自然であった（私見は、この投資者保護を市場の成立条件を表現するものとして市場法論を主張したのであるが──後述）。したがって、このあとに「取引を公正ならしめ、且つ、有価証券の流通を円滑ならしめることを目的とする」と書いてあっても、ことさらにこの部分のみを取り上げて証券取引法の目的を論ずる者はいなかった。

　しかし、金商法1条は、情報開示制度の整備や業者規制・取引所規制を行うこと等により、有価証券の発行・金融商品の取引等を公正にするほか、資本市場の機能の十全な発揮による金融商品等の公正な価格形成等を図り、「もつて」「国民経済の健全な発展及び投資者の保護に資することを目的とする」としている。この「もつて……に資することを目的とする」とは、上記①②を実行することにより、国民経済の健全な発展と投資者保護が結果的にもたらされると言っているのであり、旧証券取引法が国民経済の適切な運営および投資者の保護に「資するため」に、具体的な諸制度が用意されているとしていたのとは全く違う。

　そして、その①②のうちの①は金商法上の具体的な制度である情報開示、金融商品取引業者規制、金融商品取引所規制が列挙され、②では①によって取引

225　黒沼悦郎『金融商品取引法〔第2版〕』（有斐閣・2020年）13頁以下。

が公正になり、流通が円滑になること、そのうえで資本市場の機能の十全な発揮および公正な価格形成の確保が図られるという中心的な目的が規定されている。この規定の仕方は、①で具体的な制度の適正な運営⇒取引の公正と流通の円滑⇒公正な価格形成の確保⇒資本市場の十全な発揮⇒国民経済の健全な発展、という論理に渋滞はなく、一貫した論理を構成している。投資者の保護を、この論理とは異質な政策的な保護行政と見ると、それはこうした構成とは馴染まないが、大衆投資者を想定した投資者保護とは市場の成立条件の分かりやすい表現と見ると全体は一貫する（後述）。

　黒沼教授が、金商法１条の上記の③の枠内でのみ学説を論ずることで、①と②は中身を論ずる以前に既に著しく軽視され、議論のあり方は証券取引法時代の目的論の構造と何一つ変わっていないことになってしまっている。ここでは金商法制定時に特に新たに②の「資本市場の機能の十全な発揮による金融商品等の公正な価格形成等を図り」が加えられたことは、金商法の目的論にとって特に意味がないという結論が、議論抜きに予め約束されている（このことは立法担当者の意思に明白に反する）。

　(3)　次に、教授がその見解を自ら統合説と名づけたことについて述べると、まず伝統的な投資者保護論は、当時の証券取引法を証券をめぐる取引法として私法的に理解していた（証券取引法を会社法の特別法として会社法と同性質の法としていた――これらについては前注 222 の拙稿参照）。投資者保護の「保護」は弱者保護的な保護行政として理解されていた。しかしそれでも、投資者保護と国民経済の適切な運営の関係については、投資者が保護されれば投資者は安心して証券市場に参加することができるため市場が活発となり、「その結果として」国民経済の適切な運営が図られるとしていたのであり[226]、実は後述の私見同様にこの見解は投資者保護を資本市場活性化のための要素と考えていたのである[227]。

226　鈴木竹雄＝河本一郎『証券取引法〔新版〕』(有斐閣・1984 年)44 頁。こうした説明は、共著者である河本一郎教授のものであったと考えられる。この問題については、上村「証券取引法第一条論に関する覚え書」堀口亘先生退官記念『現代会社法・証券取引法の展開』(経済法令研究会・1993 年)参照。

227　河本一郎教授は、私見を論文の上で誰よりも早く認めてくださり、「伝統的な投資者保護論が重大な欠陥を有していたとの批判を率直に受け止め、十分な反省の念をもって、従来の投資者保護とは一体何であったのか、改めて考えなければならない」とされ、「投資者保護という言葉を用いるものの、まさに「証券市場の確立を通じての投資者保護」である」と述

その意味では、投資者保護がもたらす「市場(の活性化)」が国民経済の適切な運営をもたらすという意味において、伝統的な投資者保護論ももともと統合説なのである(というより、市場の活性化が中心目的なのであるから、本当は投資者保護という概念の自己否定でもある)。

　私見は後述のように投資者保護と言われているものとは、アメリカで株式市場への大衆参加が急速に進展していた状況を踏まえて導入された情報開示制度等の市場の成立要件を大衆投資家の立場に立って分かりやすく表現したものと考えており、明らかに実は両説とも統合説なのである。黒沼教授は立法担当者が私見を採用したとする上記条文の②を無視して③のみを強調するが、それだけでは投資者保護がどういう理由で国民経済の健全な発展と統合するのか理解できない。両者が統合する手掛かり自体がそもそもないのではないか。投資者保護が単なる弱者保護という保護政策を意味し、それが国民経済の健全な発展をもたらすのなら、それは戦前以来の産業警察的な業者規制や護送船団時代の発想と変わらないかにも見えてしまうが、かねてより効率性を言われてきた黒沼教授に限ってそのようなことは決してないはずだろう。

　(4)　ところで黒沼教授は、「金融商品取引法が保護の対象として念頭に置くべき投資者は、市場価格を前提として取引を行う者であり、当該投資者の保護については、市場が正しい情報を反映していたかどうかが基準になるべき」とも言われる[228]。しかし、市場価格を前提にして取引を行う投資者とは政策的な保護の対象となる取引相手ではなく、資本市場の構成要素としての投資者を意味しているとしか考えられない。そうだとすると投資者保護と言われているものとは市場の成立条件の問題であるとする私見と変わらない。他方で「市場が正しい情報を反映していたかどうか」が投資者保護の基準になるというのは、正しい情報が反映された市場で取引できることを投資者保護と言い換えている

べられた(河本一郎「証券取引法の目的」法学教室 151 号(1993 年)64〜66 頁。戦後の証券取引法学を牽引し続け、投資者保護論の主唱者である河本教授は、その実質において私見を正面から肯定されたのである。ただ、当時の1条に証券市場の語がどこにもないので、「証券市場の確立を通じての投資者保護」を言うとされた。現金商法には証券市場の機能という語だけでなく公正な価格形成の語もあることを故河本教授なら正面から受け止めたはずである。日本の金商法に関するテキストや文献に、河本教授のこうしたコメントに言及するものは皆無である。

228　黒沼・前掲書注(225)20 頁。

だけにも聞こえるが、なぜそのような言い換えが必要なのか理解に苦しむ。教授が言われる「正しい情報が反映された市場」とは、「公正な価格形成確保のための条件が満足された市場」とどこが違うのであろうか。市場価格を前提にして取引を行う投資者にとって、そこでいう取引の拠り所である市場価格とは正しい情報開示だけがそれに寄与するのであろうか。不公正取引規制や業者規制・市場規制等の一切が市場価格の形成にとって有する意味を検討することが金商法1条の目的を理解するために必要なのではないか。

　思うに実は、公正な市場構築のための条件確保という公序の要請が確実に履行されることで、投資者保護と言われてきた事柄の大半はすでに確保されている。多摩川の河川敷で行われる競走の場に救急車や看護師を多数用意するようなことが投資者保護ではない。国立競技場のような整備された市場で競走できることこそが、換言すると資本市場の成立条件の確保という理論上の要請とされることで、投資者保護とされてきた事柄は数段強力に確保される。問題を市場の成立条件とすることで、投資者保護とは投資者の権利と言い換えて良いものとなる（消費者保護が消費者の権利とされるに至った状況と同じである）[229]。

　当然ながら、資本市場で取引をしようとする投資者の誰もが市場価格を信頼して取引できるように制度設計がなされていなければならず、それは立法者ないし規制当局の責任である。仮に投資者の側に正しい情報か否かを判定する責務があるとなると、それは消費者問題等でとうに克服済みの「買い主注意せよ」の原則の復活を意味してしまう。また教授が言われる「正しい情報」が取引客体の真実価値の提供を意味するのであれば（両者が異なる概念であるとは思えない）、それは投資者保護のための情報開示ではなく、市場の成立条件の一つとしての取引客体情報開示のはずであり、そうであればそこでも私見との違いは見出せない。

　(5)　同教授によると、金商法上のあらゆる制度を効率性では説明できないために、例えば不公正取引規制は市場に対する投資者の信頼を保護することを通じて資源の適正配分を達成しようとするものとし、例えばインサイダー取引も、それが許容されている市場では取引したくないと感じる投資者が多いのであれば、これを禁止することが市場の取引効率性を高めるとする（同書19頁他）。

229　正田彬『消費者の権利』（岩波新書・1972年）。

しかしそうであれば、インサイダー取引だらけの市場で取引したいと感じる怪しい投資者ばかりならそもそもインサイダー取引を禁止する必要がないことになる。話は逆で、インサンダー取引等が禁止される公正な市場だから、投資者はそうした市場で取引したいと感ずるのである。

インサイダー取引は皆が知らないから買うという投資判断の形成が、取引客体の真実価値にかかる評価と無関係な情報格差の故に投資判断が形成されるために(皆が知らないから買う)公正な価格形成を歪める、というところに規制の根拠を有する(要は市場阻害性)[230]。プロだけの市場なら投資者保護は不要であってもインサイダー取引が禁じられるのは、インサイダー取引が公正な価格形成を歪める行為だからである。同教授の見解はこの問題を、取引したいかしたくないかという投資者の意思ないし感性に委ねるものであるかに聞こえるが、それは市場規律という公序の問題をヒトの意思によって左右してよいとの主張に聞こえる。黒沼教授は金商法の目的として金商法1条の「国民経済の健全な発展に資すること」を挙げるが、それは公序の問題ではないのであろうか。

黒沼・前掲書20頁は、不公正取引には価格形成を歪めるものと歪めないものがあるとし[231]、後者として損失補填を挙げるが、損失補填の禁止は「業者規制」としての禁止であり、「何人も」当然に禁止される相場操縦などの不公正取引規制とは規制の性格を異にする。業者規制としての損失補填の禁止も、事前の損失保証については公正な価格形成を歪めるための規制であることは明らかであり、事後の補填も市場機能の確保に責任を負うべき業者が、市場の出した結論通りに投資者を扱わないことが禁止されるのである。事後の損失補填を違法視しない見解によると、証券業者は市場価格が確定した瞬間に一投資者と同等に扱われ、あたかも投資者同士で利益を得たものが損失を蒙った者に利益を与える行為と同視されることになるが(一等になった者がビリの者に自分に与え

230　インサイダー取引の違法性の根拠に関する私見については、上村・前掲論文注(66)68頁以下参照。なお、イギリスの金融サービス市場法はインサイダー取引を market abuse 市場阻害行為として位置づけている。

231　このことは前者である事前の損失保証約束は、公正な価格形成を歪めることが違法性の根拠であると認めていることになるが、そうだとすると、金商法上の他の制度と公正な価格形成との関係についても同じ角度から検証される必要があるはずと思われるが(私見は金商法のほぼすべての制度をこの観点から論じている)、ここではこれ以上は論じられていない。

られた賞品を与える行為)、それをしてはならないと、市場機構の担い手である「業者に命ずる」のが事後の補塡の禁止規定であり、それは価格形成時の公正確保と価格決定直後に市場価格の最大尊重義務を課す点で制度の基本的な理解(市場メカニズムの尊重)を共有している[232]。市場仲介業者の行為規制一般について、教授は投資者が業者との関係で不公正に取り扱われて、市場取引に対する信頼を失わないようにするための規制とするのであるから(同書17頁)、それこそ事後の損失補塡禁止の趣旨そのものなのではないか。市場メカニズムの中心的な担い手である証券業者が、価格決定直後に特定の投資者を優遇するような行為をすれば、それこそ投資者の市場取引に対する信頼は失われる(というより本来は事前の損失保証約束があったに違いないと思うのが普通だろう——この時代に事後の補塡と言われたものはほぼすべてが事前の損失保証約束であったことは間違いない)[233]。

　教授はデリバティブ取引を始めとする、企業の資金調達とは直接関係のないものについては「国民の投資活動の促進による経済の発展」のためのものとする(同書18頁)。しかし効率性を法目的の中核に据えながら、投資者の信頼保護のような政策や国家公益を掲げることは同教授の基礎理論の限界を示すものである。これらの一切は市場機能阻害性ないし公正な価格形成阻害性の観点から容易にかつ統一的に説明しうる。

　(6)　黒沼教授は情報開示制度については、資本市場が十分に効率的であれば法によって情報開示を強制する必要はないかもしれないとしたうえで(効率

232　なお、私見の損失補塡に関する見解については、上村「(連載)新体系・証券取引法　第20回(証券会社に対する法規制7)」企業会計55巻11号(2003年)69頁以下、上村「証券会社の損失補塡」ジュリスト1030号(1993年)23頁、河本一郎＝龍田節＝若杉敬明＝上村「(座談会)損失補塡に関する法的諸問題」商事法務1263号(1991年10月)他多数。

233　前注232の拙稿論文等参照。それは、事前の利回り保証約束のメモや文書が多数存在したことからも、事前に当局が証券会社トップを何度も呼んで、一任勘定取引と損失保証の解消を促していたことからも明らかである(利回りの数字が書かれたメモとは努力目標を書いたに過ぎず利回り保証ではないとされたが)。現行金商法が、事前の損失保証を、「事後の補塡の事前約束?」として構成し、しかも事前の追加利益約束(利回り保証のこと)まで規定していることは(金商法39条——補塡を「補足するため当該顧客又は第三者に財産上の利益を提供」と規定——事前に何の約束もないのに事後に利益を補足(贈与)する行為とは何のことか?)、当時も違法だった事前の利回り保証を違法視できず、すべては規定のない事後の補塡であることにして処理したという思い出したくない?事情のこれは痕跡なのである。

性論とはユートピア論?)、問題は強制情報開示制度を廃止するとどの程度市場の効率性が損なわれるかという実証問題であるとされるが(同書143、148頁)、そもそももっとも規制を必要としない状況とされる完全競争モデルであっても経済学上、①材(商品・サービス)の同質性、②参加者の多数性、③完全情報(市場に関する情報を全ての参加者が平等に保有)、④参入・退出の自由といった条件を同時に満たすことが前提とされており、法による強制情報開示制度が特に実証がなければ不要という結論はどのような市場を想定しているのであろうか[234]。ここでは有価証券報告書について論じられているが、不公正取引規制や業者規制も実証がなければ不要な制度ということであろうか。

　さらにこの立場によると、日本の有価証券報告書制度やアメリカのこれに相当する諸制度は実証研究を欠いたままに制度化された根拠不明の制度ということになるのではないか。歴史的に形成されてきたこれらの制度は詐欺や不法行為といった私法的ルールに淵源を有するが、市場構成員が不特定多数となるに及んで定型的な制度に変形してきたものであり、そのどこかの段階で実証研究がなければならなかったのであろうか。また、有価証券報告書と事業報告との一体化ないし調整といった近時の喫緊の課題[235]も実証研究を欠いたというだけで有価証券報告書の存在意義すら疑われるのであれば、その先の議論をすることも不要ということになるのではなかろうか。なお、有価証券報告書とは(半期報告書も四半期報告書も)後述のように、1年間を通じて実施された適時情報開示を定期的に集約し一本化した年鑑・年報のようなものであり、企業分析等に利用するのが主たる機能であるから、基本的にそれを見て新たな情報を得ようとするものではない(有価証券報告書を見て初めて知ったという場合には、適時情報

234　実証概念の曖昧さについては前注196参照。ちなみにアメリカで、特定の業界からの多額の研究費補助を受け取っている著名教授の実証研究は山ほどあると言われる。大手食品会社が、自分たちにとって都合の良いデータを得るために、研究者に実験結果を捏造させることさえ厭わないこと、コカ・コーラ社が砂糖は毒ではないとするもっともらしい論文を書かせるためにコロラド大学の複数の研究者に数百万ドルをつぎ込んだといった話がそれこそ実証的に記載されているのは、アタリ・前掲書注(107)256頁以下。

235　内閣官房＝金融庁＝法務省＝経産省「事業報告と有価証券報告書の一体的開示のための取組について」(2017年12月)、金融庁＝法務省「一体的開示をより行いやすくするための環境整備に向けた対応について」(同日)等。霞ヶ関が縦割りの枠を超えた作業を協働しつつあることは非常に大きな展開である。

開示の不履行を疑うべきである）。したがって、こうした機能を有する有価証券報告書の意義に関する実証とは何を意味するのかがそもそも不明である。TD ネットのような適時情報開示システムさえあれば年鑑・年報的な意義を有する有価証券報告書は不要ということで済むのであろうか。そもそも効率性・実証分析とは、民法その他の取引全般ないし制度の一切に妥当する問題のはずであり、なぜそれが金商法固有の議論となり、とりわけ有価証券報告書制度がここで取り上げられることになるのか理解できない。

　証券市場を使いこなすことのできる証券市場と一体の株式会社制度にとって、既述のように証券取引法ないし金融商品取引法は制度の根幹を担っており、証券(株式)市場での価格の公正さは株主・経営者のみならず、株式の担保価値の判定、相続税その他の課税制度の根幹をも担っている。公正な価格形成概念を欠いた、例えば効率性を標榜する証券市場は如何なる意味において株式会社制度と一体の関係に立つのか、あるいは両者は全く無関係なものなのか明らかでない。前述の公開会社法要綱案11案[236] は、20 年も前に神田秀樹教授のコメントを頂きながら策定したものである(こうした経緯が同 11 案の冒頭に記載されている)。公開会社法および資本市場法の基礎理論について、二人が直ちに見解を共にしたことがこうした共同作業を可能にしたのであるが、黒沼教授の見解にあっては、証券市場を使える会社制度である株式会社制度において、資本市場法の理解と株式会社法との接点が論理的に見出しえないのではなかろうか。

　制度構築とは社会の目標や価値観・歴史観を踏まえたうえでなされる、規範のあり方に対する人間による営為である。とくに資本主義市場経済の根幹を担う株式会社制度と資本市場法制は企業社会ないし人間社会の隅々に大きな影響を及ぼす。それだけに、目標とすべき社会像ないし企業社会像とその背景にある思想・哲学、歴史等に対する洞察が全人格的に問われているはずと思うのだが、効率性を中心に据える発想は仮説的な議論を安易に前提とすることにより、規律の強化を伴う新たな制度論がどのような経路で成り立ちうるのか想像しにくい(未来を語る効率ないし実証研究とは何か？)。人間は失敗に学んで制度を常に改善してきたのであり、効率性の議論にはこうした人間らしい挫折と創造のプロセスが正当に位置づけられているのであろうか。

236　前注 166 参照。

一切は「公正な価格形成」を目指す

　資本市場法（金融商品取引法）の本質をどのように理解するかは、資本市場と一体の株式会社法の本質を理解する上で決定的に重要であるために、敢えてその目的論について紙幅を費やすこととしたが、そこでの最重要な概念は「公正な価格形成」であり、金融商品取引法の一切の制度が原則としてその目的達成のために機能する[237]。

　ここであらためて「公正な価格形成」とは何か、について述べておくと、第一義的にはそれを中核とする資本市場の機能が十全に果たされることにより国民経済の健全な発展が図られるとされ、第二義的には私人間の証券取引が公正に実行されるという意味において、私人間で生じがちな不公正取引を最少にするという意義をも有する。国立競技場のような整備された市場でのプレーが個々のプレーヤーを守るとの視点は重要である。

　そのうえで「公正な価格形成」の語義とは、有価証券（ここでは株式）の真実価値を把握した投資家の投資判断が競争的な価格形成の場、すなわち、価格が同じなら先の注文が優先し、時間が同じでも買い注文ならより高い価格・売り注文ならより低い価格での執行を優先するという「時間優先・価格優先原則」の下で集積し形成された価格を言う。公正な価格とは事実概念ではなく、一定の制度的条件が十分に備わった市場での価格形成を公正と措定することで、それが備わっていない場での価格を評価する拠り所となる概念であり、常に現実の市場価格が、「より公正に近い」かという形での検討を可能とする方法論的な理念型概念である[238]。

　そのうえで金商法上の諸制度が、いかなる意味で公正な価格形成確保のため

237　なお、沿革的には業者の産業警察的取締の時代、証券会社ないし投資者の保護と市場の育成を掲げた時代、市場規制への転換がなされた時代、市場行政の定着をみる時代という具合に、規制は取引と市場の発達度に応じて変化してきた。

238　理念型 idealtypus とは、現状を分析するために誰もが活用する人為的な方法概念である。歴史上、事実としては完全な形で存在したことのない極限概念であり、「この極限概念を規準として、実在を測定し、比較し、よってもって、実在の経験的内容のうち、特定の意義ある部分を明瞭に浮き彫りにする」（マックス・ヴェーバー（富永祐治＝立野保男訳、折原浩補訳）『社会科学と社会政策にかかわる認識の「客観性」』（岩波文庫・1998年）119頁）。社会科学概念としての市民社会、市民法、社会主義、資本主義、市場、公正といった概念は理念型概念であり、現状との落差を認識するための道具概念として構成され普通に活用されている。

に機能し貢献するのかを簡単に確認しておくと、株式の真実価値は主として発行会社からの財務・非財務の情報開示によって確保される。日々品質が変化する金融商品である株式にかかる真実価値の提供は、証券取引所の規則を根拠とする適時情報開示、金商法が定める臨時報告書・半期報告書・有価証券報告書といった情報開示制度が担う。株式のように日々品質が変化する金融商品については、発行体からの臨時・定期の情報提供がなければ評価の拠り所がない。発行企業に情報開示義務が法定されるのは、投資者保護のために「教えてやる」のではなく、有価証券(株式)市場が成立するための多くの条件の一つである。情報開示制度は市場の組織度の程度、有価証券の周知性、品質の変化可能性、投資者の取引の習熟度等々に応じて、公益の担い手たる制度提供者によって予め適切に用意されなければならない[239]。なお、新たに設計される(あるいは、設計された)新有価証券市場を形成する際の情報開示は投資者が知らない事柄の一切に及ぶ。一定の充実した流通市場が存在することを前提にした新株発行は、流通開示の浸透を前提に付加的な発行開示のみで足りることになるが、これ以上はここでは論じない。

　金商法が、金商法上の財務計算に関する書類について、財務諸表規則により、その「用語・様式・作成方法」を強行法的に定めるのは(金商法193条)、発行体によって品質がバラバラな金融商品である株式の現在価値を比較分析する共通の拠り所を提供するという意味において株式市場成立のための必要条件である。金商法監査(金商法193条の2)は、こうした資本市場に必須な会計が正しく実施されていることを、会社から独立した共通の資格者である公認会計士・監査法人に、共通の基準(監査基準・監査実施準則等)に基づいて検証させ、それにより株式市場での売買のための共通の評価尺度を提供するためである。専門家による監査証明の存在が市場取引適格性の獲得を意味することは、金のバーへの貴金属商の刻印に似る。刻印があればそれにより換金性が保証される。刻印がなければ溶かすしかない。金商法内部統制は、株式の財務にかかる日々の品質の変化情報を確実に把握させるための(主として)会計システムであり、これにより財務情報の適時情報開示を確実に履行させるところにその本質的な意義

239　上村「(連載)新体系・証券取引法　第3回(証券取引法における開示・会計・監査の一般理論)」企業会計53巻6号(2001年)104頁以下。

を有する（金商法24条の4の4、193条の2第2項）[240]。有価証券報告書等の法定の情報開示書類のうち財務情報に関する部分は、1年間を通じて実施されてきた財務にかかる適時情報開示の集約文書として年鑑・年報に類するものである。そしてこのシステムの存在が、株式会社法が定める諸機関の共通の財産となり、経営者にとって経営判断の拠り所となる。

　公正な価格形成確保のためには真実価値を把握した投資判断が競争的な価格形成の場に曝される必要があるが、①取引所市場（金融商品取引所）、店頭市場（金融商品取引業協会——今は存在しない）のような組織的市場の形成・運営（市場管理・上場監理等）等は、規制当局による登録（金融商品取引業者等）、認可、免許（金融商品取引所等について）等の対象となる。②金融商品取引業者による投資者への売買勧誘規制は、業者による有価証券等の真実価値の提供を基本使命とする説明義務等の行為規制が課される。③かかる金融商品取引業者により投資者の投資判断の裏付けとなる資金や有価証券等の分別保管がなされ、④金融商品取引業者による顧客注文の確実な執行による価格形成への参加が必要とされる。⑤その他金融商品取引業者に対して多くの行為規制が課される。例えば、有価証券の無断売買などは民法上の売買でも商法上の商事売買でもどこから見ても違法な行為に決まっているが、金商法上の業者規制とされることで、業務改善命令等の行政処分の発動が可能になる。これらの業者の責務は、そのほぼすべてが金商法1条の目的規定が定める公正な価格形成を達成するための業務であり、資本市場の機能確保の担い手としての業者の責務である。かつて日本の証券行政が護送船団式と言われ批判されたのは上意下達の保護行政に対する批判

240　田中・会社法285頁は、金商法内部統制については4行触れているだけだが、そこでは「金商法上の内部統制は、会社法におけるような業務の適正を確保するための体制一般を指すものではなく、そのうち、財務情報の適正を確保するための体制をいう」としており、金商法内部統制を会社法の業務の適正確保のための体制の一部と理解しているようである。だが、それは冠履転倒であり、理論上も実態上も金商法適用会社であれば、金商法内部統制を前提にガバナンスも機能し経営判断の形成も可能となる。取締役一名の株式会社、取締役会のある株式会社、指名委員会等設置会社のそれぞれに必要とされる会社法上の「業務の適正を確保するための体制整備」（会社法上の内部統制とも言われる——取締役会設置会社の場合は会社法362条4項6号）の下位概念に、金融行政監督下にある強行法である金商法上の財務に係る内部統制を位置付けることはあり得ない。なお、金商法上の情報開示・会計・監査・内部統制一般については、前述184頁以下を参照されたい。

であり、市場行政の中核が一定の公正なルールの下、業者によって担われることは格別重要である。

　相場操縦等の不公正取引規制も公正な価格形成を意図的に歪曲する行為を規制するものである。不公正取引の一般規定(金商法157条)や偽計取引・風説の流布等の規定(金商法158条)も、私法的な詐欺禁止規定ではなく、投資者の投資判断を歪曲することによって公正な価格形成を阻害するところに違法性の根拠がある。インサイダー取引規制(金商法166条以下)も、情報格差を利用した投資判断の形成行為が公正な価格形成を阻害するところに違法性の根拠を有することについては前述した。

　以上のように、資本市場における公正な価格形成確保のための仕組みが強行法的に用意され、確実に履行されていることが、株式会社のあらゆる構成要素が機能するための不可欠な前提条件である。そのことは同時に、人間疎外要素に満ち満ちた怪しい株主像が主役の資本市場で公正な価格形成を謳うことの欺瞞性を浮き彫りにする。投資判断主体としての適格性に疑問のある者が主役とされる資本市場での価格形成が公正なものであるはずがないからである。合理的経済人という仮説の世界の無機質な主体を前提にする市場での効率性の主張は、金商法1条が取引の公正と並んで明文で定める公正な価格形成とは無縁なものであり、むしろそれは、法の規制目的を歪める有害な主張と見るべきである[241]。

公開会社法の実現は喫緊の課題

　①会社法に優先適用される金商法規定　　繰り返し述べてきているように、株式会社という制度は証券市場を使いこなすことのできる制度として展開してきたものであり、株式会社の発達を見た諸国で株式会社と言えば、少なくとも株式市場に係る法制と一体のものとして現実に機能しており、制度構築も一体のものとして考えられてきている。資本市場自体は必ずしも株式と一体のもの

241　「純粋な経済人は事実、社会的には愚者に近い。しかしこれまで経済理論は、そのような単一の万能の選好順序の後光を背負った合理的な愚か者(rational fool)に占領され続けてきたのである」アマルティア・セン(大庭健＝川本隆史訳)『合理的な愚か者』(勁草書房・1989年)146頁。

として形成されてきた訳ではなく、株式以前に租税滞納債権市場や日本で言え
ば秩禄公債や金禄公債(旧士族が明治政府から受け取った年金券)市場のようなもの
も先行した。今日では、日本でも資本市場法制は、証券や商品、指数やデリバ
ティブなどの多様な金融商品や金融取引と一体の法制となっている。このこと
は必ずしも株式が特殊ということを意味してはおらず、その他の金融商品にも
その商品性の仕組みは存在するため(信託を使った金融商品はもとより、指数にも
換金の仕組みはある)、株式についてのそうした仕組情報に相当するのが会社法
のガバナンス情報等であるが、これについては以上に止めておく。

　もとより、株式、社債といった株式会社が発行する有価証券については、そ
の取引について公正な価格形成を確保すべき資本市場法制と株式会社法は一体
のものでなければならない[242]。不特定多数の株主(主役は中間市民層)を想定する
株式会社という制度は株式市場が有する危険が常に先行しながらも、その両者
の間になんとか折り合いをつけながら形成されてきたものであり、その後現在
に至るも、常に株式市場(ないし資本市場)が暴走する事態が先行し、株式会社
制度が有するデモクラシー的要素(議決権行使)や公的規制が株式市場の暴走を
事前にコントロールすることができないのは歴史の教えるところである[243]。株
式市場という取扱困難な対象と真剣に対峙しない株式会社法は無力である。日
本には、今に至るも株式市場の怖さと真剣に対峙した歴史(それは必ずや大失敗
の経験である)はなく、もともと株式会社制度を文献上の知識を糧にすることで
導入を計るしかなかった。株式市場が有する危険を消化し、株式市場と調和し
うる株式会社制度形成の経験「知」が日本には決定的に欠けている[244]。もっと

242　もとより、取引規模に応じて、また沿革的にも、公正な価格形成が市場提供業者による
　　価格提示責任(マーケットメイク責任)に頼る状況もある。相対型取引における公正確保の中
　　心は私法の詐欺防止規制で説明されてきたが、相対型でも市場取引として位置づけられる以
　　上は公正な価格の提示に規制の目標が置かれ、そこに問題があれば、「行政処分」等の対象
　　となりうることに変わりはない。
243　株価が上がることは、発行企業・株主・国のすべてが、とりわけ政治家が歓迎する。株
　　式の売買に無縁な庶民も高株価を好景気と同視して歓迎する。
244　1991年からの日本のバブルの崩壊は、株式会社制度が有するこうした危険を知らずに、
　　安普請の株式市場を絞りきるように使いまくったことの帰結であることを、法的観点に無関
　　心な多くの経済学者は全く理解していない。ローマ法以来の法文化力が社会の精髄をなす欧
　　州、人種の坩堝を法が支えるしかないアメリカが、当然のこととしている事情に対する想像
　　力を日本の多くの経済学者は決定的に欠いている。しかしそうした経済学に対する批判精神

も、逆に欧米諸国は「経験知」に頼りすぎている面も多く、日本は今からでも経験知の不足を「理論知」で補い、より良い理論モデルを世界に向けて発信できる貴重な立場にあると考えたい。

　日本で株式会社の設立は明治6年の第一国立銀行の設立に遡るが、その後明治23年商法典、32年商法典の成立と平行して、ドイツに倣って取引所法を明治26(1893)年に成立させたことは、当時の欧州の常識に倣ったとはいえ、その時点での構想の正しさを示すものである(証券取引所の誕生は明治11年とされる)。取引所法を学ぶことで、日本は取引所の経済的機能などを正面から論じてきたのである。アメリカに全国レベルでの巨大マーケットが存在しても、証券規制は会社法並みの州規制であり続け、連邦レベルで資本市場法制を構築したのは大恐慌後の1933年連邦「証券法」、1934年連邦「証券取引所法」他であった。日本は外国に学ぶ姿勢により早くからそれなりの態勢を整備してきていたと言える。

　しかるに、戦後証券取引法が制定されても、これを株式会社法にとって不可欠な制度であるとする認識は全くなく、今日に至るまで一般に株式会社法と金商法(証券取引法)を別個異質な法制であるとしてきたことは、明治の先人たちに比べてかなり見劣りがする。その後間接金融から直接金融へという流れの中で、資本市場(株式市場)の重要性が認識されるに至るが、それでも私法原理でのみ理解されてきた株式会社法にとって、証券取引法ないし金融商品取引法は異質なものとされてきた。若干前述したが、今日では実は、金商法を日々遵守している株式会社(公開株式会社——諸外国ではこれを普通に株式会社と言う)[245]につ

を失った法律家のあり方は、この分野で望外な程に健闘してきた明治以来の先人の思いを受け継いでいないと言わざるを得ない。

245　単なる上場会社ではなく上場会社以外の有価証券報告書提出会社(公募した会社と一定の外形基準を充足した会社——金商法24条1項3・4号)を含む金商法適用会社をいう。公開会社法要綱案11案を作るに際してコメントをいただいてきた神田秀樹教授は、この問題を論ずるに際して「上場会社等」とも言われているが、ここでの「等」には上場会社以外の有価証券報告書提出会社が入るとされており、私の公開会社と完全に同じ概念であることが確認されている(前注63所掲の座談会及び後注249参照)。上場会社等と言われる理由は現行会社法の公開会社概念が閉鎖会社でない会社と定義しているため(会社法2条5号)、紛らわしいからである。本来は会社法の公開会社概念の方が明らかにおかしい。

　なお、神田教授は前述のように新会社法制定時に、それと金融商品取引法の統合を主張する私見の公開会社法の構想について、それが望ましいことを明言されていた。神田秀樹「新

いては、現行会社法の個々の規定ごとに、金商法上の制度が適用されている場合には会社法の規定を適用しないといった準用規定が実に多数存在する[246]。

　しかしこうした規定がある場合でも、実は金商法の世界は連結ベースだが会社法は単体ベースであり、会計のルールも一方は財務諸表規則だが他方は会社法の計算書類規則であり、そもそも両者は概念も内容も対応していないため、代替規定があっても代替のしようがない。会社法の決算公告(貸借対照表・損益計算書の公告義務)は有価証券報告書が出ている場合には不要と言われても、有価証券報告書の基礎にある適時開示や半期報告書や臨時報告書は代替規定がないから関係ないとは言えない。EDINET で有価証券報告書をみれば財務情報以外の他の部分も丸見えだが、公衆縦覧されている以上、それを「見てはいけない」と言えるはずもない。金融庁の命令による訂正有価証券報告書は行政が介入しているから会社法でないというのもおかしい、等々。

　現実には会社法にこのような代替規定があってもなくても、金商法適用会社は淡々と金商法を日々遵守しており、会社法は話題にもならない。金商法上の概念と会社法上の概念が重複するとされる場合でも、二つの法が同時に運用されることはなく、基本的に金商法が常に優先適用される。実は、金商法適用会社が一斉に会社法の方の規定を全面的に無視しても誰も困らない。有価証券報告書虚偽記載の刑事罰が懲役 10 年の時に、会社法の計算書類虚偽記載に過料 100 万円を課すこともあり得ない。金商法には虚偽記載について民事責任の特別規定があり課徴金も課せられる中で、会社法にそれらがないことも問題にすらならない。なぜなら、実はそれらの金商法規定は本来の公開会社法の内容そのものであるから。そしてそのことは証券市場を活用しうる仕組みとして形成されてきた株式会社のごく普通の姿なのである。

　しかし法学部の会社法の授業で、金商法適用会社について有価証券報告書等を学ばないことは、おそらく世界的には異様な姿であろう[247]。現在公認会計士

　　会社法と金融商品取引法──公正な市場へ統合視野に」日経新聞「経済教室」2006 年 9 月 5 日付。
246　こうした代替規定の一覧と、それが引き起こしている耐えがたい問題については、上村・前掲論文注(166)1 頁以下を参照されたい。
247　ロースクールができる際に、司法試験委員であった私は、将来どこかの時点で会社法の試験範囲に、金商法の株式絡みの制度を入れることを検討するといった経過規定を設けるべ

試験の「企業法」の試験範囲は、会社法・商法・金商法(企業内容等の開示に関する部分に限る)とされており、それは発行開示・流通開示・内部統制報告制度・公開買付に関する開示、開示に関する民事責任、証券取引所の適時情報開示をも包含する。他方、司法試験のかつての「民事法」で、会社法は民法・民事訴訟法との融合問題とされていたが、それは理論より実務が大事という倒錯した発想に拠るものであり、さすがに今ではそれは止めている。「民事法」は今では「民事系(民法・商法・民事訴訟法)に関係する科目」とされ、金商法が入らないだけでなく、会社法がどこに入るのかすら不明である。どうも、試験科目としての実質をほぼ喪失している「商法」に「関係する科目」とされているらしい。前記のように、会社法には金商法の準用規定が山ほどあり、「その部分の金商法規定は会社法そのもの」なのであるが、そのような金商法規定を出題することも(事実上?)できない。司法試験合格者は公認会計士試験の「企業法」の受験を免除されるが、この分野は明らかに、より劣った資格で優れた資格に代替するというお粗末な状況となっている[248]。公認会計士たちが文句を言わないのがいかにも不思議である。

　②**公開会社法の具体的構想について**　　株式会社とは資本市場を活用する会社であり、日本のように金商法適用会社の株式等についても資本市場法(金商法)と株式会社法を理論上・実態上異質な法と理解するような国は少なくとも先進国にはなく、また本書では、株式会社法にとっては当該会社が発行した株式(ないし有価証券)の価格が公正であることが本質的に重要であることを繰り返し述べてきた。それは、日本の企業法制がせめて欧米と同じスタートラインに着くために、経験知の不足を理論知で克服しようとの主張であり、そのためにまずは金商法の株式等関連部分と株式会社法を一体化する公開会社法の確立が喫緊の課題であると言い続けてきた。株式・社債等の株式会社由来の有価証券について金商法(証券取引法)が適用される部分と株式会社法制が重複している問題、あるいは会社法に規定がないが会社法にとって金商法適用の意義が非

きとかなり主張したが(公認会計士試験では一部実現している——次注248)、一顧だにされないばかりか、呼び出されて二度と言わないようにと注意を受けた。
248　これらについては、上村「企業法から見た法曹資格と公認会計士資格」企業会計73巻2号(2021年)1頁参照。

常に大きく、誰もが金商法と会社法とが一体であることを当然視しているような問題を包括的に公開会社法制として体系的に捉え、それを体系的に明文化することを具体的に提案してきた[249]。近時金商法と会社法の開示の調整などの問題がようやく喫緊の課題とされつつあるが、それは公開会社法の理論的な本質を踏まえておらず、情報開示の表面的な調整にとどまっている[250]。

　もっとも、この問題について、法務省が私見と全く同じ問題意識を有していた時期があったことについては一言しておきたい。2003年に51歳で亡くなられた故原田晃治民事局官房審議官は、当時の自民党の「会計小委員会」「会社法小委員会」(いずれも塩崎恭久衆議院議員(当時)が座長)が公開会社法に強い関心を寄せ、そこで数回行った私の報告を聞かれていち早く公開会社法の意義を理解し、その実現を強く望まれていた。原田審議官はいずれは、法務省・金融庁・経産省の共管の法にしなければと言われていた。私は当時、原田審議官に乞われて、民事局および法制審会社法部会で公開会社法の説明を行った。この時に民事局の最若手官僚で、その後立法担当者として活躍された方から、2006年の会社法制定の過程で、公開会社法ができるかもしれないと耳打ちされた。彼は原田審議官の問題意識を共有していたものと思われる。それは新会社法に「有価証券報告書提出会社の特例」といった章を作るといったことだったと記憶している。この問題意識は、新会社法構想を主導された神田秀樹教授の問題意識でもあったのではないかと、勝手に推測しているのだが(前注245に掲げた神田教授の論文参照)。ここではそうした問題意識がもともと法務省民事

249　上村・改革。公開会社法の具体的な構想を条文の形で作成した、公開会社法要綱案11案については前注166を参照。この要綱案の作成の経緯、その後の状況と近時再び増大しつつある意義等については、神田＝上村＝中村・前掲座談会注(63)6頁以下を参照。かつて神田教授と共有した問題意識がほぼそのまま今も共有されていることに意を強くし実現したのが、この座談会である。具体的に、どのような形で公開会社法を実現させるかにつき、教授は「お楽しみ」と言われていた。

　なお、宍戸善一＝柳川範之＝大崎貞和『公開会社法を問う』(日本経済新聞出版社・2010年)は、民主党の提案による公開会社法の議論が法制審でなされようとする時点で公刊されたものであるが、執筆者自身が、「法と経済学の議論に基づいて行われた鼎談」(236頁)と言われているように、そこでは公開会社法要綱案11案と民主党案の区別すらついておらず、長年主張し続けてきた私の見解を深く探ろうとした形跡も乏しいように見える。

250　内閣官房＝金融庁＝法務省＝経産省の三者による見解、及び、金融庁＝法務省の二者による見解については、前掲注(235)参照。

局にあったことを申し上げておきたい。当時制定された会社法(現行会社法)に
はきわめて多くの金商法の準用規定があるが(前注 166 参照)、その作業を行っ
た担当者であれば、継ぎはぎ的な準用条文では間に合わないことを実感し、誰
よりも早く公開会社法の必要を痛感したであろうことは容易に想像がつく。

　公開会社法の具体的な構想は、公開会社法要綱案 11 案に展開しているが、
それがもともとは当時の日本取締役協会での作業からスタートしたこと、具体
的な策定作業の過程では、神田秀樹教授のコメントをいただいてきたこと等を
含めて要綱案 11 案にその経緯が記載されている。

　この要綱案 11 案は既述のように、自民党の二つの小委員会で塩崎衆議院議
員(当時)の支持を得て策定してきたものであるが、その後民主党政権になって、
民主党がそれを引き継いだ形となった。この段階でも塩崎議員には応援をいた
だいた。その後、民主党政権の当時の千葉景子法務大臣は法制審議会に、ガバ
ナンス問題と親子会社法制問題を諮問したが、実質的には公開会社法の実現を
目玉としていたことは日経新聞が 2010 年 1 月 1 日付の 1 面でこのことを伝え
たことからも明らかである。

　この時点では、民主党が衆参両院で多数だったこともあって、経済界も官僚
組織もその実現は不可避と考え、4,5 年かけて具体案を策定しようという機運
であった。ただし、民主党が最終的に策定した案には、最終段階で非常に杜撰
な労働者代表監査役の提案が入ったことで、公開会社法全体のイメージは著し
く悪化した[251]。結局、その後の参議院議員選挙で民主党が敗北したことから、
参議院で自民党・公明党の賛成がなければ民主党案は通らないこととなり、公
開会社法の話は完全に挫折した[252]。

251　私は自民党だろうが民主党だろうが公開会社法の導入を必要不可欠と考え、民主党の案
　　の策定にも関わった。最後の二回の最終案策定の会議には一切関与していないが、そこで労
　　働者参加の導入が決められた模様である。議論の経緯を知らない者による不当な介入の結果
　　としか考えられない。

252　ただし、法務大臣による正式な諮問を受けた以上は法制審としてなすべきことをする責
　　任があり、その審議結果が平成 26 年会社法改正に結実したことは、約 20 年ぶりの会社法の
　　規律面の改正であり、社外取締役の導入に全面的に反対していた当時の経済界と自民党政権
　　ではなしえなかった重要な意義を有したと考えられる(遺憾ながら、野党の関係者でその意
　　義を認識している者は今やほぼいないように見える——すぐに問題の重要性を理解された故
　　仙谷由人氏、当時の財務省副大臣・内閣官房参与の峰崎直樹氏には一貫して応援していただ

公開会社法の具体的な構想については、要綱案11案をご覧いただけたら幸いである。ここでは最小限の概要だけを述べておく。

　第一に、立法の形態は公開会社法という単独立法が必要ということにはならない。会社法に「有価証券報告書提出会社の特例」という章を設けることがもっとも現実的である。今の会社法が旧有限会社法と共通の閉鎖会社志向の法になっているため、公開会社の特例となるが、実は公開会社とは諸外国で普通の株式会社のことである。

　第二に、株式・社債等に係る金商法上の情報開示・会計・監査・内部統制、公開買付、発行市場規制等の規定は有価証券報告書提出会社については、「公開会社法上の制度」すなわち会社法であることを明文で明らかにする。適時開示も当然に包含される。

　第三にその際には、金商法の基本概念をそのまま活用し、例えば会社法の計算書類概念や会計監査人概念などは廃止し、金商法の財務諸表や公認会計士・監査法人といった概念を正面から会社法上のものとして受け入れる。

　第四に金商法上の行政規定に基づく概念も当然に会社法上のものとなる。有価証券報告書が公開会社法上の概念になる以上、金融庁の命令に基づく訂正有価証券報告書も同じ扱いとなることは当然である。課徴金などの行政処分も、もとより一体のものとして理解される。

　第五に、株式市場ないし投資家概念（後者には売りの投資者である現在株主が当然に包含される）を超えた企業社会の諸価値に関する問題、あるいは株主総会の招集・運営等に関する会社法固有の制度については、金商法上の諸制度が存在することを前提に、両者の役割分担を慎重に検討して制度の分化をはかる。なお、金商法が要求する開示等の実行部隊は発行会社ガバナンスであるから、会社法ガバナンスの対市場責任を明らかにする必要がある。

　第六に、例えば会社法上の新株発行の差止めと金融庁による緊急停止命令の申し立ての関係などについても一体的な理解が当然に求められる。

　第七に、金商法違反行為の私法上の効力については、強行法規としての金商法違反を公序違反とすべき状況と、そこまでの効果を認める必要のない場合を検討する必要がある（アメリカ連邦証券取引所法には、原則無効とする規定がある）。

───────────────

　いた）。

他方で、例えば不特定多数を相手とする公募や公開買付のように、公開市場の存在を前提にする場合には、たとえ第三者割当増資のように取引相手が特定されていても、市場への転売により取引の特定性を追求できない場合もある。公募増資の場合には、直ちにそうした状況が生ずる。取引の追跡可能性がなければ、当面取引自体は有効とせざるを得ないが、そのことは本来違法な取引による株式等が市場の価格形成に参加することを意味するため、一定の手続きを用意して公募なら市場での同数の株式の遅滞なき買入れ消却義務を課し、自己株式取得や公開買付なら、遅滞なき売却義務を課す等により、市場秩序回復の措置を用意する必要がある。この点で、こうした行為が実行される前になされる監督当局による緊急停止命令の機動的な発動が重要となる。

　第八に、単独立法としての公開会社法であれば、法務省・金融庁の共管となるが、そうでなくても実質的に両者による意見調整の場が経常的に設けられるべきである。問題により経産省との意見調整が必要な場合もありうるが、それぞれが勝手に立法を行うことは避けなければならない。

　第九に、公開会社法の短期的な改正作業と中長期構想等の構築をどこがどのような形で担うかについて、慎重な検討が必要である。内閣府に権威ある専門家からなる独立の立法委員会のような会議体を設置し、あるいは法制審議会の中に恒常的な特別部会を設けるといったことも考えられる。

【市場区分とコーポレートガバナンス・コード】
　東証は、2022 年 4 月には市場区分の見直しを行う予定とされているが、そこでは新たな市場区分としてプライム市場、スタンダード市場、グロース市場の三種が認められるとのことである。それらは基本的には、株主数、流通株式数、流通株式時価総額といった市場の流動性に係る基準によって区分され、それは伝統的な市場区分の王道をなすものである。しかし、こうした区分に対応してコーポレート・ガバナンスの水準にも差を設けるとされていることについては慎重な評価が必要である。株式市場を活用しうる会社形態として発達してきた株式会社制度にとっては、証券取引所のルールが会社法の形成に寄与してきたのは確かであるが、それは主として株式の市場適合的な性格に関する部分であり、会社法上機関構造の選択肢が肯定されている中で、機関構造の優劣を証券取引所が判定し、それを上場審査の過程で事実上押し付けるようなことになるとしたら問題であろう。金商法の目的である市場機能の十全な発揮と公正な価格形成の確保という証券取引所としての至上命題に適うという観点から、こ

の機関構造が望ましい、とは言えないはずだろう。ガバナンス問題であれば、非上場有価証券報告書提出会社(金商法 24 条 1 項 3 号 4 号)が除外される理由もないはずである。

　また新たな市場区分にあっては、金商法と会社法が一体化した公開会社法の実現が特に望まれるところ、ガバナンス水準が高いプライム市場と言っても、会社法が準用している金商法規定ですら、その意義は明らかでなく、財務諸表と計算書類、会計監査人と公認会計士、金商法内部統制と内部監査といった制度の関係性も不明確である。グループガバナンスといっても、会社法は単体であり金商法は連結という事態すら放置されているなかで、要は、会社法の要請は無視せよということであろうか。いずれにしても公開会社法の制定が喫緊の課題であることを踏まえた提案になっていないことは、根本的な問題であろう。また、超高速取引を推進してきた東証が、そうした取引によって可能となる一瞬の売買による刹那的な株主による議決権行使をコーポレート・ガバナンスの観点からどのように考えているのかを説明する責任もある。

　新たな市場区分にあっては、改訂コーポレートガバナンス・コードの基本原則の中でも高度な内容(社外取締役 3 分の 1 以上を要請)を含むものと補充原則、基本原則と補充原則のみ、基本原則のみが適用、の三種の区分になるようであるが、そもそも補充原則なき基本原則の規範的意義とは何か。その会社法上の意義とは何か。区分を上場審査の対象とすることで、comply or explain ルールのはずのコーポレートガバナンス・コードが事実上準強行法規的意味を持ってしまうとしたら本末転倒である。上場審査の対象にはなっても会社法違反の効果を伴わないであろうから、コーポレートガバナンス・コード適用外の会社に適用される会社法規範の方が判例理論の進展等により、より優れたものとなる可能性もあり、コード適用会社のガバナンスへの信認の基礎は東証の審査ということになる可能性もあるのではないか。そもそも東証上場規程の「別添」という意味不明の位置づけであるコーポレートガバナンス・コードへの過度な依存は日本のコーポレート・ガバナンスの水準の低さを物語るものになりかねない。

株式会社法と市民社会

①投資者経由で市民社会を射程に　　既述のように資本市場と一体の株式会社制度にあっては、発行会社は資本市場での公正な価格形成確保のための対市場責任を負っており、そのために要請される情報開示・会計・監査・内部統制・コンプライアンス等を誠実に履行することが求められる。これがないと、そもそも資本市場(株式市場)自体が成りたたない。発行企業によるこうした対市場責任という観点からすると、実は情報開示等に関するその責任は、まずは

株主以前の「買いの投資家」に向けられたものであるが、それは同時に「売りの投資家」に対する責任でもある。資本市場において公正な価格形成が確保されるためには、資本市場における「買い」と「売り」が対等に扱われ、そうした注文が競争的な価格形成の場に曝されなければならない。大事なことはこの局面で株式にかかる「売りの投資家」とは、株式保有者すなわち株主に他ならないことである。株主は株式市場において「売りの投資家」として現れるが、同時にその有する議決権等の共益権を拠り所としてガバナンスの担い手として会社に現れることとをきちんと区別して論じなければならない。公開株式会社においては、株主とは、「買いの投資家」が株式を「買った後の呼称」ないし株式を「売る前の投資家」の呼称でもある。流通市場の情報開示は一つだから買い手にとっても売り手にとっても同価値なのは当然だが、何故か売り手は株主だから会社法、買い手は投資者だから証券取引法（金商法）と思い込む向きがいまだに多いように見受けられる。

　株主にとっては、配当や議決権行使以上に、実は株式を「買い増し」「売る」前提である正確な情報開示や会計・監査の充実の方が、株主であること自体の判断に関わるだけに切実である。しかるに日本では、株式会社制度と資本市場との一体的関係を無視してきたため、売りの投資家としての株主と会社法上のガバナンスの担い手としての株主の区別が理論上つかなかった。「買い」の投資家は買わなくても致命傷を受けないが、「売り」の投資家たる株主は売らないと致命傷を蒙る可能性があるため、実は株主の投資家としての立場はより切実なのだが、株主のこうした立場に関心が払われて来なかった。

　例えば、金商法上の制度である株式公開買付（TOB）について、支配権の移転に関する規制であるからその性格は会社法であるとする見解がかなり見られたが（今もこうした主張があると思われる）、こうした見解は株式公開買付において株主は不特定多数の「売りの投資家」として表れることを無視した見解である。この制度が本当に会社法なら、公開買付に関する多くの行政規定はすべて不要ということになるはずだが、不特定多数の「買いの投資家」を対象とする発行市場に必要な行政規定が、この反対現象である公開買付には不要ということでは資本市場はまったく維持できないことになる[253]。これとは別に、売買チャンスの平等という資本市場規制にとって本質的に重要な問題についても、例えば強制公開買付制度[254]を株主平等原則により会社法的に説明する見解が主張され

ることすらあった(今もあるかもしれない)。

　ところで、本書の問題意識にとって特に重要なのは、このように、資本市場と一体の株式会社制度が「買いの投資家」に対する情報開示責任等を強調することで、「買いの投資家」としての個人や市民を当然にその射程に取り込んでいることにある。なぜなら「売りの投資家」は、その属性はともかくとして株主には違いないが、「買いの投資家」とは誰だか分からない。

　株式会社も株式市場も人間中心に考えるなら、「買いの投資家」とは市民社会そのものの表現である。投資家という概念は消費者という概念と同じく、「買う前」の呼称であるから、誰でも投資家たりうる。消費者に対する品質開示などの表示規制も投資家に対する情報開示規制も、不特定多数の投資家、すなわち市民社会をトータルに相手にする世界であることを意味している。ショーウインドーを見ながら銀ブラをしている市民は、ただの市民と言えば市民だが、何かを買おうとしている消費者と見ることもできる。投資者も同じである。通りを歩いている市民が看板を見て証券会社に入れば投資者と呼ばれる。本書は、株主の属性としての市民性を強調してきたが、公開会社法理は、このように投資者概念経由で市民社会が射程に入ることを当然のこととする。

　②ESG、SDGs、SRI 等　　本書は人間復興の株式会社法を掲げてきたが、それは、企業活動とは、人間たちが契約自由・所有権の絶対性という人権としての人間の行動の自由に基づいて行う共同の事業を言うべきところ、そうした人間に敵対する疎外要素を強く帯びた株主あるいは、一株一議決権原則により過剰な支配権が与えられた株主による人間支配が行くところまで行き、しかるにそうした状況を問題とする企業法理が存在しなかったこと、そして歴史上経験したことのないような貧富の格差を地球レベルに拡散してしまったことに対する批判の書でもある。

　しかし、近時話題の ESG(environment, society, governance)や SDGs(持続的開

253　こうした問題全般については、上村「証券取引法における「かたまり取引」——不完全証券市場規制論のための覚書」菅原菊志先生古稀記念論集『現代企業法の理論』(信山社・1998 年)157 頁。

254　3 分の 1 を超える株式のかたまりの市場外の譲渡は公開買付に拠らなければならない(金商法 27 条の 2 第 1 項 2 号)。この制度の趣旨については、上村「(連載)新体系・証券取引法第 9 回(公開買付市場に対する法規制)」企業会計 54 巻 3 号(2002 年)39 頁以下。

発目標)を強調する動きは、人間復興の観点から大いに歓迎されるべきことなのかと言えば、そう簡単な話ではない。それが企業社会のあり方や企業制度の本質的理解自体の見直しを伴わないのであれば、それは株主の属性に疑問のある者を中心とした一時凌ぎの言い訳にすぎない可能性も高い。現に存在する株主(と呼ばれている者)の属性を批判的に問うことなく、株主価値最大化や株主主権は当然だが、ステークホルダー「も」大事、ESG「も」大事、SDGs「も」大事という話なら、かつての貴族の慈善(フィランソロピーないしメセナ)にも及ばない可能性が高い。貴族は人間であり、かつ歴史的に形成された伝統的支配に伴うノブレス・オブリジュ noblesse oblige という人間らしい矜恃を有していたとみることも可能だが、人間を代表しないファンドらに人間らしい矜恃などはないのが普通だからである。

　ESG のうち E(環境)は人間生存の基盤であり、株式会社が真に人間のための存在となっていれば、人間としての株主は同時に労働者であり消費者であり地域住民でもあるから、原則として会社を取り巻く人間たちによる自由な意思決定に委ねることで環境への配慮はなされるに違いない、とまずは言える。S(社会)も株式会社自体が人間社会と言えるようなものであれば、ことさらに社会を強調することの意味は不明となる。G(ガバナンス)も会社の事業目的を達成するための仕組みを意味する以上、会社が人間中心の仕組みになっていれば特に声高に言うほどのことではない。事業目的が怪しいほどムキになって ESG などを強調する傾向があるのではないかという気がしないでもない。なお、ESG に間違いなく人間である労働 labor が入っていないのもいささかの違和感を覚える。ESG はこれに L を足して LESG と呼ぶべきなのではないか[255]。

　ESG が何か新鮮な印象を与えるとしたら、それは、現実の株式会社法理論が、人間復興の株式会社理論ないし人間の学としての株式会社論になっていないこと、あるいは現実に人間収奪の道具と化していることへの自省的な表現となっている場合である。ESG を語る者には、本書で縷々述べてきたような株

255　資本主義勃興期に、資本家は労働者という人間を雇用するということではなく、人間から「労働力」という経済価値を契約によって買ったという発想に立っており、まさに民法の雇用契約という私的自治の世界でしかなかった。本書がここで労働の L を強調するのは、労働者は必ず人間だからである。

式会社論の根本からの見直しに目を向ける責務がある。そこでの主張が人間復興の基礎理論を伴うものであるかが常に問われる必要がある。

SDGs（持続的開発目標）は、もっぱら 2015 年に国連総会で採択された 17 のグローバル目標と 169 のターゲット（達成基準）からなるものを言うのが通例であるが、その根底に国連環境開発会議リオデジャネイロ宣言（1992 年——一般にリオ宣言と言う）が示した哲学があることが語られることは少ないように見える。そこでは、人類と自然の調和、健康で生産的な生活を送る権利（第 1 原則）、貧困を根絶する責務（第 5 原則）、戦争を根源的な持続可能社会の破壊者とする認識（第 24 原則）、突発的な自然災害等環境的に脆弱な途上国への支援ないし優先扱い（第 6 原則、第 18 原則）等々が強調され、環境と災害、貧困、戦争への挑戦が謳われている。他方で同宣言は人類の生産的な生活、開発の権利のあり方の見直しも主張する。そこでは人間と自然の関係において、人間を自然に対する開発主体とすることを疑わない発想が、グローバルな地球環境問題等を生み出していることが強く認識されている。このことは明らかに開発主体としての企業のあり方[256]を根源に立ち返って見直すべきとの主張である[257]。こうした発想を我々が正面から受け止めれば、いわゆる持続可能社会を展望する新しい会社法学とは人間復興の会社法理の追求に他ならないこと、そして会社法学とは実は人権問題そのものであることが理解されるはずなのである。そうした感覚が現実と如何に遊離していようとも、認識レベルでは、そこからスタートしなければならない。

SDGs をめぐる近時の議論は目標をいくつ実現しようとしているかといった表面的な話が多く、単に企業の持続性という程度の意味で使われている場合も多いように見える。昔から、会社制度の中枢をなす法人概念も資本概念も会計公準も、会社の持続企業性（going concern——一航海一企業の当座企業に対する）と

256　リオ宣言の原語は Rio Declaration on Environment and Development であるが、このうち Development を開発と訳すことは、企業主体の開発にお墨付きを与えるかの印象があるとして、これを「発展」と訳すべきとの主張も多いが、むしろ開発主体としての企業のあり方を変えるという問題意識からは「開発」と訳されなければならない。

257　ただし、同時に締結された気候変動枠組条約とその後の京都議定書等で、排出権取引が認められていたことについては強い批判がある。宇沢『人間の経済』前掲注(51)144 頁以下は、この制度くらい反社会的で非倫理的なものはないと強く批判する。

しての性格を前提に議論をし続けてきた。SDGs は、すべての人間と自然を一体として持続可能な存在として捉える場合に、初めてその固有の意義を認めることができる。SDGs は、ほぼ人間の匂いのしないヘッジファンドなどの株主像を安易に肯定し、株主の属性を問わない、株主価値最大化を疑わない発想とは無縁である。原丈人氏（次項③参照）がよく言われることであるが、ESG や SDGs はアフリカ諸国の目から見ると、一神教を信仰する白人のエゴイスティックな発想という受け止め方のようである。アフリカ、ブラジルアマゾンの自然破壊、同じく一神教のイスラム、日本古来の神道のような多神・自然信仰、種や埋蔵物の独占、人種・宗教を問わないすべての人間の人権、といった問題をも問題意識の射程に取り込んでいるか、が常に問われている[258]。

③ **公益資本主義**　アメリカ流の株主資本主義に強く反対し、かねてより公益資本主義を強力に主張されている原丈人氏を初めて知ったのは、今から 10 年以上前の論文「日本興国論——米国型経営を超えて」[259] を読んだときであった。考古学研究者にしてアメリカで経営者としての経験豊富な氏（全米 2 位のベンチャーキャピタリストとされたこともある）がアメリカ型の資本主義を強く批判されるその論旨は、私がかねてより主張してきたものとほぼ同旨であった。原氏が言われる公益資本主義とは、具体的には「企業の事業を通じて、その企業に関係する経営者、従業員、仕入れ先、顧客、株主、地域社会、環境、そして地球全体に貢献する」ような企業や資本主義のあり方を言うとされる[260]。このうち、株主、従業員、取引先（顧客）、地域住民といった利害関係者を「企業を支える仲間」「社中（company）」[261] と呼んでいる。ここから株主資本利益率 ROE に代わる ROC（return on company）の指標作りに取り組まれている。そのうえで、具体的な制度に係る提言として、①会社の公器性とそのための経営者の責任の明確化　②中長期株主の優遇　③「にわか株主」の排除　④株式保有期間で税率を変える　⑤ストック・オプションの廃止　⑥新技術・新産業への投資の税金控除　⑦株主優遇と同程度の従業員へのボーナス支給　⑧ ROE に代わ

258　日本のヤマト言葉に、自然という言葉がないのは、人間も自然だからという。大野晋『日本語の年輪』（新潮文庫・1966 年）12 頁。

259　文藝春秋 2007 年 11 月号 290 頁。

260　原丈人『「公益」資本主義——英米型資本主義の終焉』（文春新書・2017 年）158 頁。

261　この「社中」という用語は福沢諭吉が理解していた概念と一体のものである。

る新たな企業価値基準「ROC」の策定　⑨四半期決算開示の廃止　⑩社外取締役制度の改善（会社は公器という観点からの監視）　⑪時価会計と減損会計の見直し　⑫GDPを超えた日本発の新しい経済指標作り、を主張されている。

　こうした提言は、アメリカで事業の現場を熟知する原氏が、「これはおかしい、こうでなければならない」と考えた経験「知」に基づくものである。実は本書の人間復興の会社法理とは「社中復興の会社法理」と同じである。上の①②③⑤⑧⑩は短期的な株主価値最大化論ないし株主主権論および経営を株価で判定する発想の排斥により、長期的な各会社の経営目的・ミッションの実現を最上位の価値として認めようとの主張であり、④も長期保有株主優遇の主張を税率の観点から認めようという主張である。⑦も株主を従業員というステークホルダーと同列に置くべきとの主張であり、このことは株主は人間（社中）でなければならないとの主張である。⑨も経営成果の評価にかかる短期主義への批判である。この点は四半期報告書への反対として受け止める向きもあるが、あくまでも中心は「四半期決算」情報開示を廃止すべきとの主張である[262]。⑪も市場価格への過剰な信頼を会計ルール上の原則とすることで、人間社会に貢献する長期的な研究開発等への支出を困難にし、安易な経営者評価の拠り所を提供していることへの批判である。経営目的とは会社の事業目的の遂行であるからこうした観点は当然のことである。⑥は短期的な株価対応の新事業ではなく、公益資本主義の精神に適う新事業の推進を主張し、⑫は経済規模とは別個の人間の幸福度を計りうる新たな指標作りを促そうというものであり、日本が世界に主張する経済社会の哲学を形成しようとするものと言える。

　こうした主張は、株式会社法の通念に慣らされた日本人には、異質な主張であるかに聞こえたかもしれない。なにはともあれ、開示を減らすなんて、という感覚である。しかし、それは株式会社の基本理解を誤ったことからくるものである。適時情報開示について一定レベル以上の水準が維持されているのに、

262　高度な資本市場を有する株式会社の場合には、有価証券報告書も半期報告書も四半期報告書も適時情報開示の一定の時期における集約情報開示にすぎず、有価証券報告書は会社情報に係る年鑑・年報のようなものにすぎないことについては前述した。もっとも、適時情報開示に十分な信頼を寄せることのできないベンチャー企業などについては、四半期情報開示こそが貴重な情報源という状況はありうる。しかし、それでも四半期決算は短期的な成果を性急に求めるベンチャー・キャピタルなどに迎合するものにすぎない。

年に4回も決算手続きを行うことは、短期利益獲得を目指す株主への過剰なサービスである。実は既述のように[263]近時の各国の会社法の目的に関する法改正の動向はまさしく株主主権的発想からの離脱を認める点で共通している。

　前述のように、アメリカも1992年のアメリカ法律協会の見解では、会社は自然人と同様に行動すべきとされていたのであり、実はアメリカにとってもこの間の三十数年の、経済学の仮説あって法律学なきが如き状況の方が突出して異例であった。この間の異例な論理によってアメリカは、世界中から富をかき集めた。アメリカは三十数年前の正常な感覚をその後忘れてきたのであり、この間欧州は制度のあり方を基本的に変えないできた。日本はもともと有していた欧州型の安定的な、日本人にとっては使い勝手の良い会社法制を棄てて、アメリカの異例な時期の発想を通念として受け入れてきた(もともとアメリカ型は日本人にとっては制御困難な仕組みだと思う——後述注275、280参照)。そのアメリカも今、本来の姿を取り戻そうとしているときに、日本だけがアメリカが捨てようとしている発想に固執するかに見える[264]。日本も遅まきながら、経済界自身が新たな道への模索の旗を振らなければ、少なくとも、アメリカの行き方に批判的となっている中国に、この分野でも後塵を拝することになるだろう[265]。

　本書で展開した「人間復興の会社法理」および、「買いの投資家」概念(株主として個人ないし人間関与度の濃さを問題にする以上、投資家概念もそれに対応するのは当然)を経由して市民社会を捉える「公開会社法理」の主張は、欧州の企業社会が欧州の市民社会の規範意識に支えられており、日本にそれが欠けているのを、まずは理論「知」によって克服しようとするものであるが、前述の松田二郎裁判官の議決権＝人格権のように、この際再び欧州的な市民中心の規範意識を素直に受け止める可能性に舵を切り直すべきではなかろうか。いずれにし

263　前述91頁以下参照。

264　日経新聞2020年5月30日付朝刊1面トップに、「米欧企業が配当規制——当局、コロナ支援先に要請　株主至上に転機」との記事があり、こうした記事が他にも散見されるようになっているが、株主第一主義を放棄したアメリカの前述のRoundtableのOur Commitmentは2019年8月に出されており、もともとコロナとは関係のない話である。株主第一主義を盛んに煽ってきたマスコミの姿勢こそが厳しく問われている。

265　私の『会社法改革』の中国語版(前掲注(8))はかなり読まれており、また中国の幹部クラスによる公益資本主義に対するアプローチの強さは、アメリカ的行き方に代わる彼らの今後の行き方を模索する姿のようにも見えるが、アメリカでも原氏への関心は驚くほどに高い。

ても、経済社会の現実からあるべき姿を追求される原氏の公益資本主義論と、会社法・株式会社法の基礎理論を理念型的に見直し、それと現実との落差を見ることで具体的な制度論を展開しようとしてきた私の主張が、あたかも双方向から掘り進めてきたトンネル掘削が、中央付近で繋がるかのように、「結果的に」一致していることを示している。そしてそのことは、公益資本主義の主張が、会社法・資本市場法の基礎理論という強固な理論の上に成りたち、その具体的な提言の数々も、株式会社法の基礎理論に基づくものであることを意味している。

第6章 立法体制と具体的な立法提言
——株主の属性論を踏まえて

人間復興の原点は議決権の意義と株主の属性の再評価に

　これまで本書で論じてきたことを踏まえて人間復興の視点を確認するなら、それはもともと人間の意思表示の性格を有した議決権の意義の確認と、そうした議決権行使を担うに相応しい株主像のあり方を根本から見直すことである。このことは、とりわけアメリカと日本で本物の株主であるかにふる舞っている者の存在根拠自体を洗い直すことを意味している。

　株式会社制度の本質は市場適合的な出資の形態である株式にあるところ、それはヒトがその名において人格的に有してきた所有財と意思決定の自由が一体の世界（組合、人的会社の世界）から、均一同質な市場適合的な新たな財である株式というモノを人格から切り出して外部化（true sale）したものであった。株式のこうした性格が市場流動性、価格形成可能性をもたらし資本市場（株式市場）の形成を可能とし、ここから資本市場を使いこなすことができる会社形態である株式会社制度の誕生が可能となり、資本主義市場経済の中核を担うに相応しい会社のあり方が模索されてきた。株主とは、人格から分離したモノとしての株式を対価を払って買い、所有することの結果として、株式に表象されている権利を行使することができる者である。どこまでも株主とは株式の保有者share holder である。この場合有限責任とはそうした責任が株式というモノに表象されているわけではなく、こうしたモノとしての株式を「後腐れなく」買い取ったために会社と直接の関係に立たないことを表現するものであった。

　次に、このように人格から切り離された株式とは、ヒトが有していたはずの財ないし出資財産が加工され外部化（証券化）された姿であるから、意思決定の要素である質疑等の意見交換・決定（議決）という人格的要素も当然に外部化される根拠はどこにもない。人格の表現である議決権が当然に株式に表象され、財の帰趨に応じて人格も株式というモノに随伴することにはならない。人格に財が随伴するというのが事業体（組合等）の基本原理であった。資本市場適合的な株式という均一な単位としての財（モノ）を作るという法技術的な要請に応じ

て、人格の表現である議決権も当然に細分化され切り刻まれる単位となることはあり得ない。ただし、株式の最小単位の保有者として市民・個人を想定するなら、その限度では人間が出資していると見ることも自然である。しかし、他方で1万株を有している者に1株主の1万倍の議決権を付与することが当然ということにもならない。

　しかるに、議決権も財産権(ないしその延長)であると開き直ったのが近時のアメリカであり、それに無批判に追随したのが日本であった。欧州は株式制度を活用してもその所有者である株主が人間であることにこだわる規範意識(民法の人と物の関係性の維持)が支えとなったが、日米にはそのこだわりがなかった。日本の社会はもともと欧州的な行き方に適合的な体質を有していたと思われ、例えばcompanyに相当する日本語として、寄合い・組・座・講・一揆・結い、といった語を有していた。companyを会社と訳した際にも、そこでは会所ないし社中といった日本語が意識され、福沢諭吉がその構成員を社中と呼んだように、会社とは人間社会の営みの場という認識は共有されていたように思われる。しかし、その後、今日に至る日本における株式会社観は、その構成員を単なる株式保有者shareholderとのみ捉え、特に約三十数年以前より、日本が欧州に倣って当然としていた欧州的な事前規律を一斉に過剰規制とみなし、会社は人間たちの営みからかけ離れて、人間たちが資本市場の帰趨に支配されることに抵抗感を持たない発想を当然視するようになっていったように思われる。

　その行きついたところが、人間社会のあり方に関わるような意思決定をもカネの力で左右できるといった人間不在の株式会社法理であり、その根幹をなすものは株主の属性を問わない株主像と、それを支える1株1議決権という、出資の多寡がすべての決定を左右しうるとの議決権の性格論であった。

　この間、明治初期に日本が模範としたあり方の基本を欧州は変えておらず、さらにそうしたあり方を貫く強い意志を確認しているかに見える。そして日本が安易に追随したアメリカも、ここへきてむしろ欧州型への回帰の姿勢を示しつつあるかに見える(もうお腹がいっぱい?)。しかるに日本は、アメリカが見直そうとしているそれまでの行き方を素朴に信じ、世界の流れに逆行しようとしているかに見える。株主の属性も議決権の性格も、会社経営の目的も論じないままに、多くのマスコミは単純に「市場の声を聞け!」「市場との対話を進め

よ！」といった標語を、まるで共産圏諸国のスローガンのように繰り返しているだけのようにすら見える。

こうした状況下にあって、日本は明治の先人たちの「学ぶ姿勢」を取り戻し、会社法は誰のものかを問いなおし、株式会社法本来の姿である中間市民層が主役の世界を支える法制の再構築を目指すべきだろう。そしてその際、人間復興の会社法理を導きうる視点とは当然ながら、株主の属性に人間を見出す観点と、それを踏まえた議決権の意義の再評価であり、そうした再評価を踏まえた株式会社の目的論の見直しということになるだろう。

株主の属性の評価──人間阻害要素と人間関与度

人間復興の会社法理には多くの論点が存在するが、その中核的な問題は議決権の意義が人間社会のあり方に大きく関係するような場合における議決権行使主体の属性の評価である。議決権とはもともと私法上は契約主体としての「人間の意見・意思の表明」であり、それは企業社会のデモクラシーのあり方を表現するものとして、それを行使する者の人格が問われる問題であった。株主がその属性として社会の規範意識を担うに相応しい者（市民社会ないし共同体の構成員として認知しうる者）であることを疑わなかった時代を経て、今や人間の匂いがほぼしない株主（と称する者）が闊歩する時代となった。人間復興の株式会社を取り戻そうという本書の問題意識からすると、あらためてあるべき規範意識を担うに相応しい株主としての属性を確認し、企業社会のあり方を根本的に見直す必要がある。

株主が法人であること、市場で買えたことだけが株主たりうる根拠であること、超高速取引により株主となった者であること、匿名株主であること、そのうえ会社の経営目的として株主価値最大化といった誤った経営目的観を有していること等々、株主としての属性の正当性を阻害する要因については詳述した。こうした人間阻害要因の検討は、要はその株主の人間関与度の濃淡を論ずることでもある。株主の属性の評価に際しては、積極的な人間関与度を想定しながら、人間阻害要素（ここでは、より物理的な人間否定要素という意味で、マル経的な"疎外"ではなく、"阻害"を用いる）の判断をも加味して株主としての属性を判断することとなる。

個人ないし市民が株主であればそれは基本的に株主の属性としての正当性が

認められる。しかしそれでも株主権が常に肯定される訳ではなく、多数決の濫用法理、あるいは企業買収レベルでの濫用的買収者概念等は株主ないし株主となろうとする者が個人ないし市民であっても妥当する。問題は一般の法人ないし会社が株主の場合であるが、機関投資家が厳格な受託者責任を不特定多数の個人や市民に対して負っている場合には、そうした強行法としての法的靭帯の強さが機関投資家イコール個人ないし市民という関係を担保するために、株主としての正当性の根拠となる[266]。特定少数の大資産家のために受託者責任を負うのみでは、株主としての正当性は低い。というより、通常その特定少数の資産家が本来株主として認定されなければならない。

しかし株主が一般的な法人・会社である場合には、企業社会のデモクラシーを担うべき株主としての属性に正当性があることを様々な局面に応じて確認する視点をもつことが必要である。法人株主の属性が如何に人間的要素とかけ離れていても、従来の濫用法理等はどこまでも株主としての「行為」のみを問題とするものにすぎず、株主としての存在そのものを疑う発想を持ち得なかった。ここではこれまでの検討を踏まえて、「株主の属性」にかかる評価基準として「人間関与度」（ないし人間濃度）を想定し[267]、そうした評価基準と行為基準とを併せ持つことで議決権行使の正当性と限界を画する可能性を探る必要がある。

実はこのことはさほど難しいことではない。株主が人間・市民ないし彼らに対して厳格な受託者責任を負担する機関投資家であれば、その属性を問題にする必要はなく、行為自体を問題にすればよい。その他の法人であっても、多くの従業員・消費者を抱え、あるいは多くの人間から成るサプライチェーンを活用していれば株主の属性としての人間関与度は高い（サプライチェーンに対しても人権デューディリジェンス等の一定の責任が生ずることが前提）。会社が関与する確実な人間は従業員だが、人間関与度が最小のファンドは、モノを作らずサービスを提供せず、したがって従業員も消費者もいないが、カネがあるから株式をもっているというだけでは、本来会社にとってはその重要性は従業員に数段劣

266　この場合、こうした機関投資家の背後に存在する個人株主たち全体のために議決権を行使するが、そこには機関投資家を個人と言い換えて良いような議決権行使原則をしっかりと有しそれを確実に履行するか（日本証券投資顧問業協会のこれに関する報告書につき前注167参照）、個人株主の意向を反映した議決権行使を（会社法313条）行わなければならない。
267　株主情報の開示制度を充実させることが前提となる。これにつき、後述226頁参照。

る。こうしたファンドは自らの素性情報を格別に詳細に開示し、人間社会に真に貢献する存在であることを客観性のある形で積極的に証明し続けなければ企業社会における存在意義を主張できない。物を言い、会社に注文を付けたら当分株式を売らないことの確約は最低限の条件である（このことは事業活動を行いながらもファンド活動の比重の高い企業にも当然に妥当する）。

ところで、こうした人間関与度の相違を意識することの意義は、要は多くの人間たちを抱え、多くの人間たちの意思を集約することには根源的なコストがかかるところ、人間たちとの関わりが最小になればなるほどコストがかからなくなり、むしろ優良企業と見なされるという本質的な問題への対応である。

そもそも、企業、企業人の誇りとは、多くの人間たちを抱えながら、真に人間たちの生活に有益な商品やサービスを提供し、自企業に関わる人間たちが幸福な人生を送れることにあるのではなかろうか。人間を切り捨てることで経営指標を良くするような行為に対しては厳しい視線が寄せられる必要がある。ましてそのことの故に経営陣が高額報酬等を取得するような行為は、人間の生き血を吸うドラキュラ並みの行為として厳しく指弾される必要がある。

人間関与度が著しく低い企業はそのことにコンプレックスを痛感し、積極的に人間社会への貢献を主張・証明する責任がある。既述のように、1株1議決権原則が特に人間社会のあり方に関わるような事項についても、出資の多寡に比例する「過剰な議決権」を付与してしまっていることの是正という観点が非常に重要であることをここに繰り返しておきたい（前述105頁）。

【コロナ禍における休業支援金等の支給対象企業と人間関与度】
　コロナ禍にあっては、各国とも悲惨な状況にある企業等に対する休業支援金・給付金の支出をしてきたが、日本でもそうした対応がされてきた。しかし、支援対象たる中小事業主は、小売店（飲食店を含む）、サービス業、卸売業、その他の事業であって、かつ資本金・出資総額と「常時」雇用する労働者数によって原則的に画され、多くのチェーン店を有する居酒屋チェーンのような企業に対しては支援がなされないといったことが生じた。一つ一つの店舗にかなりの従業員がおり、彼らの生活が破綻に瀕している点では同じであるが、上場しているかとか資本金が大きいといった理由で差別化されている。開き直って休業要請には応じず、夜中まで営業する企業もあるが、従業員らの生死がかかっている場合も多く、安易な批判はできない。思うに、コロナは人間を襲うものであるから、もっとも重要な救済を要するか否かの評価基準は抽象

的には人間関与度（人間密度）の多寡に置かれるべきである。現実には、休業支援金の支給対象に、日々雇用や登録型派遣、シフト制労働者などもその実態によって含められていることは、問題の本質が人間救済にあることを示している。資本金が3億円以下、労働者が300人以下であっても、人間とほぼ関わらずに高収益を上げ得るような企業はそもそも一切支援対象とすべきではない。危機になってみると会社でもっとも重視されるべき者が株主でないことは明白である。震災の折にも、そのことを誰もが痛感した。ファンドの関係者がボランティアとして懸命に働いたという話は聞かない。危機になると通用しない論理が通説とされてきたことへの真剣な反省が必要である。

株主の属性評価としての人間関与度の適用場面とは

（1） 買収局面と議決権行使の局面

　ある種のファンドのように人間関与度は最低という株主も存在しうるが、株主が有する株式の発行企業の事業目的が人間関与度に満ち満ちている場合もあればかなり希薄に見える場合もある。したがって、事業目的が人間関与度に満ち満ちている企業が株主として現れる場合もあれば、事業活動を行ってはいるがその事業の人間関与度は比較的に低く、実態はファンドと言えるような、企業が株主として現れる場合もある。

　自社が人間との係わりに満ち満ちていることを主張し、証明することは、企業買収のような局面で、買収側と防衛側の間でどちらの企業に軍配を上げるかを判断するに際して、高い意義を有しうる（企業買収の評価にとって重要なのは防衛策の出来の良しあしよりも買収側の属性の評価に帰することについては前述した――97頁以下参照）。防衛側が、多くの人間を抱えた社会的貢献度の高い事業を営んでいることをいくら強調しても良い。買収側の属性を問わずに防衛策の出来の良しあしだけを論ずることは無意味である。買収は状況により、買収側も筋が良くないが、防衛策も株主を無視したものとなりうるが、それでも相対的によりどちらが筋良しであるかを主張し合うことになる。その際、会社が事業目的をきちんと遂行しているか、会社に関わる人間たちを大事にしているかは重要な視点となる。こうした主張を相互が行うために重要なのは、買収側の素性情報の徹底的な開示である。買収される側は多くの情報を公開しているが、買収する側の情報が明らかに乏しいというような場合には、それだけで買収側を勝たせるべきではない（買収防衛策上は、そのような情報請求権が防衛側に認められて

きた)。株主の意見を何らかの形で聞いたというようなことで買収側を有利に扱おうとすることが、より筋悪な者を勝たせる理由にはなりえない。

　多数株主ないし支配株主が議決権行使という形でその意思を貫こうとするような場合には、その議題が人間社会のあり方に関わるようなものであるなら、その判断は人間たちが行うべきという観点から、その株主が人間社会のあり方に関わるに相応しい「物言う資格」「属性」を有する者であるかが重要な評価要素となる。

　既述のように、企業、企業社会のあり方に関わるような問題、あるいは労働・人権・消費者、環境といった問題を判断するに相応しい者を、個人・市民1名に相応しい1単位の株式を有する者にのみ付与するという発想から議決権行使を頭数で認めるということも理論上はあり得た。また、政策的にないし定款規定により、持ち株数が増えるにしたがって議決権数が逓減するといったことも別段不思議なことではなかった。また既述のように、1株1議決権原則が、出資の多い大株主に対して過剰に議決権を付与してしまっているとの認識は特に重要である。

　しかし、これまで当然視されてきた1株1議決権原則自体を否定して、頭数主義をいきなり導入すべきと主張することなど到底できる状況にはないであろう。そうだとすると、議決権の過剰付与の是正という意義を有してきたと思われる諸法理のあり方を吟味し直し、その積極的な運用を図っていく中で、人間関与度を中心とした株主の「物言う資格」を明らかにしていく方向性を追求していくべきだろう。その際、重要なのは、そうした是正法理が適時適切に運用されない場合には、1株1議決権原則が、属性の如何を問わずにすでに過剰な議決権・支配権を与えてしまっており、その事態がそのまま現に温存されているという認識を十分に踏まえることであろう（これらのことについては、前述105頁③参照）。

(2)　具体的な法理について

　日本の制度改革等については後述するが、ここでは1株1議決権が株主の属性を問わずに過剰な支配権を付与してしまっている状況を是正する法理について若干の指摘をしておく。

　①　支配株主の忠実義務・誠実義務の規定を設けることも必要だが、現行の取締役の忠実義務規定を支配株主に及ぼすことは解釈論としても十分に可能で

ある。志のある研究者・法曹はこの問題を繰り返し提起し、最高裁判決を得るための努力を惜しむべきではない。その際、支配株主の人間関与度を常に問題にしていく必要がある。人間としての支配株主の責任問題はとうの昔から議論されてきているが(前述111頁参照)、人間の匂いのしないある種のファンドらがそもそも株主としての物言う資格を有しているかを問題として、株主権を行使する場合にも株主としての誠実義務を課していくべきは当然である。

②　日本の買収ルールとして最高裁判決で承認されている濫用的買収者概念は、株主になったあとでも有効に活用されるべきであり、株主の属性を踏まえた多数決の濫用法理を十分に活用していくべきである。

③　こうした発想からは、株主の属性評価を踏まえて、濫用的な議決権行使がなされる蓋然性が高いと判断された場合には、議決権行使の事前差止(議決権行使禁止の仮処分)制度の活用を躊躇すべきではない。多数決の濫用は現在では株主総会決議取消の訴えの事由になっているが、取消判決が出された後の処理等に困難な問題が生じ、事後規制には大きな限界がある。事前規制の重要性がきわめて高い。

④　昭和56年改正以前に存在した、株主総会における特別利害関係株主の議決権排除制度が廃止されたことで、利害関係のある株主による議決権行使に対する直接的な制約がなくなり、多数株主の行為に対する制約が著しく弱体化している。③の事前規制の充実と併せて、この規定の復活も必要と思われる。

⑤　株主の属性情報の開示がなされない中で、ファンド株主と自然人株主との間にも株主平等原則が適用されるかの思い込みが蔓延している。株式を2年以上有する株主の議決権を2倍とすることを認めるフランスの例も参考にして、株主平等原則適用の例外とされる正当事由として、株主の属性情報を踏まえた運用を常態化していくべきである。

具体的な政策提言と立法提言

　以上で論じてきたことを踏まえて、ここで日本が長期的・短期的に急いで実行にむけて検討すべきと考える制度の提案をしておきたい。ここでの提案の多くは日本自身が過去において有していた制度ないし諸外国ではごく普通の発想であり、日本独自の独創的なものは少ないが、制度の劣化が進んだ今の時点から見るとあたかも斬新な提案の如く見えるものも多いと思われる。明治初期に

一気に欧米の水準に追いつこうとした先人の気迫は今や影を留めず、むしろ彼我の較差の拡がりを肯定するかの風潮が横溢しているようにすら見える。初心を取り戻し日本法学の存在感を再確認すべきだろう。

　以下の指摘はそれぞれ項目とコメント程度のものであるが、その多くは本書の中で論じられてきた事柄である。まず立法提言の大前提として、立法体制のあり方について言及し、次に立法提言の総論的な問題を掲げ、さらにより具体的な論点を提示することとする。今後関係者の英知を結集して、これらの内容を一層豊かなものとしていく必要がある。何よりも、明治の先賢の志を受け継ぎ、こうしたことを政治の最優先課題と考える政党・政治家の出現が望まれる。

1　立法体制のあり方について

　①**企業法制を常時ウオッチし、いつでも短期的・中長期的な立法提言が可能な態勢の確立**　このところ欧米で、株式会社の本質観に大きな変更を迫るような重要な会社法の改正ないし改正提案が続いている。会社法先進国の英国にはこうした法改正のための態勢が整備されているうえに、この100年間、改正された法律を20年に一度、総括法としてまとめる会社法大改正を確実に実施してきた（現行の2006年法以前は、1986年、1967年、1948年、1929年、1906年という具合である）。日本もかつては、企業不祥事等を背景になされた昭和48年の国会付帯決議を受けて法務省民事局参事官室によって公表された昭和50年「会社法改正に関する問題点」の7つの問題点（企業の社会的責任、株主総会制度、取締役・取締役会制度、株式制度、計算公開、企業結合（合併・分割）、最低資本金制度（大小会社区分立法））が、その後の長期にわたる会社法の改正作業の基礎となり、その成果が現在の我々の財産となっている（この系列の最後の改正が平成2年改正であった）。しかしその後、特に近時は弱体化した法制審[268]を前提に、経団連→

268　以前は最高レベルの学者のみから構成され、密度の濃い議論をしていた各分野の法制審議会は、政治主導のかけ声の下、今では多くの素人や利害関係人たちが参加して自分たちの利害を代表する発言を議事録に残すための場と化していることはほぼ明白である。法制審答申の尊重義務規定すら削除された。その後ドイツのような事前の違憲立法審査権のある憲法裁判所を持たない日本で、慣行上一定の独立性をもって法律案の事前審査を行っていた内閣法制局も政治主導の名の下に、そのトップに外交官を置くといった事態が進行した。

自民党→法務大臣→法制審といったルートでの短期視点の改正(ほとんどが規制緩和)ばかりを続けてきた。その際、以前には活発に行われていた外国法制(特に欧州の法制)の参照も非常に低調となり、たった今改正を必要とする「立法事実」があるかといった近視眼的な視点ばかりが強調されてきた。

かくして平成17年の会社法は、経団連の責任者が100%満足との談話を発表するようなものとなった[269]。

こうした状況に鑑みると、海外の動向に常に目を配り、日本の企業社会の長期的安定的な制度改革を提案しうる独立性の高い立法政策部門の設置が必要不可欠であり、喫緊の課題である。具体的には、法制審議会に企業法制長期構想特別部会のような恒常的な特命部会を設置するか、あるいは内閣府に独立性の高い同様の使命を担う部門を別に設置することなどを検討することが必要である。危機対応的な緊急立法がいつでも可能な短期的課題への対応力ある仕組みも必要不可欠である[270]。立法提言のための機構の構築と平行して、民間ベースで企業法制の長期構想をめぐる多彩な見解が数多く公表され、それらが事実上立法に強い影響力を持ちうるような仕組みも工夫されるべきだろう。政党や国会はそうした多くの見解を集約し、議論し実現させるための機能を果たすべき存在のはずだ[271]。

---

269 企業人、財界人の甘えの構造を指摘された服部栄三教授曰く、「法律に不都合な点があると、直ぐ法律改正の要望を提出して、商法の改正を働きかけるが、これは甘え以外の何ものでもない」とされ、それらの要望の大半は解釈と工夫によって解決できるとされた。服部栄三「商法にかかわって半世紀余」ジュリスト1155号(1999年)243頁。そこには、規範形成主体としての法曹と学説に対する強い信頼があった。

270 なお、コロナ禍を受けて、令和2年に森まさこ法務大臣(当時)の下に「危機管理会社法制会議」が設置され、9月9日に第1回会合が持たれた。内閣府参与の原丈人氏が代表委員となり、経済界から松本正義関西経済連合会会長、日覺昭廣東レ代表取締役社長、塚本隆史みずほフィナンシャルグループ名誉顧問、岡素之住友商事特別顧問が参加され、会社法専門家としては私の他に、稲葉威雄弁護士が顧問として参加された。この会議は法務大臣の交代を機に再開されていない。法律専門誌がこの会議が設置された事実すら伝えないなか、これを報じた記事として「株主偏重、転換なるか進まぬ会社法制見直し」日経ビジネス2021年1月18日号、48頁以下がある。

271 大日本帝国憲法制定前には60以上の私擬憲法といわれる民間の憲法試案が続々と提案された(青木周蔵、山田顕義、植木枝盛、西周、小野梓等々)。企業法分野でも民間の多様な部門からの多彩で大胆な提案が続々と建議され、それを受け入れる仕組みが必要である。

②　**番犬(watchdog)として機能する独立の資本市場監督機関の確立**　　資本市場と一体の公開株式会社にとって、会社の行方をどのように定めるかといった会社の意思決定にかかわる問題と、発行した株式の価格形成の公正確保に関する問題とは制度の両輪を成す本質的な重要問題である。会社の管理運営に関する会社法のルールと発行有価証券(株式)に関する市場ルールである金商法[272]とは一体を成す。

公開株式会社にとって、自社が発行した株式の価格が公正なものであることくらい大切なことはない。資本市場の論理として最重要価値である公正な価格形成が、株式会社における資金調達や経営判断の一切にとって決定的に重要な意義を有する。また、政府は国債の発行・消化という点でまさしく直接的な利害関係者であるだけでなく、政治家はすべからく株価が高いことを歓迎し、選挙で勝つことの条件だと思いがちである。そこには政治が何をしようと、株価が高ければ喜ぶ多くの国民が対応している。

その意味では、資本市場の監視監督機構は政府から独立した公正取引委員会のような準司法機能を有する独立行政委員会であること(国家行政組織法３条委員会)が望ましい。アメリカのSEC(連邦証券取引委員会)もそうした性格の委員会である。日本でも旧大蔵省が財務省と金融庁に分離した際(金財分離)にはそうした議論が盛んに行われた[273]。現に、当初の金融監督庁は３条委員会として設置された。その後、金融危機を契機に金融機関に対する公的資金導入が行われる過程で、予算をめぐる国会対応の必要などが指摘され、トップに担当大臣を戴く金融再生委員会となり、それが固定化して現在の金融担当大臣を戴く金融庁となっている。しかも、財務大臣が金融担当大臣を兼任する状況が常態化している。近時、金融審議会のある部会が将来の年金不足を指摘したところ、副総理でもある財務大臣兼金融担当大臣が報告書を受け取らないという挙に出て、総理大臣と共に金融庁を罵倒したことは記憶に新しいが、このことは選挙

272　取引ルールが市場ルールの一環を占めることは普通のことである。独禁法に株式取得、事業譲渡、役員派遣等の取引に係るルールがあっても、そこでの視点は競争秩序の維持という公序に関わる。

273　当時のこうした議論につき、上村「資本市場のルールと市場監視機構のあり方について」東証取引参加者協会レポート５巻４号(2001年)、同「市場監視機能・体制の強化」ジュリスト1280号(2004年)参照。

を意識した政治家の感覚に資本市場の論理が従属する事態が常態化していることを示す象徴的な出来事にすぎない。「局あって省なし」と言われた頃の大蔵省の方がまだましに見える。しかし、そうしたことに金財分離の観点から、金融担当大臣の発言に異を唱えるような論調がマスコミに見られなかったことに言論の著しい劣化を痛感せざるを得ない。

　この際、金財分離の際の議論の原点に立ち返って、資本市場の番犬としての監督機関の独立性を確立させることが急務である。これを欠くことは株式会社制度が制度を維持するための不可欠な要素を欠いていることを意味する。とりわけ欧州型の事前規制を軒並み捨て去ってきた日本では、アメリカに追随した規制緩和に、アメリカに備わっているレベルの規律の模倣が全く対応しないことで日本のこの分野の規制水準の劣化が著しく進行し、日本は海外ファンドなどの餌食となっている。

　この点、第一次安倍内閣の経済財政諮問会議グローバル化改革専門調査会金融・資本市場ワーキンググループ第一次報告「真に競争力のある金融・資本市場の確立に向けて」(2007年4月)は、市場における不正行為を機動的に摘発し、市場ルールの形成・明確化を促進するために、証券取引等監視委員会の独立性を高め、同委員会の準司法機能を抜本的に強化すべきであると答申した。そこではさらに「ここで準司法機能の強化は、市場現場での違法行為の認定を容易にするために、制裁的機能を有する課徴金制度の導入によって図ることが可能である。このため、課徴金の範囲と金額の拡大の問題について速やかに具体的な検討を行い、結論を得るべきである」と指摘している。この内容は、「骨太の方針」として閣議決定を経たものであるにもかかわらず、実現していない。ここで準司法機能が強調されているのは単なる制裁機能だけでなくそれが裁量的で制裁的であることを求める趣旨である。制裁機能だけなら刑事罰を若干重くするだけで済む[274]。準司法機能が実現しなかったのは、それを認めるためには規制主体自体がいわゆる3条委員会になる必要があるとの法制局の見解(そ

274　このあとになされた課徴金制度改正で課徴金額が画一的に若干重くなったがそれは裁量的なものではなく、市場規律を求める上で不可欠な準司法機能を有し得ていない。東芝事件で新日本監査法人に対して公認会計士法を根拠とする(金商法ではなかった)課徴金が初めて課され、年間報酬の1.5倍とされたのもこのときの画一的な規律のあり方が尾を引いたためである。

うでないと散々批判された行政裁量の拡大となる）に対して、市場規制として必要な機能よりも組織防衛を優先させたためと見られても仕方ない。

　監督官庁が準司法機能をもつことで、多数の問題を規制当局限りで処理できることになる。これによりアメリカに備わっている獲得利益の吐き出し命令、三倍賠償を求めうる民事制裁、不正情報提供者に対する報奨金（bounty）、これらを生かす司法取引等を使いこなすことが可能となり、大量の不正を時々刻々と処理していくことが可能となる。証券の不当勧誘をもっぱら扱う証券仲裁の権威、業界からの永久追放も含めて、こうした対応は、公開株式会社にとって、規制目的達成のために必要不可欠である。捜査段階での、おとり・盗聴・覆面捜査等も最大自由の体制の下では許容される[275]。金融庁の不正に対する対応は特に課徴金の運用について、近時はかなり積極的になってきているが、企業に不祥事があれば監査法人を、証券市場に問題があれば東証を批判する前に、市

275　端的に言えば、二丁拳銃を持った保安官が報奨金（懸賞金）などを活用する西部劇スタイルと言えようか。アメリカ社会は、開拓時代に広大な荒野に警察も検事も裁判官もいないところも多く、歴史的に警察・司法の介入しない形での正義の行使が正しいとの観念を有してきており、ある意味では治安や犯罪処理がコミュニティの自治に任されてきた面もある（いわゆる、ストリート・ジャスティス——これらについては、菅谷洋司『「偉大なる後進国」アメリカ』（現代書館・2020年）125、126頁参照）。こうした西部劇スタイルとも言える法運用が域外適用という形で外国に対して向けられることは相当に脅威である。その際に使われるのが、一つはもともと組織犯罪摘発のための法であるRICO法（Racketeer Influenced and Corrupt Organizations Act）であり、今一つはもともと、連邦会社法のないアメリカで内部統制の規律を求める連邦法であるFCPA法（海外不正支払防止法 Foreign Corrupt Practices Act）である。前者は、マフィアに限らずOrganizationsであれば良いということで、証券会社不正等の企業犯罪にも使われ、最近では、中国のファーウェイに対して適用された。後者は、外国間の賄賂等であっても適用される。その理由は、両国間のコンピューターを使ったやり取りがアメリカのサーバーを経由したというものであった。到底、日本人が対応できる世界ではない。
　なお規制当局が望ましい判決を求めるために裁判に参加するamicus curiae（裁判所の友）については、田中＝竹内・前掲書注(69)98頁以下。規範形成のために市民が公的な役割を果たすアメリカ法のダイナミズムが論じられている。私人による規範形成的行為は、臨時の司法長官 temporary attorney general、臨時の検察官 temporary prosecutor などとも呼ばれ、不正行為の通告者も密告者とは呼ばれず、whistle blower 笛を吹く人・警笛を鳴らす人と呼ばれる。こうしたことを奨励するために報奨金 bounty 制度がある。まさしく西部劇のWanted! の世界である。日本はアメリカがそうした剛腕とも言える仕組みなしには到底維持しえないような制度を、剛腕への関心なしに、非力なままに、規制緩和路線をひたすら歩んできた。

場監督体制充実のために最善が尽くされ、大量に発生する不正を時々刻々と処理できる仕組みが構築されていなければならない。

　こうした行き方に対しては、会社法の事前規制を維持しつつ、資本市場最大活用型のあり方を求めない欧州型の行き方に戻る[276]という選択肢も十分にありうるが、日本がここ三十数年程の間、規制緩和ばかりを追求することで欧州型を放棄した状況を是認せざるを得ないのであれば、アメリカに備わっている規律を、日本も備えていなければ連続的に発生する大量の不正に対応できないことは容易に想像できる（現に、日本はアクティビストの第一の「遊び場」とする報告書がフランス国会に提出された（前注141参照））。それができないのなら欧州型の事前抑制的な制度を明治の先人に倣って再度学び直すべきだろう（明治期の会社法制が学びの対象とした欧州の諸制度は、今もその枠組みが維持されていることも多いため、当時の日本の制度を学び直すことは、今に通用する欧州との対話になる場合も多く、たった今真剣に学ぶに値すると思われる）。

　③ **世界規模の比較法研究所の創設**　　もともと日本の比較法研究は世界に誇る日本の文化力を示すものと言える。非西欧国家で唯一、現地語（日本語）で欧米の言語に対応する法言語（社会科学言語）を160年以前より一つ一つ翻訳し、それにより欧米に肩を並べる法律学が国内で成立しうる唯一の国家として、日本のグローバルな使命にはきわめて大きなものがある[277]。中国人も朝鮮人も、日本人が苦心惨憺して作り上げた欧米語に対応する漢字の言語を用いることで欧米の学問をいち早く導入することができた。その150年後に日本語になった法律用語を英独仏語に訳す際には、この間の英独仏の法状況の変化をも咀嚼する必要があるが、そうした法思考を行う非西欧国家は日本だけである。確かに今でも日本には後発国としての未消化分野が広く存在するが（とりわけ明文化されていない規範の力に対する認識の弱さは決定的に見える）、逆に経験知に頼る欧米

276　強行法としての会社法、資本金、最低資本金、法定準備金、自己株式取得の原則禁止、組織再編対価としての株式へのこだわり、市場集中原則の維持等々。

277　自国のルールを絶対と信じがちな「列強諸国？」、とりわけアメリカやフランスに比較法の発想は乏しい。彼らが比較法や法整備支援に関心を有するのは、植民地支配や経済的侵略の先兵として、ないしはドイツの比較研究所が西側の法制を旧東独地域に普及させることを使命としたような戦略的色彩が濃いように見える。

の行きすぎや弱点を理論知をもって指摘し克服し、途上国が信頼し参考にしうる理論モデルを提示するという文化貢献ができる貴重な地位にあるとも言える。思うに、こうした日本の視点こそがグローバルな視点なのであり、例えばイギリス会社法が英文のままに適用されているシンガポール・マレーシア・香港で、英語で話が通じるからと言ってそこに先端的な法思考が存在するわけではない[278]。

　日本は中国から律令を受け入れた際に、日本古来の規範意識とのズレを調整・修正していった歴史がある。明治以後、西洋法を継受した際に日本の法意識とのズレの調整・修正が必要とされ、その課題は今日にも大きく残っている。もっとも、1232（貞永元）年に北条泰時が編纂した「貞永式目（関東御成敗式目）」は外国からの継受法ではなく、日本の自然的秩序を示した一種の基本法として寺子屋の教科書としても普及し、以後明治5年の学制改革に至るまで、長く庶民に読まれた唯一の法律書・日常生活規範の書として日本人の法意識に大きな影響を与えてきたとされる。そうした素養の蓄積が明治以後の西洋法を受け入れる際の基盤を形成していたとの指摘にはかなりの納得感がある（鎖国中のオランダ・中国経由の外国知識が相当のレベルにあったことも与って大きい）[279]。

　ところで、律令と西洋法継受の間に自分たちの自然的秩序を表す法を形成してきた日本の経験は特筆に値するものである。この際、ある意味稀有な比較法文化力を自覚して、世界規模の独立性の高い大規模な比較法研究所を設置し、この分野で日本の法文化力を発揮することで、「グローバルな法世論」形成の核になるというくらいの力強い構想があって良いように思われる。それを、大学人はもとより海外で活躍する民間人ないし官僚等で志の高い人材の集結地とするような構想がありうるとしたら、日本の国際的な文化貢献の価値は想像以上に大きなものとなる可能性もあるのではないか。

278　「富裕層プライベートバンク節税の呆れた実態、香港政変でシンガポールが高笑い？【富裕層地下座談会・シンガポール編】」ダイヤモンドオンライン 2021 年 7 月 23 日。

279　山本七平『日本的革命の哲学――日本人を動かす原理・その 1』（祥伝社・2020 年）76、269 頁以下。

2　立法提言——総論的課題

①欧州型規制の再検証　　日本の会社法は明治以来、事前抑制的な欧州型の法制を維持し続けてきたところ、レーガン・サッチャー政権以降の小さな政府、規制緩和の風潮に完全に同調し、豊富な経験によって形成されてきた欧州の制度を過剰規制の象徴とみなし、その長所を理解しようとせずにそれらを否定し続けてきた。しかし、アメリカがこの分野で世界をリードする法理論を有していたわけでは決してなく、現に欧州はアメリカが何を言おうとそれまで維持してきた制度を変えようとしない。アメリカ企業も欧州では欧州の制度を尊重して行動してきた。日本に対して日米構造協議を要請したような高飛車な姿勢を欧州に対しては示してこなかった。

　アメリカ的な自由を模倣し続けてきたにもかかわらずアメリカ的規律を模倣してこなかった日本としては、過去に一度は棄てた欧州型の経験「知」に基づく事前抑制的なルールを再検証し、証券市場との付き合い方を根本的に見直すことを含む大がかりな制度の見直しを行っていくべきだろう。今さら元に戻れないという感覚を捨てて、より良い制度をさしたる考えもなしに放棄してしまったことを反省し、しかしその後蓄積された日本のあり方に見るべきものがあればそれを維持し、比較法の観点を強調して虚心に制度の再構築を行っていくべきだろう[280]。その際、制度の外形だけでなく、社会の規範意識に遡った深い洞察を求める姿勢が必要となる。

②経営目的としての企業の社会的責任の明文化　　株式会社（会社）の目的観については、本書第4章1以下において詳細に論じており、ここでは繰り返さない。また会社の目的をめぐる近時の海外の会社法改正動向等についても比較

280　経験知に頼りすぎて理論構成ができない欧州と（しかし人間を大事にする規範意識は理論より大事といえるのだが）、そもそも法律論の著しい劣化に見舞われてきたアメリカの狭間で、生き馬の目を抜くようなこの分野で為す術もない途上国の側に立って日本が果たすべき役割は大きい。江戸時代末期以来の日本の法律学の優れた伝統を学ばず、法律学の世界も欧州よりアメリカが進んでいるかに思い込めば、そこには実務とある種の経済学しかなかった、というのが真相なのではないか。

的詳しく述べた。これらの動向はあのアメリカも含めて、株主価値最大化論の否定ないし反省に充ち満ちており、全体に欧州型の発想の優位性を明らかにしている。そうした動向に共通するものは、本書が強調する「人間復興」であり人間の存在根拠たる地球環境の重視である。環境・労働・消費者・地域住民の重視は人間重視、人間復興の強調に他ならない。

　近時の諸外国の動向をみると、とりわけ会社の目的規定を改めて確認し、あるいは明文化しようとするところに特徴がある。そしてその明文化の際のモデルとなっているのは、取締役が特に考慮しなければならない事項として、長期的な成果を生ずる意思決定、従業員の利益、供給業者・顧客との関係の発展、地域社会・環境への影響等を挙げる 2006 年英国会社法 172 条（会社の成功を促進すべき義務）である。アメリカの Roundtable Commitment もフランスの PACTE 法もこれと同様の趣旨を述べ、あるいは規定している。

　日本でも過去においてこのような目的規定の創設が議論の対象になったことがあった。その一は、昭和 50 年 6 月に法務省民事局参事官室が公表した「会社法改正に関する問題点」第一「企業の社会的責任」であり、そこでは、企業の社会的責任に関する一般的規定として、取締役に対し社会的責任を踏まえて行動すべき義務を課す明文規定を設けるべきとの意見が検討課題とされた。特に松田二郎博士がこれを強く主張されていたが、欧州の規範意識を熟知し株式債権論を唱えた松田博士にとっては自然な発想であったと思われる。しかし結局、こうした一般的規定の実定法上の効果に疑問があり、むしろその時点での個々の制度の改善を図り、それを通じて企業が社会的責任を果たすことを期待すべきということになり、こうした提案は実現を見なかった。

　当時は近時のように、経営目的として株主価値最大化を振り回すような怪しげなファンドを想定していなかったが、この際かつての問題提起の意義を改めて再確認し、英国やフランスのように取締役（経営者）が企業の社会的責任を果たすべき積極的責務を負う旨の明文規定を設けるべきだろう。こうした規定が、会社法制の基礎理論を確認し、法解釈や判例の背中を押すことの意義は非常に大きい。

　もう一つは、平成 18（2006）年 5 月に施行された新会社法の法務省令案の問題であった。この新会社法にはきわめて多くの省令委任事項があり、当初 9 つの法務省令案が公表された。この省令案は膨大な条文数にもかかわらず平成 17

年 11 月 29 日にパブリックコメントに付しながら回答期限が 12 月 28 日までわずか 1 ヶ月という短期間であり、かつ当時の江頭憲治郎部会長の事前了解すら得ようとしないというものであった[281]。この 9 つの法務省令案は様々な経緯を経て、最終的に 3 つの法務省令となった[282]。

　ここで問題とされるのは、9 つの法務省令案の一つであった「業務の適正確保省令案」に、会社法本体に根拠規定がないにもかかわらず、取締役の責務は株主の利益の最大化であるとか、業務の効率性の確保であるといった規定を置いていたことにある[283]。そこにあったのは、会社の経営目的のような理論上の本質問題も、自分たちの思い込みを法務省令に正解として書いて良いとの驕りの姿勢そのものであった[284]。

281　こうした事情については、上村「新会社法の性格と法務省令」ジュリスト 1315 号（2006年）2 頁以下を参照。私はこの論文を執筆し、当時法務省令案への反対意見を述べて法務省令案の削減に努めた江頭部会長ほかの努力等の裏事情を公開したために（もとより隠匿されるべき事柄ではまったくない）、その後法務省民事局ないし当時の参事官より出入禁止とされ（その後、参事官個人としての出入禁止？とも言われたが）、その後、著名な法律雑誌であるジュリスト、旬刊商事法務からは完全にシャットアウトされた。私ももはや古老の域に達してきているので、この際あえて公開しておくこととする（今は担当者を異にする資料版商事法務への執筆は可能となっており、私の古稀記念論文集の出版についてもお世話になった）。この反面において、大手法律事務所から法務省に出向した立法担当者らが弁護士に戻ると、法務省の後光を背景に旬刊商事法務などに書きまくることのできる地位が確保されており、学界・官界・実業界の三位一体のはずの同誌はまるで大手法律事務所の紀要のような様相を呈している。
282　この短期間に、東京大学（当時）・岩原紳作教授を中心とする勉強会と、早稲田大学教授の意見が取り纏められた（後者は、「会社法施行規則案等法務省令案に対する早稲田大学教授等意見」早稲田法学 82 巻 2 号（2007 年）201 頁以下参照）。
283　なお、令和元年改正会社法は、議決権代理行使の代理権を証する書面等の閲覧請求、議決権行使書面の閲覧請求等につき、「株主共同の利益」を害する目的がある場合には請求を拒否できるとの規定（会社法 310 条 8 項 2 号、311 条 5 項 2 号、312 条 6 項 2 号）を新設したが、これらはいずれも 1 号の「その権利の確保又は行使に関する調査以外の目的で請求」に該当し、理論的にも説明困難で余計な改正である。さらには、「業務執行の社外取締役への委託」（この発想自体適切とは思えないが）が可能な状況として、「会社と取締役との利益が相反する状況にあるとき」と並んで、その他取締役が当該株式会社の業務を執行することにより「株主の利益」を損なう恐れがあるときとしていることにも強い疑問がある。利益相反によって損なわれるのは、取締役の会社に対する忠実義務違反の恐れがある状況であるから、「会社の利益を損なう恐れ」というべきであり、ここで株主の利益を持ち出すこと自体に強い疑問がある。「株主共同の利益」と「株主の利益」の違いが何かも分からない。
284　なお、当時の立法担当者が次のようなことを述べていたことは、いつまでも記憶される

③公開会社法の実現は喫緊の課題　　この問題については前述186頁以下に比較的詳しく述べた。

④支配株主の忠実義務規定の創設、親子会社法制の確立　　既述のように、株式は最小単位の性格としては市場流動性確保のための金融商品の形を取ることが必要だったが、そのことは反面において大量の株式を有することで他者を支配できるほどになれば、支配に伴う責任が生じてくるのも当然であり、世界各国がそうしたルールを有している。それがshareのstock化を意味する理論上当然の帰結であることについては前述した（120頁以下参照）。

　各国のこれに関する制度は、親会社が子会社債権者、子会社少数株主に対する一定の責任を負うことを立法によって比較的詳細に規定する場合もあれば（ドイツ・コンツェルン法）、一般的抽象的に支配株主の会社ないし少数株主に対する忠実義務の観念を肯定する場合もある（多くの判例法理の蓄積がある）。また支配株主による議決権行使により不当な決議が成立した場合に決議の瑕疵を肯定する場合もあり、さらには事前に株主権の行使により不当な決議が成立する蓋然性が高い場合に、事前に議決権行使を差し止めることもある。

　日本でも戦後一貫して学界レベルでは親子会社法制の必要性が繰り返し強調されてきたが[285]、実現をみていない。株式は支配を伴う程のものとなれば責任が伴うことを明らかにする一般原則を法律上定めると共に、親子会社法制ない

べきことであろう。法務省自身が直前まで推進した最低資本金制度の廃止につき、「この制度に直接利害を有するものではない大学関係者からの反対は強かったものの、実際に会社制度にかかわる者の要望を優先する形で、廃止されることとなったものである」（郡谷大輔＝岩崎友彦「会社法における債権者保護（上）」商事法務1746号（2005年）49頁。「経済界の抵抗を押し切ってまで何かをするというのは非常に難しいご時世ですので、そこは要望がある限りは、可能な範囲で対応するというスタンスで、基本的には各団体とお付き合いをしています」（稲葉威雄＝郡谷大輔「（対談）会社法の主要論点をめぐって」企業会計58巻6号（2006年）147頁（郡谷発言））。

285　こうした研究の大きな成果が、江頭憲治郎『結合企業法の立法と解釈』（有斐閣・1995年）、同「会社の支配・従属関係と従属会社少数株主の保護——アメリカ法を中心として」法学協会雑誌96巻12号、97巻2号・9号、98巻1号・3号・10号・12号、99巻2号（1979年〜1982年）である。他に、宮島司『企業結合法の論理』（弘文堂・1989年）、高橋英治『企業結合法制の将来像』（中央経済社・2008年）等、日本の英独仏企業結合法研究が蓄積されてきた。

しグループ会社法制の確立に向けた具体的な検討に早急に着手すべきである。

⑤ 企業買収ルールの確立[286]　　日本は英国のコードというと、コーポレートガバナンス・コードにしてもスチュワードシップ・コードにしてもすぐにも参考にするが、それは会社法や受託者責任 fiduciary duty のような厳格な強行法規（ハードロー）への関心の後退に対応している。同じコードでも英国で長い経験を誇る takeover code とその運用機関である takeover panel のような整備されたルールと体制をトータルに参考にしようという声は聞こえてこない[287]。

　英国には敵対的買収自体がないと言われることもある。それは個人と個人に対して厳しい受託者責任を負う機関投資家が株主の多くを占める英国で、市民社会に根付いた企業を敵対的に買収することが難しいということがあるが、takeover code が買収の様々な局面ごとに詳細なルールを定めており、買収側と防衛側もこれに従うに決まっているためといわれる。企業社会が納得するそうしたルールを時間をかけて構築し運用してきた実例を横に見て何もしないことは、企業法理の観点からも日本の国益を守るという観点からも許されてはならないだろう。現実に日本では、濫用的買収者を想定して法的根拠のあやふやな買収防衛策を弁護士事務所から大金を払って買うことが常態化してきた（税金を納めている企業がルールを民間から買う？）[288]。しかしそれを導入することにすら反対するファンドなどの言いなりになって、折角導入した防衛策を撤廃する企業が増えている[289]。日本に英国流の企業買収法がなく、アメリカ州会社法の

286　企業買収全般については、本書 97 頁以下参照。

287　イギリスの企業買収制度については、渡辺宏之他「日本版テイクオーバー・パネルの構想」企業と法創造 4 巻 3 号（早稲田大学 21 世紀 COE《企業法制と法創造》総合研究所・2008年）、ノエル・ヒントン（英国テイクオーバー・パネル Deputy Director General）他「成熟市民社会英国の企業買収ルールを徹底的に学ぶセミナー」（企業と法創造同上 167 頁以下）を参照。他に、「英国 M&A 制度研究会報告書」（日本証券経済研究所・2009 年）、「ヨーロッパ M&A 制度研究会報告書」（同・2010 年）。

288　ブルドックソース事件で、アメリカの悪名高きスティールパートナーズによる敵対的買収に対抗する買収防衛策を合法とした日本の最高裁決定について、アメリカで大きな非難の声が上がっているとして、これでは対日投資意欲が殺がれるとの日経金融新聞の記事「スティールの「悲劇」」に対して、何も反論できずにこうした記事を書くこと自体を強く批判したのが、上村「「スティールの悲劇」の悲劇」Lexis 企業法務 24 号（2007 年）1 頁である。

289　2008 年に較べると買収防衛策は 4 割減少したとされる（「買収防衛策 廃止相次ぐ」日経

ような反テークオーバー法(anti-takeover statute)もないにもかかわらず、防衛策を導入すること自体にファンドおよびその代弁者であるISSなどの議決権行使助言機関が反対し、これに漫然と従う企業が多いことは驚きである[290]。日本に企業買収法がない中で、日本企業は自国の法によって守られている攻撃側に素手で立ち向かえというような話が流布されていることは異様な姿である[291]。

　日本は急ぎ、包括的な企業買収法の導入を図るべく議論を進める必要があるが、その際には判例上確立している濫用的買収者概念を明文化するなどの最低限の対応とともに、買収プロセスに即した明快なルールを整備する必要がある。こうした主張を私は2008年段階で行ったことがある[292]。

　⑥指名委員会等設置会社制度等の見直し　　指名委員会等設置会社(旧委員会等設置会社)は最低2名の社外取締役から成る取締役指名委員会・報酬委員会・監査委員会に取締役会の判断を覆す終局的な決定権能を与えている点で、昨今の取締役会改革の趣旨に反し(取締役会の過半数が独立社外取締役であってもこれら委員会の決定が優先する)、他国に例のない一種の委員会独裁を意味する場合も多い。日本の取締役会に一人の社外取締役もいなかった時代には社外取締役が「いる」だけで評価された、そうした時代の遺物のようなこの制度の根本的な改善が必要と思われる。このことは、現行法の監査役設置会社、監査等委員会設置会社との三つの選択肢を認めること自体の合理性を議論すべきことを意味しており、取締役会を十分に機能させる趣旨に根差した委員会制度の意義を再確認する必要がある。監査役設置会社において任意の委員会と言われているものを取締役会機能充実の一環として改めて位置づけ直すことも必要であろう[293]。

新聞2019年5月22日付)。

290　そうなると各企業はそれぞれが個別に防衛のための対応策を講じなければならないことになるが、それを今度は「後出し」防衛策などと評して、市場に賛否があるといった記事が掲載されている(「「後出し」防衛策——市場に賛否」日経新聞2020年1月22日付朝刊)。実に不見識な話ではある。

291　田中亘教授が、会社の支配権争いの帰趨は株主が決めるべきものとした上で、公開買付後に残存株式を公開買付と同額でキャッシュアウトする予定であることを開示すれば、非強圧的な買収として防衛策を正当化できないとしていることについて、前述98頁参照。

292　上村＝渡辺宏之「企業買収ルールのあり方——英国参考に包括策つくれ」日経新聞「経済教室」2008年3月12日付。

⑦取締役等の損害賠償責任規定の抜本的見直し　取締役の会社に対する損害賠償責任の賠償額が理論的な一貫性を欠いた中で異様に高額となっており、会社として負担すべき企業責任分まで個人の責任として扱われているなど、いまや問題は人権問題と言えるほどの様相を呈していることについては前述した（160頁③以下参照）。

3　立法提言──各論的課題

①株主平等原則の見直し　株主平等原則の意義については前述した（144頁以下）。立法提言としては、ドイツ法およびかねてよりの私見に即して、株主平等原則とは、外形的に株主を不平等に扱う行為や決議等がなされた場合に、それが正当であることを、それを行った側（通常は会社ないし多数派株主）に立証させるという法効果を有するものであることを明確にすることを求めたい。そうした効果は大規模公開株式会社であると閉鎖的会社であるとを問わないが、上場会社等の場合には、資本市場対応としての株式の均一性・同質性の問題を会社法に規定するか、資本市場法（上場規程等）に委ねるかを確認することも必要である。日本では戦前から株式の均一性の規定を商法に規定してきたが、実は戦前の会社法制が資本市場法制の意義をも担っていたことについては前述した（173頁）。

　次に、公開株式会社であっても、人間関与度最小企業と自然人を平等視することは認めない。つまりは株主の属性を問題にした上での平等であることを確認すべきである。この結果、親会社に対する配当と上場子会社のその他の個人株主との間で配当に差を設けること、一定のファンドに対する配当と人間株主に対する配当に差を設けること等には何の問題もないことが明らかにされる。フランスのフロランジュ法に倣い、株式保有期間2年超の株主の議決権を2倍にするなど、一定の条件の下、ファンド株主の介入を排除しうるような規定を設けることも可能とすべきである。

②普通株主概念の再確認と議決権行使主体の属性論の展開　本書で詳論し

293　前注191に掲げる文献を参照されたい。

たように、議決権とは企業社会におけるデモクラシー関与権であり、その行使主体としての属性論を全面的に展開すべきである。その際、現行会社法105条が普通株式概念を定めるものであることを確認し、企業社会のデモクラシー関与権としての議決権が付与されるべき正当性ある主体を個人・市民ないしこれらの者のために厳格な受託者責任を負うべき機関投資家（あるいは、人間関与度の高い者として認定されうる法人）等であることを法令ないし解釈指針などにより明らかにすべきである。こうした条件に合わない者であっても対価を支出する以上、それに見合う財産権を享受しうることも確認する。こうした問題は、前記①の検討と併せて議論されるべきであるが、まずは普通株主概念を確認することが先行すべきだろう。

　③**株主の素性（正体）情報開示請求権の会社への付与**（株主の identity 情報開示）議決権行使の正当性が認められるべき株主であるか否かを確認するために、また匿名株主による議決権行使を排除するために、さらには株主となる過程で不正・不当の行為がなかったかを確認するために、英独仏会社法を参考に、株主の素性ないし正体情報（実質株主情報）の提供請求権を会社に付与すべきである。日本ではルールとしての正統性の根拠が薄弱な買収防衛策であっても、これを採用していると、会社は買収者に対してこうした情報要求をなし得ることになっている。既述のように、買収の是非は対価の高低によってのみ測られるべきものではなく、買収によって、当該会社の目的・ミッションがより良く実現できることを買収側が立証すべきであるから、その前提として買収者が議決権の行使主体に相応しい者であることを知る基本的な権利を会社に認める必要がある[294]。こうした情報には、ISS などの議決権行使助言機関が誰のために助言し

294　英国のこの制度を紹介した先駆的な論文である、山田・前掲論文注(101)は、the identity of the person を、取引した者の情報と訳しているが（「上」論文34頁）、ここで identity とは正体ないし素性と訳すべきである。イギリス会社法制研究会編『イギリス会社法——解説と条文』（成文堂・2017年）は、793条5項6項のここでの identity を身元と訳しているが、今ひとつピンとこない。なお、欧州で株主が個人ないし市民であることにこだわる規範意識を前提に、identity への疑いの念が比較的薄いとしても、日米にとってはとりわけこの情報の重要性は高く、一切の素性情報開示請求権として構成されるべきである。なお、これより先に、米山徹幸「『真の株主』開示仕組み整備を」日経金融新聞2005年10月18日付、がこれを「真の株主」としているのは正しい理解と思われる。企業にこうした制度を求める多く

ているかに関する情報等も当然に含まれる必要がある（後述 229 頁⑧参照）[295]。

④名義書換後 6 ヶ月間の議決権行使を禁ずる定款規定の復活　　昭和 13 年旧商法は、名義書換後 6 ヶ月間は議決権を行使できない旨の定款規定を設けることができるとしていたが（旧商法 241 条）、株主の属性情報が開示されることを前提に、こうした趣旨の何らかの規定を復活させるべきである。現行法上議決権と同じく単独株主権である代表訴訟提起権の期間制限（6 ヶ月）を定款で短縮できることとの均衡からも、むしろ逆に名義書換後 6 ヶ月間は議決権を行使できない旨の定款規定を設けた場合にもその効力は解釈論上も有効と解されるべきであることにつき、前述 133 頁チ参照。議決権行使禁止の仮処分制度を広範に認めるための規定を整備することで同様の効果をもたらすことも必要な制度対応であるが、株主権の基礎理論としての意義を事前に明確にしておくことが必要である。

⑤短期間に一定頻度以上の超高速取引を行う等の株主による議決権行使の制限等　この問題は株主の人間関与度を判定する際の重要な要素であり、本文でもたびたび言及したところである。普通株主概念等を確認することでこうした対応も可能となるが、株主の属性にかかる個々の要素をも確認したうえで、議決権行使の正当性の根拠を明らかにする必要がある。パッシブ運用株主による議決権行使については、彼らをそもそも、企業社会におけるデモクラシー関与権を有するという意味における株主と呼べるかという問題があるが、当事者としてもコストをかけて議決権行使を行う動機も意欲もない場合も多い。パッシブ運用の具体的な評価に基づいて、議決権行使に一定の制約を課す可能性を検討すべきである（前述 138 頁以下参照）。

の声があることなどが紹介されている。ドイツ、フランスについては前注 101 に掲げる論文を参照。
295　食に関する一切の履歴、原料の素性情報（収穫・生産・加工・輸送・販売などの各段階に関する情報）につき、ブロックチェーンを使うことで効率的な食品のトレーサビリティ（追跡可能性）を構築でき、すでに実現しているという（アタリ・前掲書注(107)330 頁）。私には評価する能力はないが、株主・投資者の投資履歴の詳細がつねに追跡可能であることは非常に重要である。規制当局が最大の関心を持つべき問題だろう。

⑥**正当な株式対価を払わない株式保有者の劣後的取扱**　これも以上の論点と共通の問題と言えるが、正当な対価を払っていない者を正当な株主であるかのように遇すべきではなく、主として議決権行使について外形的に峻別し、普通株主と対等に取り扱わないことを正当とする立法・解釈上の立場を明らかにする必要がある。貸株、議決権信託、エクイティ・デリバティブ、エンプティ・ボーティング等々を、個々に検証する必要がある。正当な対価が支払われていない以上、経済的利益についても劣後的な扱いを認めることは自然であり、議決権行使はその延長の問題とも言える。上記④の問題は、株主であることは間違いない者の話であるが、そこまでもいかない者への対応は状況により、差別的取扱の自由度を広範に認めるべきであろう。会社が自主的に定款規定によりこうした者の株主権の制限を定めうることを規定することもありうるが、解釈論としてもそうした定款規定の有効性を確認すべきだろう。

⑦**「物言う株主」によるガバナンス発言責任**（integrity 責任）　一定の規模以上の株式を有する株主による会社に対する何らかの要求を「物言う株主」の機能として持て囃す向きもあるが、これも議決権行使と同じく「物言う」資格ないし正当性自体を問題にし、そうした者によるガバナンスへの関与を否定すべき場合も多い。支配株主の会社ないし株主に対する忠実義務規定が存在する場合にはそうした問題の一環として扱うこともありうる。

　思うに、一定の規模の株式会社の一定規模以上の株主が会社に対して直接に一定の要求行為等を行う場合には、官公庁の公的記録に準じて、その要求の日付と内容を会社として記録に残すべきであり（株主関与にかかる確定日付？）、そうした要求行為をなした株主はその後半年ないし1年間は株式を譲渡できない旨を定款に規定することができるとすることが考えられる。短期的利益目的のために「物言う」ことに寛容である必要は全くない。他方で長期利益目的の株主ならこうした規制にも痛痒を感じないはずだろう。充実したIR活動とは、会社に対する誰からの日常的な質問にも真摯に対応し[296]、金商法・証券取引所

296　前述の公開会社法要綱案11案が、投資者による随時質問権の法定と会社による回答は一定期間にHPでまとめて行う、といったことを提案していること等については、前注166参照。

が定める適時開示その他のすべての投資者に平等な情報開示を徹底的に行うことが基本である。

⑧議決権行使助言機関(ISS 等)への法規制の必要　株主の属性に問題があり、あるいは日常的にパッシブ運用を行っていて議決権にも議決権行使にも日頃より全く無関心どころか、議決権行使に伴うコスト負担を避けたいと思っているような者が、名義書換の基準日に刹那的な株主とされた時に、そうした砂上の楼閣的な株主のために議決権行使の助言を行うことを商売にし、根拠薄弱な影響力を企業経営に及ぼしていると思われるのが ISS 等の議決権行使助言機関である。本書で述べてきた観点からは、議決権を認めるに足る属性自体をそもそも有しないか、あるいは有することに強い疑問を持ちうるような株主(と称する者)のために議決権行使の助言をする根拠自体が疑わしい。そうでないならそのことを自ら証明する責任が彼らにはある。しかし、これらの機関は日本の企業のガバナンスのあり方について訓示を垂れながら、自己に関する情報開示もガバナンスのあり方も不透明であり、かつ親会社からの独立性にも疑問があり、助言業務との利益相反の疑いも解消されないできた。

したがって、その業務の正当性を担保するために、日本での助言活動が日本法に基づいたものであることの確認、助言対象ファンド等の株式購入履歴等の開示、海外親会社からの独立性の保証、自らの事業活動の詳細、助言理由の問い合わせに対する窓口の存在、他企業にガバナンス推奨を行うに相応しいガバナンス体制を自らが備えていることの保証、ISS の関係企業によるコンサルタントとの利益相反排除のための対応等を求め、実効性ある登録制ないし認可制の対象業務とすべきである[297]。この問題は日本の企業社会を守るという日本の国益にかかわるような重要問題である。また、こうした機関による不当な助言によって決議の結果が左右された場合の決議の効力およびこれら機関の法的責任も何らかの形で明らかにする必要がある。

2020 年 3 月に公表された「「責任ある機関投資家」の諸原則(いわゆる日本版

297　これら議決権行使助言機関の関係コンサルの助言を聞くと議案に対する賛否に影響するという現場の声をよく聞く。なお、高橋真弓「議決権行使助言会社の法的規制論に関する一研究」一橋法学 11 巻 2 号(2012 年)441 頁以下。

スチュワードシップ・コード)」の再改訂版[298]は、ハードローである受託者責任 fiduciary duty（全般に前述 141 頁以下参照）が働かない中で遅きに失したとはいえ、日本で初めて「機関投資家向けサービス提供者のサービスの向上」と題して、議決権行使助言会社に関する原則を（年金運用コンサルタントなどに対するものと共に）定めた。そこでは、議決権行使助言会社について、利益相反が生ずる局面を具体的に特定し、それをどのように管理するかについての明確な方針を策定すること等を求め、その取り組みを公表すべきとしている（指針八―一）。さらに、運用機関に対して個々の企業に関する正確な情報に基づく助言を行うため、日本に拠点を設置することを含め十分かつ適切な人的・組織的体制を整備すべきであり、透明性を図るために、それを含む助言プロセスを具体的に公表すべきとする（指針八―二）。また、助言の対象となる企業から求められた場合に、当該企業に対して、前提となる情報に齟齬がないか等を確認する機会を与え、当該企業から出された意見も併せて顧客に提供することも、助言の前提となる情報の正確性や透明性の確保に資するともされた（指針八―三）。

こうした指針が出されたことは一歩前進であり、これにより助言会社が安易に助言方針を一方的に示し、それが無批判に喧伝される中でそれがあたかも権威あるものであるかに扱われてきた事態は大きく変わることが期待される。少なくともこれからは安易に助言に従うことのリスクの方が浮上することになると思われる[299]。また助言会社が個々の対象企業ごとの事情を把握しなければならなくなることは、従来のビジネスモデルの全面否定を意味する可能性を秘めている。

もっとも、スチュワードシップ・コードはハードローとしての受託者責任 fiduciary duty を背景に有することでその存在意義が発揮されるのであり、まずはそうした発想を踏まえてこれを登録業ないし認可業として法的に位置付けることが必要である。その際には、助言機関の組織体制や助言策定プロセスの不備を理由にする助言業務の停止・登録取り消し、およびそうした不備のまま

298　井上俊剛他「スチュワードシップ・コードの再改訂の解説」商事法務 2228 号（2020 年）14 頁以下参照。

299　なお、私が実際に経験した助言会社の横暴ぶりについては、上村「ISS による報酬関係議案に対する反対推奨について」資料版商事法務 409 号（2018 年）6 頁以下参照。ISS の担当者が良心に反してまで米国親会社の指示に従う実態が明らかであったと思われる。

にその助言に依存しきった企業の運用責任ないし株主総会決議への過剰な影響を理由とする決議の瑕疵等についても検討されるべきだろう。

⑨**ストック・オプション制度の見直し**　会社経営の目的が株価の上昇を直接の目的としない以上（会社の目的・ミッションの実現に邁進した結果として株価が上昇することが大いに結構なことであることについては前述した）、経営者の能力を株価で測ることには慎重でなければならない。特に、ストック・オプションの行使情報を開示し、その結果としての報酬額が当該取締役等の行為に対する評価に見合ったものになっているかを事後的に検証する仕組みは不可欠である。実証分析を日頃より主張する経済学者やこれに同調する法律家がこの面での実証分析を主張しないことは理解できない。また、ストック・オプションによって得られる利益は市場の不完全性に基づくものである可能性が高いことに鑑みると、そうした条件を確実に排除できる仕組みが必要であり、ストック・オプション制度自体の是非についても本格的な再検討が必要だろう[300]。

その他、ストック・オプションを発行している会社による自社株買いの禁止、これに関する相場操縦規制の強化、与えすぎたストック・オプション・株式の返還請求（クローバック）等々、あるいは欧州のように自己株式の取得を原則禁止とすることも含めた検討を避けてはならないと思われる。その際、株価を上げた経営者が立派な経営者であるとの思い込み自体を、まずは議論の俎上に上げるべきである。

⑩**会社解散命令制度の実効性確保、取締役等の資格喪失制度の導入**　会社の設立が不法な目的に基づいているとき、正当な理由がないのに事業を1年以上休止しているとき、業務執行をする取締役等が法令・定款で定める会社の権限を逸脱しもしくは濫用する行為または刑罰法令に触れる行為をした場合において法務大臣から書面による警告を受けたにもかかわらずその行為を継続的に

300　ストック・オプションの導入については、商法学者225名による反対声明「開かれた商法改正手続きを求める商法学者声明」（平成9年5月12日）が公表され（呼びかけ人は、江頭憲治郎、大塚龍児、奥島孝康、河本一郎、倉沢康一郎、関俊彦、高窪利一、森淳二朗、森本滋の各教授——私は、問い合わせ先を務めた）、5月12日に山の上ホテルにて記者会見が行われ、広く報道された。

または反復的に行ったとき、裁判所は公益を確保するために存続を許すことができないと認めるときには、法務大臣・株主・債権者その他の利害関係人の申立により、会社の解散を命ずることができるとされている（会社法824条）。会社が公益的な存在であることを正面から謳ったこの制度は非常に重要な制度であるが、利用されたことがない。

　戦後の法人成りや最低資本金制度の不存在により、株式会社の数がきわめて多数に及ぶ割に、解散命令の要件が不明確で制度の運用自体が困難であったことにもよるが、それでも真に必要と思われる状況（暴力団系企業の存在等）に対して解散命令制度を適用することはあり得たはずである。ところが、解散命令を出してもその関係者による会社設立の自由に何の制約もないことから、実効性のないザル法とみられてきた。

　こうした状況を憂いた福田康夫内閣時の国民生活審議会総合企画部会「生活安心プロジェクト」「行政のあり方の総点検——消費者・生活者を主役とした行政への転換に向けて」平成20年3月27日は、「特に悪質な事業者については、積極的に解散命令を活用することや、再犯歴がある個人は会社設立に関与する資格を剥奪する制度を構築することも考えられる。その際、そうした対応を一定の悪質行為に対応する行政処分として行うことの可否や、可能である場合はその執行主体としてどのような主体が適切か等の問題を検討する必要がある」との認識を示していた。この見解は英国の取締役等の資格剥奪制度（disqualification）[301] の導入を意図したものであり、遅きに失したとはいえ、この問題提起を今からでも真剣に受け止めることで、根本的な制度の改善を図るべきである。

301　中村康江「英国取締役資格剥奪制度の展開」立命館法学304号（2005年）184頁以下。

終 章　法の総合力強化は日本の文明史的課題

第三の近代化「富国強「法」の壁

　(1)　本書は冒頭で述べたように、私の研究履歴のスタート時点からこの「人間復興の会社法理」に至る、私なりの研究者生活全体を通して考えてきたことをそのまま反映した会社法理の基礎理論を描き、それに沿って今思う政策提言、立法提言、解釈提言等を盛り込んだものである。

　本書は、会社法の勉強から始まって、資本市場法理論（としての市場法論）、資本市場と一体の会社法理（としての公開会社法理）、そしてこれらに株主の属性を問う市民社会論・持続可能社会法学（Law and Sustainability）へと至る私の研究過程の全体を「人間復興の会社法理」として集大成したものである。人間復興の包括的な会社法理が最上位の論理体系であり、それを構成する中核的な会社法理、資本市場法理、市民社会論等のそれぞれが固有の法理を有しつつ（例えば株式以外の一切の投資物件を対象とする包括的な資本市場法が株式という有価証券に適用されるという具合に）、相互に必然的な関連性を有して人間復興の会社法理を形成している。これらは理念型概念であり、既述のように、それぞれが現状を理解し分析するための指標ないし道具概念である。肝心なことはこれら理念型概念と現実社会の評価との乖離を認識することにある。理念型は不出来なものであれば現状分析の役に立たないが、本書で展開されている発想は人間と企業と資本市場という普遍的な概念をベースにすることで、まさに分析のための指標たりうるものとして構成してきたつもりである。

　(2)　このところ、既述のアメリカ経済界の Roundtable Commitment が脱・株主第一主義を宣言したことを受けて、ステークホルダー重視をいう者が増えつつあるが、その多くは精々、株主第一主義と脱・株主第一主義を二項対立として捉えるという皮相的な見方が多い。本書の主張は相当以前から続けてきたものであるが、一貫して述べてきたことは、会社の目的は各企業がそれぞれに有する事業目的および自ら育ててきたミッションの最大実現にあること、そしてこの目的を実現してきた企業を、それ故に評価し株式を購入した株主が結果的に報われるということであり、初めから会社の目的を株主利益に置く利

己的な発想は定款の目的（共同の事業目的）の実現というあまりに当然な目的を無視するものとして、根本的に誤っている。このところ日米を席巻してきた「法と経済学」の発想にとっては、法は常に経済学の評価「対象」にすぎず、その主張が法律学であると言える理由について説得力ある説明がなされてきてはいない。そこでは、「法とは何か」についての明快な立場も一切語られない。利益を上げない企業は企業に値しないと言う経済学者もいるが、会社の目的・ミッションを実現するためにこそ利益も内部留保も必要だと考えるのが正道である。問題はその利益をその属性を問わずに株主のために使うことを最優先する発想が、人間の営みとしての会社法の基礎理論としてまったく成り立ち得ないことにある。

　人類の歴史は数十年という時間軸で、あとから考えると明らかに間違っていた発想が時代を支配するといったことを繰り返してきた。一つの視点で断定的に物事の一切を決めつけるような決定論は常に人間を誘惑し続けてきた。それは地道な検討を避ける単純思考である場合が多く、大衆に受け容れられやすい。

　そしてこの三十数年間、取引の効率を最大の価値とし、人間の匂いがしない株主像に疑いを持たないままに株主価値最大化を当然とし、持てる者がさらに栄えるアメリカ発の決定論を当然視する時代が、特に日本で顕著にみられた。

　(3)　各企業の目的・ミッションの最大実現がトータルに経済社会の需要に応える、そうした役割を企業が継続的に果たし続けるためには一定規模の財産の留保が必要であり、そのためにも一定の利益が必要である。しかるに利益があれば、余剰資産があれば株主に分配するのが経営者の責任だというのは、資本主義市場経済体制の根幹を担うべき企業の役割を犠牲にせよという反社会的な主張でしかない。様々な得意分野を持つ企業の目的遂行のための個々の活動は、その全体を俯瞰すれば、まさに自由経済体制を担う行為である。それは人間の生活に必要な質の良い財やサービスを最大に提供しようとする企業間の競争を促すものであるから、人間尊重・人間復興の理念を本来共有しているはずである。

　その意味では、本書が展開している会社法理にとって、ESG も SDGs も、それをわざわざ取り上げるまでもなく、その法理の中に十二分に位置づけられている。株主の属性を問わずに株主価値最大化を言ってきたが故に強調される、あるいはその「後ろめたさ」の故に主張されるかのような ESG、SDGs と、会

社法理の基礎理論からは当たり前、というのではまるで意味が違う。人間尊重を当然視し、それが会社法理の基礎理論とされていてもなおかつ要請されるESG、SDGsとは、企業の目的達成を超えた人類の連帯を必要とするような価値への貢献を意味する。SDGsの元となったリオ宣言は、地球環境、格差貧困、戦争、自然と人間の関係性の見直し、人権といった哲学を述べるものであった（本書前述199頁）。ESG、SDGsとは、①株主価値最大化という誤った発想を当然視したがゆえに、その反面において贖罪的に？強調されるもの、②企業の目的・ミッションの実現そのものを意味する当たり前の話である場合、③そしてリオ宣言が問題とした哲学を踏まえて人間と地球への洞察に満ちたものとして主張されるもの、とがある。この三者を区別し、①の意味でのESG、SDGsを排斥し、まずは②の発想を当然視しようとの強い意志こそがESG、SDGsの基本精神であることを認識する必要がある。

　コロナ危機に際して、各企業がそれぞれの経営目的を度外視してコロナ対応のために貢献しようとする動きがみられたが、こうした行為はこの③に該当する人類社会にとって普遍性の高い行為として、肯定され、あるいは望まれる。この半面において、こうした危機に乗じて、あるいは人間の不安を原因とする株価の乱高下をチャンスと見て、超高速取引により暴利を貪るような行為[302]に対しては、人類に対する罪ないしそれに準ずる行為として徹底的にその責任を追及すべきであり、その際に刑事罰の遡及適用、時効の不適用等の措置を総動員すべきである。政策原理が支配する経済犯罪ではこうした対応は当然に肯定される（アメリカのS&L危機時には同様の対応がなされた）。及ばずながらも、そうした強い認識を放棄してはならない。

　(4)　人間復興の会社法理は、人間の価値を最大に評価し、人間の意思と生存を尊重し、人間のための事業活動の意義を最大化させる会社法理であり、それが本来の会社法理の原点であったことを確認する。人間を尊重することは、それが人間の生きる場を奪うような大規模な環境破壊現象に立ち向かうことのできる法理であることを要請する。人間を破壊し崩壊させるような巨大リスクは、人間と地球の持続可能性を崩壊させる。巨大災害、自然破壊、戦争、大恐慌のような巨大金融危機等の巨大リスクへの対応を総合的に対象とする法学は

302　日経新聞・前掲注(95)。

いわば先端的なリスク法学とも言いうるものであるが、会社法とりわけ資本市場と一体の株式会社法は、暴れる証券市場と有限責任の濫用がもたらす人類への厄災を体験するたびに、巨大リスクへの事前対応策を制度に内在させてきた。

　この度のコロナウイルス危機を始めとする巨大危機に遭遇すれば、企業は倒産の恐れにおびえ従業員は失業を恐れる。そもそもコロナ対策か経済対策かというような二項対立はありえず、恐慌がどれほどの死者を生むかという視点は歴史に学ぶ者の視点である。欧州が今も変わらず堅持し続け、日本も明治以来基本的な制度としてきた法定資本・法定準備金制度が戦後形骸化したのを受けて、平成2年商法が平成8年までに最低資本金制度を導入するとした直後の平成17年会社法でこれらをほぼ全面的に廃棄した。日本企業が自発的に内部留保を厚く積もうとすることは経営者としてのごく自然な対応だが、その後これを株主への配当に回せ、自社株買いに回せ、内部留保課税をせよ、成長戦略に貢献せよ、という声が溢れた。

　日本でバブル崩壊時に、上場企業の全資本金額に相当する資本準備金が積まれていたことがどれほど日本の企業社会を救ったか分からない。法定資本制度・法定準備金制度は配当規制を伴うことでバブル形成時には必然的に一定の資産(資金)を会社内に自然に蓄積させる制度であるから、バブル崩壊時には緩衝材としての大きな役割を果たした。時価発行増資に際して、発行価額の半額が法定準備金としての資本準備金とされ(残りは資本金とされた)、利益のうちの一定額(一定の額が積みあがるまでは利益の10分の1)が法定準備金としての利益準備金とされた。これに並行して資本金自体も積みあがることで、株主に配当できない資金が強行法的に積み上げられ、それが危機時に重要な機能を果たしてきたのだが、目先の欲求(特にアメリカの欲求)に日本は屈し続けてきた。というより、専門家たちはそれを無駄な制度だと切り捨てる発想を奨励した[303]。

　法定資本や法定準備金を堅持するドイツもフランスも、海外からそれはおかしいとは言われない。アメリカも彼らに文句は付けないが、法律学の権威が低

303　欧州中央銀行は2020年7月28日に、銀行に配当と自社株買いの自粛を求める期間を2021年1月まで延長したという。アメリカでも、金融監督当局が欧米銀行の株主還元に監視を強めているという。日経新聞2020年8月7日付朝刊。こうした問題は金融監督問題である以前に会社法の基本問題であることを強く認識する必要がある。

く、（したがって？）いつまでも美味しい存在であり続ける日本には言い続ける。

　コロナで株価が低迷するアメリカ企業が敵対的買収に備える防衛策を相次いで導入しているという[304]。英国型の企業買収ルールのないアメリカで、防衛策とは毒薬条項（ポイズンピル）の導入によって、自社を買収する気にならない魅力的でない会社にすることが主たる防衛手段であるが、それは現経営陣を守るだけで一般株主にとっては有害なものとなる。いや、それでもこんな買収者に買収されるよりましだというのなら、買収の理論自体が間違っている証拠である。そこで問われているのは買収者の属性の評価であり、主たる問題は買収者が買収することによって、現経営陣よりもよりよく会社の経営目的が達成されるかにある。買収者が1円でも高い対価を払うかを問題にしてきたアメリカ的行き方の誤りが、コロナ下で露呈している（買収法理全般については前述97頁以下参照）。

　（5）　ところでドイツは、財政黒字を維持して新規の国債発行をゼロにする健全財政路線を一時凍結して、18兆円ほどの赤字国債を発行し（2020年5月23日）、コロナによる生活破綻への対策として就業者の給与の6割を補償した。その後それを70％から77％に増額し、さらに80％から87％に増やす等の手厚い対応がなされている[305]。文化支援にも1200億円以上が支給されると伝えられた。ドイツは憲法で新規国債の発行はGDPの0.35％が上限との規定があり、これに反すると事前審査を行う憲法裁判所に提訴される。このたびの措置は憲法上認められる例外措置であり、法の支配の範囲内で実施された[306]。これに加えて前記のようにドイツの株式会社には法定資本・法定準備金に相当する巨額の資金が厳重な配当規制の下に蓄積されている。これに対し、もともと1100兆円以上の財政赤字を抱えていた日本が、日本人に無差別に10万円を給

304　「米企業、買収防衛策に走る」日経新聞2020年8月6日付朝刊。

305　https://www.jil.go.jp/foreign/jihou/2021/09/germany_02.html

306　日本にはこうした憲法上の規定はないが、日銀による国債の引き受けを禁ずる財政法5条がある。日本の現状は本来は違法の疑いも濃い。このところ脱法行為は違法でないという発想を肯定する向きが増えている。かなり著名な経済学者が、それが脱法であることは認めるが違法ではないと言っていたのが思い出される。法律家はもともと脱法行為とされればまずは違法に違いないと考えてきたと思われるが、最近では法律家も脱法行為は違法ではないとして一切の解釈努力を怠る例が増えているようにも見える。独禁法17条は脱法行為の禁止を明文で規定する。

付するために赤字国債をさらに発行し、その後の休業支援等のために無原則に赤字国債を発行し続ける姿との彼我の差はあまりに大きい。日本は歴史の教訓に満ち満ちた貴重な防波堤を破壊し続け、官民ともに厳しい冬の時代に夏の薄着しか持たない国に成り下がっているかに見える。法的思考に敬意を払わなくなった日本の今の姿である。

　危機時に人間たちは総力を挙げて事態の改善のために尽力する。それが人間の人間らしい営みだから、あちこちからボランティアが集まって他人のために尽くそうとする。企業活動が根源的に人間の人間による人間のための営みであるなら、平和時であろうと危機時であろうと企業のミッションの基本に変わりはない。株主価値最大化とは、危機時には言うを憚るようなものであれば、その理論がもともと人間の営みを踏まえていない証拠である。それでも株式会社の基礎理論は株主の属性を問わず、株主に報いることだといつでもどこでも声高に言い続けることは人間社会への挑戦である。確固たる人間の居場所を持ち、人間と社会に対する哲学を有し、各国の法令や法慣行に刻まれた過去の人間たちの叫び声に耳を傾け、将来世代に対する責任を深く自覚することは、いつの世にも変わらぬ法律学に携わる者のすべてが共有しなければならない姿勢なのであろう。

　(6)　日本は明治4年という近代化スタートの時期に、国のトップ多数が米欧12か国を1年9ヶ月かけて回るという「学びの姿勢」を見せた。このことは特筆すべきことである(岩倉使節団)[307]。しかし、これほどのことが一朝一夕になしえたわけではない。日本人は江戸時代にオランダ・中国経由ですでに外国事情について相当の知見を積んでいたこと[308]、江戸時代300年に庶民レベルで

307　岩倉具視、大久保利通、木戸孝允、伊藤博文他使節一行46名、留学生等約60名の計107名から成る。泉三郎『岩倉使節団——誇り高き男たちの物語』(祥伝社黄金文庫・2012年)、米欧亜回覧の会＝泉三郎編『岩倉使節団の群像——日本近代化のパイオニア』(ミネルヴァ書房・2019年)。

308　岩倉使節団の咸臨丸になんとか潜り込んだ福沢諭吉の言や良し。「アメリカ人の考えに、そういうものは日本人の夢にもしらないことだろうと見せてくれたところが、こっちはチャント知っている。」「真空にすれば沸騰が早くなるということは。かつその砂糖を清浄にするには、骨炭で漉せば清浄になることもチャント知っている。」「こっちは日本にいる中に数年の間そんなことばかり穿鑿していたのであるから、ソレは少しも驚くに足りない」福沢諭吉(富田正文校訂)『新訂 福翁自伝』(岩波文庫64刷改版・2016年)141頁。福沢は、航海術を5

文化的に高度な段階に達していたこと（庶民の識字率の高さと並外れた好奇心の強さに言及する往時の外国人が多い）[309]、敵対した幕府高官の高度な語学力や知識を明治政府が大いに活用し[310]、薩長中心とはいえ適材適所を図っていたこと等があげられる。

　当時の日本は、まずは法学と医学を最優先に学んでおり、会社についてはこの岩倉使節団とほぼ同時期の明治6年に第一国立銀行が公募により設立されたこと、当時創立し今に続く大学の多くが法律専門学校からスタートしたこと等については前述した（前注143参照）。これらの急激な近代化は当時の不平等条約撤廃を実現させるためのものであり、六法の制定等の法典編纂も外圧への対応を意味していた。富国強「兵」の時代にも法典編纂と憲法制定は喫緊の課題であった。江戸時代の日本人の法意識、文化度の高さは大いに評価されるべきであるが、西欧化の時代にそのことを自己認識できなかったことは無理もない。

　戦後改革は、日本の経済発展を支える大規模な経済制度改革をもたらしたが、これもGHQの占領下という外圧がもたらしたものであった。この時の制度改革の理念は経済の民主化、証券民主化であった。財閥・地主支配から市民・小作人を解放するこの時の理念は人間復興そのものである。財閥解体、農地解放、独占禁止法・証券取引法・労働三法の制定、会社法の大改正等々（教育制度の改革もこれらの基層をなす大改正であった）は、日本の第二の近代化を意味する富国強「財」を目指すスタートラインであったが、これも富国強「兵」の時と同じく、大きな外圧のもとで初めて可能となった。しかし法典編纂、司法権の独立、検察の独立、法学部での法学教育・比較法を中心とする法学研究等々、日本の法への対応は非西欧国家の中では群を抜いた存在となっていたと言える。しかしローマ法、啓蒙思想、市民革命を経て確立していった欧米の法は、制定法のみならず社会的な規範意識の醸成、業界ルール等の諸規範、ルールメイク・法

年学んで太平洋に乗り出そうという大胆にしてかつ「思想緻密な国民は容易になかろう」と自慢している（同134頁）。

309　これについては、北条泰時の御成敗式目の庶民レベルへの普及が日本人の規範意識の醸成に大きな意義を有したこと、それが日本独自の「道理」の観念に基づくものであったこと等については前述した（218頁参照）。

310　岩倉使節団の一等書記官乃至四等書記官10名のうち、7名が旧幕臣であった（一等書記官は幕府外国奉行だった田辺太一の他、何礼之、福地源一郎の計3名）。

執行の機動性の総体として(理論知と経験知の総体として)、西欧文明の最深奥部に強固な基盤を形成しており、これをトータルに継受することまではなかなかできない。しかし日本はドイツ語・フランス語・英語の法律用語・社会科学用語を一つ一つそれに対応する日本語に懸命に置き換え、西欧法に肉薄し、問題によってはそれを超えた分野もある(日本人の株式会社本質論の先駆性については、前述111頁以下)。この間の150年ほどのこの分野における日本の健闘はこれを十分に評価できるし、大いに誇りにしてよいことである。

漢字を中国から輸入した日本人がこれを中国語(外国語)としてではなく日本語として活用したことが、西洋語の日本語化に大いに役立った。その近代西洋法受容のための日本人の努力は漢字の翻訳語をいち早くもたらしたことで今度は中国の近代化に大きく貢献した(韓国もこの恩恵を蒙った)。日本は中国から伝来した漢字を素材にして漢字と平仮名と片仮名から成る国語を形成した。法は律令に学んでその法思考力を高めることができた。そして、日本の言語が音と訓と片仮名を有することが、西洋語を、意味を伴う日本語とすることを可能としたのだが、近代日本はまさに中国伝来の言語の応用の蓄積により西洋語の日本語化、単語の漢字化が可能となり、この分野で中国に対して恩返しができたと言える。このことを中国も(韓国も)理解すべきである。この貢献がなければ中国も朝鮮も、西洋の言語をどのようにして音から成る漢字にできたのか想像しがたい。おそらくは、(現地語で)法を中心とする人文・社会科学の議論ができない国になっていた可能性が高いように思われる(香港・シンガポール・マレーシアの会社法はイギリス法がほぼそのまま英語で適用されている)。

(7)　しかしここへきて、「法」は近代国家日本が容易に超えられない最大の壁として立ちふさがった。富国強「兵」、富国強「財」に次ぐ富国強「法」も、明治以降の市民法形成時代から戦後の経済体制改革の時代までは、外圧を前向きに受け止め、その意義や沿革、そして制度の本質を懸命に学ぶことでそれなりの体制を整備してきた。しかし、資本市場と一体の公開株式会社法という、どの先進諸国も必ず大失敗をしてきた最大の難関(取扱危険物)に直面するに至って、日本の法への挑戦は案の定大きな挫折を経験している。金融・資本市場と一体の株式会社制度は法現象自体が日々猛烈に変化し、大規模な不正が日常的に発生する分野であり、これに対応することはいわば動く標的に向かってなされる射的のような俊敏さを必要とする。難関の最大要因である「勝手に暴れ

まわる証券市場」と付き合わなければならないことになっていたのである。私が知る先輩の商法学者たちは、歴史に学び、外国に学び常に時代に相応しい研究と問題提起を行ってきたと敬意と共に言うことができるが、規律を伴う制度論はバブル経済とジャパン・アズ・ナンバーワンの声にかき消され、日本はこの分野の失敗の歴史を一から始めるような始末となった[311]。巨額の国家負債と法律学の衰退という大きな負の遺産を次世代に持ち越しつつ。

　株式会社法の形成史は、株式市場拡大への法的対応が常に後手に回る歴史であるが、株式市場（証券市場）に節度をもって接する知恵を獲得する歴史ともいえる。アメリカは証券市場をとことん使いまくりたいとの本能を基本的に容認し、不正があればその都度手段を択ばずに対応する行き方を取るしかなかった。西部劇で保安官がお尋ね者を捕まえる時のような、過激な手段を繰り出すことで対応してきたことについては前述した（216頁注275参照）。これは行き過ぎと濫用が先行しては慌てて対応するということの繰り返しを意味するが、氾濫を繰り返す暴れ川への対応は容易なことではない。あらゆる状況に対応できるルール群を用意し、それを時々刻々と執行できる規制体制なしには到底対応できない。

　英国ではこうしたルールのあり方を responsive regulation 打てば響く規制、と言った。英国で、業界の自主規制や gentleman's rule 等のルールは柔軟でありながら実質的には制定法並みかそれ以上と言えるほどの規範としての力を有してきた。経験知に基づく会社法の事前規制をあくまでも維持し、資本市場規制についても市場活用の抑制とプリンシプル・ベースによる実質本位の規制によって対応する。アメリカの規制緩和だけを真似て西部劇スタイルの規律を真似ず、英国型の事前抑制スタイルもとらず、ドイツの強行法対応も取らずに、日本はこの分野が制御困難な法的現象であることをまるで理解できなかった。

　（8）　日本は明治初期に、英独仏、とりわけドイツ商法典・フランスのナポレオン商法典を学んだが、その時に学んだ株式会社法は、当時英独仏で生成過程にあった証券市場と一体の株式会社制度であった[312]。その後昭和13年にド

311　主として企業・金融・経済分野について言及しているが、法の総合力がこれに伴っていなければまったく対応できないことについて、後述243頁以下参照。
312　「株式法に、株式会社、会社の計算、増資および減資等に関して、詳細な規定が設けられ

イツに倣って有限会社法が導入され(ドイツの有限会社法は英国の私会社(private company)制度を範としたものである)、戦後は家族的同族的な実態の企業が株式会社形態をとることにも違和感を覚えなかった。日本は戦後、衣食住の満足という国民の要求と価値観が一義的に明快であったことから、官僚が当面の目標を最短時間で達成する開明専制君主としての役割を果たすことで、本来の、資本市場と一体の株式会社が国民生活に必要な財やサービスを提供するという姿は実現不可能であった。

　戦後日本は証券市場を使いこなすことのできる会社形態である株式会社を証券市場抜きで私法的な感覚で運用し、近時は既述のようにアメリカの影響から株式会社を含む会社法理の一切を契約ベースで経済学的に理解する状況を受け容れてきた。昭和40年代に入って間接金融から直接金融の時代となっても、資本市場の規律原理を有する証券取引法理論はなく、証券業規制の論理と株式会社法理は異質なものとして理解されてきたのである。

　ところがここへ来て、明治初期に違和感なく欧州の制度として受け入れていた資本市場と一体の株式会社制度、それは欧米が散々失敗を重ねてきた、法の形成・運用がもっとも困難な現象である証券市場付きの株式会社を現実に運営しなければならない状況に置かれていたのであるが、日本に理論レベルでもそうした自覚はなかった。この問題が有する巨大なリスクにナイーブな日本は、明治以来初めてかつてのような明確な「外圧なしに」「自力で」最大の難関に立ち向かわなければならない状況に置かれていたのである。そのとき日本で幅を利かせていたのは、アメリカに追随して、大規模公開株式会社であろうとなかろうと、契約ルールないし取引ルール、定款自治・私的自治で一切を説明するアメリカの「法と経済学 Law and Economics」と、法に対する知見がないにもかかわらず事前規制の一切が悪であるかに主張する経済学者たちの徹底的な規制緩和路線であった[313]。

<hr />

るにつれて、各取引所の上場承認規定を厳密に定める必要性は、次第に薄れることになる」O. M. マイアー＝H. ブレーマー(高橋壽男＝小田和美訳)『ドイツ取引所法』(みかも書房・1959年)日本語版への序文。

313　これには、法律家の側の責任も大きいが、日本では世論形成上、法律家の発言の場は極めて小さい。英国は裁判官、ドイツは法学部教授、フランスは公証人、アメリカは弁護士が法分野の主役と言われてきた。日本はそのどれでもない。この分野で経験豊富な英国の経営

令和維新は「法」の立て直しから

(1)　非西欧国家日本が西欧文化の精髄をなす法文化力を克服することは、いわば文明史的挑戦である。軍事力と経済力までは馬力で何とか行けても、法は非常に分厚い壁である。法は成文法だけを整備してもそれを運用できる理論の力、それを執行できる運用の力、そしてもとより司法制度・検察制度等が機動的に動ける体制が用意されていなければならない。制定法を継受できたとしても、その背景にある規範意識が共有されていないと、制定法を運用すること自体が困難である。本書が取り扱ってきた大規模公開株式会社は、一見したところ証券市場というグローバルな現象を背景に、株式会社という普遍的な制度を対象にしているかに見えるため、民法とりわけ親族法・相続法などのような分野とは異なり、その継受は比較的に容易であるかに誤解されやすく、そこに込められた長きにわたる大きな失敗と挫折の歴史への認識抜きに、単なるカネを集めてカネを増やす技術的な器としてのみ扱ってしまいがちである。

上記のように、日本は六法を始めとする近代市民法、とりわけ制定法の継受・吸収と司法制度・検察制度についてはそこそこのレベルを達成してきており、そのことは先人の努力の賜物である。法律用語の日本語を作るところから始めてここまで来ることができたことは、既述のように、実は偉業と言ってもよい。それを可能としたのが先人たちがもともと有していた学問に対する思いと海外に学ぶという謙虚な姿勢であった。しかしここへ来て、どの先進国も必ず大失敗を経験してきた金融・資本市場・公開株式会社法制の世界で日本は大きな挫折の只中にあることについて繰り返し述べた。

注意しなければならないのは日本のこの挫折の過程で、それまではそれなりに成立していた行政への信頼、検察への信頼、司法への信頼、学問への信頼が著しく低下していることである。これらのすべてに共通するのは、政治に対する監視・監督・独立性の低下と政治への忖度の空気であり、経済第一主義と実務優先の発想である。そこには、時々の政府の意向に沿う人事を避ける趣旨で規定されていたはずの国会同意人事の政府任命人事化（日銀政策委員会委員、NHK経営委員、公正取引委員会委員等々の人事につき与野党合意の慣行は廃棄された）、

者でもガバナンスコード上、法的素養を中心とするトレーニング義務を負い、英国取締役協会 IoD のディプロマを有することが求められる。

信頼の高かった官僚組織を忖度組織に代えた人事局の創設、法律案の事前チェック機能を果たすエリート法曹の巣である法制局の「並みの」行政機関化、法学部・研究者養成の弱体化と実務法曹養成（ロースクール構想）の失敗等々。

　こうした現状を明治初期の先人たちのような新鮮な感覚で基礎から見直すためには、まさしく借り物でない日本人の英知を発掘し、令和維新と言われるような将来構想を本気で構築していくことが必要であろう。ここでは問題を企業法制のあり方に絞って確認しておくと、本来制定法だけに頼っていてはだめである。制定法の見直しを常に実施しつつも、さらにその下に機動的でかつ権威あるルールメイクが様々なレベルで用意されている必要がある。今の日本のように、会社法や受託者責任 fiduciary duty（前述 141 頁）といったハードローの世界を軽視して強調されるガバナンス・コードやスチュワードシップ・コードのような、明快な制裁機能を有しないルールが幅を利かせているようではこの世界をコントロールすることなどできない。役所の研究会や勉強会等がまとめる提案や指針等も、具体的な会社法訴訟の場でその内容が当事者によって主張され、承認され、判決として結実することでその意義が初めて法的に確認される。かなり根拠があやふやな買収防衛策も、司法の場で一定の位置づけがなされたことでその意義がかなり明らかとなった。そうしたプロセス抜きに、例えば経産省や金融庁の報告書などが、あたかもそれのみで問題処理の決定版であるかに扱われ過剰な権威を持つとしたら、それは護送船団時代のルールのあり方と何も変わらない。

　また、法目的の達成を確実なものとするために、多彩な制裁手段が用意される必要があり、刑事罰も行政処分も民事責任もこの分野の規制目的を実現するための制度維持機能を中心に理解される必要がある。金商法であればその目的達成のために刑事罰や民事責任がどのように機能するかが最大の関心事である。そこでは、刑事罰も経済社会の中核である資本市場機能確保という重大な保護法益のために動員される。この分野での保護法益論は、資本市場規制目的論を意味しており、伝統的な刑法学者の手には負えない。殺人や詐欺などの自然犯の感覚で罪刑法定主義を過剰に持ち出し過ぎることで保護法益が確保できない場面が非常に多い。独禁法も大事なのは市場機能の確保という法目的（保護法益）にあること同じである。他方で民事責任となると大規模公開株式会社や金商法の世界の民事責任をも伝統的な民法の世界で理解しようという無理な感覚

に過剰に捉われている(前述 164 頁参照)。市場監視機関である証券取引等監視委員会が刑事責任の立件を求めても、それを検察が拒否する一方で、訴訟追行能力のある大法人が民法理論に頼って巨額の賠償金を会社から持ち去り、その他の会社を取り巻く利害関係人を害しているのが現状である。

　行政処分については、現場主義の要請に基づく独立性の高い監督機関が裁量的制裁的な処分(課徴金等)を課せるようになっていなければならないことについては前述した(215 頁以下参照)。

　また、業界の自主規制のような現場を熟知する部門による規制の権威を高く維持し、イギリスのかつてのルールのように、それをそのまま法令だと位置づけても何の違和感もないような水準を追求すべきである。証券取引所の自主規制なども、準政省令という位置づけが与えられて何の不思議もなく、これに違反した場合の制裁や民事責任、事前の差止等が、以前の英国のように適用されるべきである(英国の自主規制ルールは 2006 年会社法の下で、そのまま制定法 statute として位置付けられても何の動揺もないだけの法効果を有していた)。もとよりその前提には監督機関ないし規制当局が現行法で言えば国家行政組織法 3 条の独立行政委員会として位置付けられ、証券取引所もその監督下に位置付けられることが必要となる。証券業協会が準規制機関として、アメリカに倣い法令並みの権威ある仲裁機能を有することも検討に値する。日常的に生起する不当勧誘規制などはここを主たる担当にするくらいの権威を持たせることも望まれる。公認会計士協会のような機関も、より強力な自主規制機関としての機能を担っていくべきだろう(現状は会員権停止処分をしても、公認会計士資格の剥奪を伴わないため、その意味はせいぜい協会の図書館が利用できなくなるという程度の効果しかないようである)。

　なお、資本市場規制と並行して一定規模の会社法違反問題については、短時間で問題の解決を可能とする商事裁判所ないし企業法裁判所のような機関を設置することも考えられる。

　(2)　令和維新と言われるような将来構想を構築することは容易ではないが、株主の属性を問題にするという本書の発想に対しては、これまでやってきたことが全否定されるのではという懸念を持つ向きが多いかもしれない。しかし本書でたびたび強調しているように、現実に対価を負担した場合は、株主の属性を問わずにその財産上の立場は基本的に尊重される。本書が問題視してきたの

は基本的に財産権の話ではなく人間社会のあり方を決めるに際して、物言う資格なき株主の意見はきかない、というだけであるから、実はその気になればすぐにも実行できる。徐々に時間をかけて、議決権行使資格を否定すべき状況を明らかにしていく経過的なプロセスはもとより必要である。要はカネの力を人間の意思の力と同視してはいけないという当たり前のことであり、かつ一定規模以上の株式を保有していたら支配株主の忠実義務のような法的責任を負担すべきというグローバル・スタンダードの規律に服するということにすぎない。本来負担すべき責任を負担しないできた状況を改めることは遅きに失した制度改革のための一歩にすぎず、これを既得権の侵害と言ってはならない。

法学部は規範形成主体たる市民(citoyen)の育成を

　本書を終えるに際して最後に、日本の法学部教育、法学研究者養成、法曹養成教育の意義について改めて見解を示しておきたい。一言で言うなら、法学部のミッションとは規範形成主体としての骨っぽい市民(シトワイエン citoyen)[314]の育成に置かれるべきである。フランス人権宣言に言う市民を意味する citoyen は、自分の個人的利益のみを追求するのではなく、市民社会のあり方について自分なりの意見を有し、社会のあり方を少しでも改善するために日々の努力を惜しまない市民像である。法学部で真のリーガルマインドを学び、様々なレベルでの規範形成に人任せにせずに関与し、利他の精神を持ち続ける人材である。彼が企業にいれば企業の本来のあり方について自分の意見を堂々と述べ、海外に向けては海外の法的思考の欠陥をも自信をもって指摘しうる強い交渉力を有し、企業の本来のあり方を認識している人材として企業の将来像を構想できるような人間を育成する[315]。

　ここでシトワイエンを言うのは、啓蒙思想を生み人権宣言を生みフランス革

314　この概念については、前述 10 頁注 17 参照。
315　かつて日本の法学部は、超難関であった一部の司法試験希望者を除き、要は広く「つぶしの利く」人材を養成してきた。法学部出身者は企業では、営業も経理も総務もなんでもOK という人材であることを期待されてきた。企業は、法学部で妙に色を付けないで欲しい、法学教育も会社に任せろと公言する向きもあった。司法試験希望者は大学の授業には行かずに司法試験予備校に日々通っていたのであるから、どちらを見ても中途半端な法学部のあり方であったことは間違いない。

命を行った歴史的市民観を意識的に用いるものであるが、日本人にもそうした人物は数多く存在した（印象深い人物について注[316]で言及した）。

　こうした人材が政治家・官僚であれば、国と地方とを問わず、法学部で学んだ citoyen としての自己認識を、具体的な政策・立法の場で最大限に発揮しようとすることが期待される。あるいは、コミュニティのリーダーとして地域に真に貢献しうる深い知見を有する人材となる。国際公務員となれば、日本の歴史や文化に通じ、法の世界での日本の学問の性格・意義・優位性を自信をもって主張しうる人材として日本人のプレゼンスを高めるような仕事が期待される。

　要するに日本のあらゆる地域、組織、団体等の各所に法学部できちんと学んだ骨太の人材が配置されることで日本の社会にとって頼れる人間（市民）を輩出する、そうした使命を意識的に担う高等教育機関としての法学部たることが望まれる。そうした使命を明確に意識し、入学動機を重視し点数主義に陥らない教育理念を有する法学部の卒業生は、必ずや「売り手市場」となるに決まっている。今の日本のように「法」に対する本物の需要が満ち満ちている社会で、法学部の受験生が減少しているのは、ロースクールへの幻滅と法に対する問題意識が欠落した社会のあり方に問題がある。今こそ法学部は「本物の法学部」

316　福沢諭吉『学問のすゝめ』（岩波文庫 68 刷・1996 年）「今の世に生まれいやしくも愛国の意あらん者は、官私を問わず先ず自己の独立を謀り、余力あらば他人の独立を助け成すべし。父兄は子弟に独立を教え、教師は生徒に独立を勧め、士農工商共に独立して国を守らざるべからず。概してこれを言えば、人を束縛して独り心配を求むるより、人を放ちて共に苦楽をともにするに若かざるなり」（34 頁）。「国の文明は上政府より起こるべからず、下小民より生ずべからず、必ずその中間より興りて衆庶の向かうところを示し、政府と並び立ちて始めて成功を期すべきなり」（50 頁）。「一身独立して一国独立するとはこのことなり」（28 頁）。
　宮本常一『忘れられた日本人』（岩波文庫 70 刷・2019 年）「文字を解する者はいつも広い世間と自分の村を対比して物を見ようとしている。と同時に外から得た知識を村へ入れようとするとき皆深い責任感を持っている」（271 頁）とし、具体的に島根県山中の老農田中梅治翁について、貧しい村を少しでも良くしようとして「明治 30 年頃から耕地整理の実施に狂奔し、また借財整理のための信用組合設立にも苦労したのである。そしてとにかく周囲の村から見ればうらやまれるような村にもなり、周囲もまたここに学ぶようになった。とにかくみんながほこりをもって働けるような村を作らなければならない。翁はそういう村をつくろうとし、その理想に近いものを実現したと信じていた」（279 頁）。田中翁のことば「自然ノ美ニ親シミツヽ、自分ノ土地ヲ耕シツヽ、国民ノ大切ナ食料ヲ作ツテヤル、コンナ面白ク愉快ナ仕事ガ外ニ何ガアルカ……」
　諭吉も田中翁も正真正銘のシトワイエン citoyen である。

にならなければならない。

　昔から法律家は「悪しき隣人」と言われてきたが、それは「知に働くので角が立ち易く」、「情に掉さして流されず」「意地を通すので窮屈」であるために「とかく住みにくいこの世」で、常に自分の信条に照らして頑張ろうとする人材である（結果的に頑張れず、頑張れなかったという鬱屈を胸に秘める法学部卒業生にもエールを送り続ける法学部でなければならない）。

　また、法学部の教員たらんとする者自身が、高い専門性から発する見解を常に明らかにすることで、citoyen たらんとする学生の知的関心に応えることのできる研究姿勢を有し、それを教育面で生かそうとするような研究者養成部門の活性化が必要である。歴史に学び海外に学び専門分野横断的な研究グループを結成して真摯な研究・教育の姿勢を育てる本格的な研究者養成部門としての大学院教育の充実強化が絶対的に必要である（ロースクール構想は研究者養成に壊滅的な打撃を与えた――次項）。

　裁判官・検察官・弁護士の法曹養成、あるいは公認会計士、税理士、司法書士、行政書士といった法関係の専門職養成も、やはり citoyen 養成のための法学部の素養を積んだ者が主たる人材源となることが望ましい。公認会計士の日常業務の多くは金商法会計・監査・内部統制との取り組みであり、かつ各企業のガバナンスや内部監査等との連携も必要であるから、一定の法的素養を欠いたのでは業務自体が成り立たない。

ロースクール構想――大きすぎる負の遺産

　(1)　日本で法曹養成のためのロースクール構想が出た際に、アメリカにはロースクールはあっても法学部はないのだから、日本にもう法学部など要らない、法学部はリベラルアーツ学部になれば良いという声が大きかった。私はアメリカにないのは法学部だけではなく法律学そのものではないかと思ってきたが。アメリカのロースクールは実務法曹養成だからということで、日本のロースクールでは実務家教員を大量に採用した。ロースクールで教える教授は一流教授、法学部で教えるのは二流教授と公言する者もいた。

　ロースクール導入後の法学部のあり方に関する早稲田大学法学部の「法学部あり方懇談会」の座長であった私は、いまこそ法学部が本物の法学部になるチャンスであると強調し、法学部は断じてロースクールの下請けになってはなら

ないとの意見書をまとめた。このことはロースクールに反対ということではなく、充実した法学部教育あっての法曹養成でなければならないとの趣旨であった。ロースクールの卒業生の7,8割が司法試験に合格するという当初の構想なら、充実した法学部で幅広い素養を身に付けた者がロースクールに進学し、大抵は司法試験に合格することが前提であるから、真に日本社会が求める法曹を養成できるかもしれないと思えたのである。

　しかし、ロースクール創設時の2004年に74あったロースクールは2020年段階で35にまで減少し、志願者も2005年に4万人を超えていたのが、2020年には4226人にまで減少した（2021年の短答式試験の受験者数は3424人）[317]。最終合格者数も2020年には政府目標の1500人を割り込み1450人まで減少している。存続するロースクールでも入学定員が20人程度のものが10校ほどあり定員充足率が1倍を超えたのは僅かに5校である（東大も0.91倍、一橋が1.02倍）。新制度以前の司法試験浪人を含めば2004年には志願者が7万人を超えていたことは、法曹志望者がもともと非常に多かったことを意味している。他方で、ロースクールを経ないバイパスとして例外的に認められたはずの予備試験の最終合格者は2021年に374人となり（2位の慶應大学が125人）、合格率でも2020年は断トツ1位の89.36%だったが、2021年には93.50%となっている。ロースクール構想が今の予備試験に近い旧司法試験の否定からスタートしたことを思うと、その構想自体の決定的な敗北である。

　ロースクール構想について理念的な無理があったことは今も当時も明らかであったと思われる[318]。上記のようにアメリカに法学部がないからということで、実務法曹養成にばかり焦点があてられたこともあり、ロースクール構想は、法化社会の到来に向けた法曹教育という新たな世界に挑戦するという側面と、それまでの司法研修所による法曹実務教育という相反する二つの機能を同時に担

317　補助金を餌にたくさんのロースクールを作っておいて、多すぎるとなるとロースクールの本旨に合わない海外との交流などを評価基準に置いて補助金を打ち切ることで退出を促すやり方は「あこぎ」と見えた。ロースクールの専任教員や実務家教員は今更もとの弁護士事務所などの職場に戻れないケースも多く、また法学部と喧嘩別れしてロースクールを作った大学では法学部がロースクールの教員を受け入れない例もあった。まさに悲惨とも言える状況も現出し、そのことが研究者志望の若手教員の就職難を加速した。こうした形で生き残ったロースクールを「勝ち組」と呼んではならない。

318　上村「法科大学院はなぜ失敗したのか」産経新聞「正論」2014年7月9日付。

うこととされた。司法研修所が担ってきた教育はまさに法曹として誰もが知っていなければならない共通の知識、具体的には刑事訴訟法・民事訴訟法のような手続法、あるいは民法規定の適用に際して立証のために必要な要件事実といった、ある程度固まった暗記物の側面の強い知識を習得させようとするものである。これに対して、法化社会への対応は日々流動的な企業と資本市場の世界で、これまでになかった新しい発想で問題解決のための理論構成、具体的な方策に係る立法提言、新しい判例の創出を担う具体的な活動、といった機能が期待されるため、この二つの分野を同時に担うことは非常に困難である。ロースクールの実務家教員は司法研修所的対応をカヴァーする者が大半であり、法化社会への対応といった問題意識を共有すべき創造的な分野を担うべき法曹の育成はなおざりにされた。

　実は法化社会への対応とは、護送船団行政の市場型規制への転換、換言すると事前にルールを明らかに示し、それを司法によって事後的に解決していくというあり方であり、具体的には企業法制・資本市場法制のような分野を想定していた。会社法のように資本市場との関係で日々規制理念が変化する分野で、過去の実務経験を誇ると言っても、それは総会屋対策や、地上げ対策、大蔵省のMOF担経験、バブル時代の経営者経験のような、今ではその多くが通用しなくなっているようなものである場合が多い。もとよりそうした時代の経験を負のものと捉えて新しい時代の発想に転換しようと努める尊敬すべき企業実務経験者が相当数存在することは確かである。しかし、法学部でこうした分野に関する海外の状況を学び、資本市場と一体の公開株式会社法理とはそもそもどのようなものであったかを学んだ、経験は乏しくても最先端ないし、もっとも本質的な話を法学部で聞いてきた者の方が優れているのが普通であるが、そうした観点を意識しないロースクールが法化社会の理念を担えるはずがない。

　したがって、ロースクールの授業で株式会社制度を学ぶに際して、金商法のような資本市場法を一切学ばず、民法・民事訴訟法と一体の「民事系(民法・商法・民事訴訟法)に関係する科目」という試験科目の枠組みで、司法試験の出題範囲の枠内でのみ会社法を学べば、今現実に世界中で機能している株式会社法をむしろ学ぶことができない。法学部卒業生より数段落ちる知識しか持たないで法曹になるというお粗末な事態が生ずる(後述254頁参照)[319]。私見によると、この分野は法学部での授業を真剣に聞くことを促すためにも、以前にあった商

法の口述試験を復活させるべきである。以前の口述試験は学者委員と実務家委員が二人で担当したが、学者委員から何を聞かれるか不安なので、学生が学部の授業に出る動機にはなっていた(危険と見られる委員の授業には学外者の出席が多かった)。

ところで、ロースクール構想の際に言われた法化社会への転換は、前述のように行政優位を脱して、問題を司法で解決するという状況を想定していたのであるが、この分野で訴訟に訴えようという動機付けを与えるような、アメリカにはある具体的な武器や手段はまったく増えておらず[320]、企業関係訴訟も減りこそすれ、まったく増えないのであるから、法曹を増やしても仕事がない。現実に、当初司法試験の合格者3000人を目標にしていたが、合格しても弁護士として活動できずに貧困にあえぐ法曹が続出した。今では合格者1500人を切る状態だが、これでも多すぎるという声が大きい[321]。

むしろこのところ、いわゆるコーポレートガバナンス・コードやスチュワードシップ・コードなどのいわゆるソフトローの導入が進み、物事を会社法を基準にして判断する発想が衰退し、コーポレートガバナンス・コードの話ばかり

319　私のロースクールでの経験では、本書で示したような、学部では普通に話していることを述べると、必ず試験に役立つことだけをやって欲しいと言われる。私はこれでもかつては司法試験の予備校でかなり評判が良かった時代もあり(本当です!)、その点はそれなりに配慮しているつもりだが、明らかに間違っていると強く信ずることを、右から左に伝えることは研究者の良心が許さない。ロースクールのこの分野の教員は、学者であることを放棄して予備校の講師になれと言われているようなものであり、ロースクールで教えるのは苦痛だという教員が多数存在した(している)。むしろ苦痛を感じない方がおかしい。そうではあっても私の話に強い関心を示す、ある意味余裕のある学生が毎年必ずいたのも事実であり、私は彼らによって救われていた。

320　アメリカの状況については前述した(216頁注275)。

321　八代尚宏『新自由主義の復権』(中公新書・2011年)111頁以下は、「法務サービスの供給者の質はペーパーテストではなく実務経験を通じて向上するもので、「市場での評価」に委ねるべきである」とし、合格者を減らそうとする「政治的な動きは根強い」(112頁)という。「法科大学院は米国のロー・スクールをモデルとしたものといわれるが、米国の大学には日本のような法学部はなく、経済学、理工学、文学などの学位を持つ者が、「技術としての法律」を学ぶ場所であるという根本的な違いがある」(113頁)という。法律学などは専門学校で技術を学べばよいという程度のことだと言うのであるから、開いた口が塞がらない。アメリカは何でも正しいと思い込み、気に入らないことは政治的動きと決めつけ、専門外のことに謙虚な姿勢を持ちえないこうした人物が経済財政諮問会議の民間委員であったことこそが、日本の制度劣化の象徴である。

している。これらのソフトローはそれを遵守しなくても、その理由を説明すれば良いというだけの話であるが、楽な世界であるが故に重視される傾向にあるかに見える。このように、法的制裁抜きの論議が横行しているため、訴訟が増えると予想していたはずのこの分野でむしろ訴訟の減少を招いている。この分野は、会社法を学んでいなくてもコーポレート・ガバナンスの先生にはなれる安易な分野と化している。

　市場絡みの問題については、アメリカのSECのような独立行政委員会としての市場監督機関を欠いているため、機動的で柔軟な法運用ができず、相対的に検察頼りとなり勝ちであるが、企業や市場について専門性の乏しい検察官が、旧来と同じ発想で99％勝たねばならぬという対応をしていることから、例えば特別背任罪のようなありふれた犯罪にも判例の蓄積が乏しく、証券取引等監視委員会が立件を望んでも検察がこれに対応できない状況も生じており、この局面でも法化社会とは程遠い実情にある[322]。

　ロースクールは司法研修所に代わる実務家養成の機能を期待されたため、試験問題も実際にありそうな長文の事例式問題であることが必要とされた。しかし、日々理論も実態も変化する企業法制については（資本市場絡みの問題が出せないことの根本的な欠陥の問題を措くとしても）、作りものめいた事例問題よりは基本的な考え方の変化に対応できる柔軟性を、以前の司法試験では通例であった「一行問題」的な問題で問うことの方が意義深い。あるいは前述のように、論文式はそうした一行問題的な問題として、面接を復活することの方が適切だろう。

　なお、当初これもアメリカを真似てかつてのIQテストのような適性試験を実施したが、この試験の成績はロースクール入学後の成績とはまったく無関係であり、あまりに無意味であることが実施後にすぐに明らかとなってその後廃止された。当初は司法試験を3回落ちると二度と受けられないという高飛車な制度になっていたため、この無意味な適性試験で不適性とされたために不当に将来を閉ざされた者も多々存在した。当初から推奨され、今も生きているらし

322　司法研修所で商法・会社法・金融商品取引法は基本的に習わないこともあり、特にこうした分野に弱い検察官が企業不祥事のたびに調査委員会の責任者になるなど、コーポレート・ガバナンスの専門家であるかに扱われていることには強い違和感がある。

いソクラテスメソッド（対話方式）による授業のあり方も、7,8割受かる前提で自由な議論を闊達に行う趣旨ならありえたが、そうなっていない以上、知識をどん欲に吸収したい学生にとっては無意味に時間が過ぎていくと感じられるのも無理はなく、それなら予備試験の方がましとなるのも自然だろう。

もともと当初のロースクール構想では、アメリカのように（前注321の八代氏の認識そのままに）、法学未修者をロースクールに受け入れるのを理想とし、既修者中心の発想が誤っているかのことが盛んに言われた。しかし、アメリカのような人種のるつぼで法が拠り所の法化社会、しかも法学部がないアメリカで育った者が、格別の法学教育を受けずにロースクールに行くのが普通だとしても（アメリカにとってやむを得なかったとしても）、それを日本の未修者と同視して、法曹になるには法学部終了者でない方が良いかに喧伝されていたのはまさしく浅慮そのものであった[323]。私は少なくとも明治以来の（あるいはそれ以前からの）日本の法律学の方がアメリカよりは数段上に決まっていると思っているが、何でもアメリカが優れているという感覚が支配した。法学未修者が、合格者は8割になるとの声を信じて、有為な現職をなげうってロースクールに行き、その後悲惨な目に遭った例は非常に多い。こうした人から見れば、ロースクールへの誘いの声はまがい商法の勧誘にも等しい厄災であったことになる。ロースクールには過去にこれに関わった人々の怨嗟の声が満ち満ちている。

(2)　ところで文科省は、2019年6月に法科大学院・司法試験改革に関する法改正提案を行ったが、それによると「法科大学院と法学部等との連携」の名のもとに、法学部とロースクールを最短5年で修了できる「法曹コース」を認めて学部段階から効果的な教育を行うとし、さらに2023年からはロースクール在学中に司法試験の受験を可能にするとのことである。このことは、一貫して間違いだらけであった法曹教育構想の誤りのしわ寄せを、本来の正しい教育理念を保持していた（はずの）法学部ひいては法学研究科による研究者養成に転嫁するものとしか言いようがない。

ここでは、本書が問題にしてきた企業法・資本市場法ないし公開株式会社法

323　かつて、司法試験合格者数で1位を東大と争っていた早稲田大学が、その後一気に低迷したのは、こうした発想にもっとも忠実だったためである。その後、法学部修了者重視に転換して徐々に合格者の数を上げていったが、その後遺症は非常に重い。

との関係で、こうした構想が有すると思われる重大な欠陥を指摘しておくと、法科大学院に行こうという法曹コースで学ぶ会社法ないし商法は、既述のように、試験範囲とされる「民事系（民法・商法・民事訴訟法）に関係する科目」を学ぶコースになるが、そこでは公認会計士試験科目である「企業法」なら当然に試験範囲として学ぶ、有価証券報告書などの流通開示・発行開示・公開買付に係る開示、大量保有報告書に係る開示、さらには東証の適時開示などを一切学ばず、今日大きな比重を占めているコーポレートガバナンス・コードなども学ばないコースとなる（公認会計士試験範囲との関係等につき、前述190頁）。

　そうした法曹コースとは、法学部の普通の良心的な会社法の授業に較べて大幅に劣化したコースとなるに違いない。そしてことは実は企業関係法制だけの問題では済まない。なぜなら、民法・刑事法・憲法等の他の法学分野にとっても、企業関係制度が占める比重の重さは非常に高まっており[324]、そうした法分野横断的な研究ないし交流[325]にとって法曹コースは法学部教育にとっても研究者養成にとっても決定的な阻害要因となるに違いないからである。

　本書が何度も指摘してきているように、充実した法学部あっての法曹養成という原点に戻らなければ何も解決しない。法学部の意義の格別の重要性からす

324　資本市場絡みの損害賠償制度と民法の伝統的理解との関係、金融関係諸法における受託者責任 fiduciary duty と信託法制、資本市場法上の刑事罰の保護法益論、自由度の高い資本市場で必要なアメリカが有する多様な制裁手段の意義、本書冒頭で述べたような人権問題としての民法の契約・所有権理論と議決権の意義をめぐる問題等々、企業は法分野横断的な最重要課題となっているとの認識が不可欠である。法科大学院で習う狭い試験範囲としての「民事法」の中に閉じ込められた「商法」「会社法」には法学全般に関する総合知が決定的に欠けている。なお、私が拠点リーダーを務めた前述の大型公的資金である21世紀COE、グローバルCOEは「企業と市場と市民社会」をテーマに全法分野横断的な共同研究を目指すものであった。このCOEの理念、研究体制、機関誌等々については、HP（前注166参照）。この研究の母体となった、早稲田大学「《企業法制と法創造》総合研究所」の機関誌「企業と法創造」は全36号を数えたが、各号の表題をご覧いただけば、法分野横断的研究の様子が分かる。すべての論文等がこのHPより入手可能である。一貫して高い評価を得、獲得資金も10年間でこの分野では想像外の14億円を超えた（間接経費を含む）。本書は、ここでの研究成果が大きな支えとなっている。民主党の事業仕分け以後、日本のこうした総合研究が一気に衰退したことは甚だ遺憾であった。

325　前注324の21世紀COEの研究成果として、早稲田大学21世紀COE叢書『企業社会の変容と法創造（全8巻）』（日本評論社・2008〜2010年）がある。現在、全巻在庫切れの状態である。なかでも、第2巻の戸波江二編『企業の憲法的基礎』https://www.nippyo.co.jp/shop/search?series=311 は早期に売り切れた。

ると、今回の法学部への「法曹コース」の導入は、少なくとも企業法制及びそれに関連する多くの科目に関する限り、日本の法の世界をさらに悪化させるものでしかない。こうなると、ロースクールなどに行かずに、法学部で強い問題意識をもって本格的に学び、そのうえで一時的に目をつぶって予備試験に合格しようとするコースが最も筋の良いあり方ということになるのも無理からぬところがある[326]。そこでは「法学部教育の充実」がキーワードとなる。

（3）　ロースクール構想は「法学研究者養成」を徹底的に破壊した。要点のみを指摘しておくと、実務家養成を目的とするロースクールの専任教員は、大学院前期課程・後期課程を担当できないとされた。ロースクールの教員は研究指導をしてはならないとされたのである。しかし法学部から人を割いてロースクールを担当しても、その分教員の定員が増えるわけではないのでしょせん無理な話である。その後、前期課程（修士課程）は持てるとしたが、後期課程（博士課程）指導教員は後期博士課程を担当する法学研究科専任教員が学生の希望する先生でなくても担当したことにし、実質上の指導教員と形式上の指導教員を分けることで何とか矛盾を糊塗してきた大学も多い（早稲田大学がその例）。

さらに、大学院後期課程はロースクール修了後に進学すればよいとされ、当時東大、京大その他有力私学でも、規定上・事実上修士課程そのものを廃止してしまったところも多い。しかし、もともと実務家養成を本旨とする法務研究科終了後に、いつ研究者としてモノになるか分からぬリスクの大きい後期課程に進学する者はほとんどおらず（もとより、後期課程を出て一般の就職を望んでも、企業として受け容れようがない）、また従来修士課程で博士課程進学を想定して行ってきた勉学の価値をほぼ全否定するのであるから（東大は司法試験科目にない基礎法だけは修士課程を残した）、後期課程は著しく衰退した。

博士後期課程を教えてはならぬとされた先生方の教えを受けたロースクール

326　ロースクールに行くなら、法化社会を象徴する企業法分野で本格的に活躍したいと考える人間としては、司法試験の範囲外だが学ぶべき分野の勉強を法学部で集中的に受講し、そのうえで受験予備校と化したロースクールでの会社法を目をつぶって学び、司法試験を受けるというコースを意識的に構築することが望ましいかもしれない。司法試験合格者を受け入れる側としても（法曹、企業を問わず）そうした勉学を法学部で意識的にしてきているかを判定する能力を持つべきだろう。法学部としてもそこをアピールできるかが重要となる。少なくとも法学部の法曹コースなどを経て、ロースクールでの会社法の試験勉強に専念し、仮に合格したとしてもこの分野で法曹として有為な人材となる見込みは著しく低いと思われる。

の学生らに後期課程への進学を奨励したり、助教としての採用を認めたり、あるいは学部のゼミ生の中から一本釣りをして助手にするようなこともあった。こうしたきわめて細くなったルートを経てどこかの大学の専任教員に就職したいと思っても、今度は廃止されたロースクールの退職教員との競争が控えており、貴重な若手研究者を待っているのは茨の道ばかりである。

　若手研究者は多くの仲間が切磋琢磨してその中から有為な研究者が育つのであり、修士課程に研究仲間がいないのではそうした切磋琢磨自体が生じなくなった。特に学部・修士課程を通じて語学、歴史、法理論等の勉強に熱中してきたような研究一筋の学者はもう育たないだろうと言われている。修士前期課程（master）と博士後期課程（doctor）を通じた一貫した研究者養成を MD 一貫というが、そうした流れを何とか維持していても、後期課程に行くことに明るい未来を想定できないのであれば修士課程にも行かない。こうした大学院は今では研究者養成の比重が低くなっており、留学生対応が中心となっている。ロースクール構想が日本の伝統ある法学研究者養成を無惨に破壊した。アメリカにロースクールがあっても法学部はないから、日本でも法学部など不要というような短絡発想の当然の帰結ではあるが、このことは悔やんでも悔やみきれない痛恨事であり、明治の先達たちに顔向けができないとの思いが強い。かくして、明治以来の日本の法律学の誇りは無惨にも消え失せようとしているかに見える[327]。本書がそうした流れに掉さす動きの一助となればと強く願う。

327　早稲田大学は学部の充実、それを前提したロースクールの充実、修士課程を残すことによる研究者養成の重視（MD 一貫性）、当時採択された COE も含めて、要は「全部頑張る！」という路線を取ってきた（私が学部長のころには、研究者志望者向け相談窓口も作った）。しかし、教員の採用枠が僅かしか増えない以上、各先生方の負担が大きすぎ（授業以外に、法学部とロースクールの併任教員とされると教授会も二回出る必要があり、これに加えて両者合同の教授会の三つの会議、入試管理等々）、何とか灯を掲げても本来の志を遂げるには遠い。学生定数が少ない割に教員数が無駄に多いロースクールの財政負担が重い中で、本部の理解を得るのも難しい。学部の充実と研究者養成の重視という視点は、ロースクール発足時から今日のロースクールの状況を予想したものであり、結局はその認識は正しかったのであるが、多勢に無勢で今度はロースクール生き残りのために法学部の犠牲がさらに強いられるという仕打ちが待っている訳である。ロースクールへの幻滅は法学部受験者数の減少という形で跳ね返ったが、本物の法学部となることの重要性は高まりこそすれ、低下することはあり得ないと考え、「売り手市場・法学部卒業生」を強調したが（この信念は今も全く変わらない）、法学部の重要性を共有する教員自体が減少しているようにも見える。

256

【規範形成主体としての市民(citoyen)に向けて】

　以上、本書では人間復興の会社法理の基礎理論等について論じたうえで、最後に近時の、法学教育・法学研究者養成・法曹養成のあり方について思うところを示した。企業法制全般の制度改革を実行するには、こうした法学教育・法学研究者養成、そして法曹養成の根本的なあり方をも同時に見直す必要があるが、そうした課題の全体像はあまりに広範でありかつ重い。こうした状況をトータルに変えていくには、「明治の法典編纂」「戦後改革」に次ぐ「令和の大改革」というほどの覚悟をもって、政治の最高レベルの文明史的決断によるタブーなき総点検を待つしかない。比較法・外国法研究を柱とする日本の法文化力は日本文化の精髄、と言えるほどの自信を取り戻すか、平凡な法後発国に甘んじるかの瀬戸際というくらいの危機意識が必要である。私としては、まずは明治初期の原点に立ち返って、欧州型企業法制の根底にある人間尊重の観点を最大に重視した、そして資本市場を安心して活用しうる株式会社制度に関する私なりの理論モデルを示しておきたいと考えた。せめてテキストをあるべきと考えるものにしなければ何事も始まらないと思うためである。

　そのうえで最後に、まことに僭越ながら一言したいのは、市民の側にも citoyen（規範形成主体としての市民）としてのあり方が問われているということである。

　日常的な市民としての生活において、人間と人間の接点における人間尊重の思いを各人がささやかでも形で示すことを考えてはどうか。宅配便の再配達の依頼をできるだけしないとか、配達時間も、午前中のあと、2時間単位で指定できることを当然とは思わないとか、24時間コンビニを非文明的なものとするヨーロッパの感覚を理解すること、サプライチェーンの人権侵害によって成り立つような便利・安価・快感を潔しとしないこと、等々。本書はカネで人を支配する現象を株式の議決権のあり方という形で問題にしてきたが、個人がカネで目の前の人間たちを支配しすぎることに敏感になる必要がある。人間尊重の発想を自分のこととして深く認識することなしに、法人世界の有用性も反社会性も主張できない。

　ネットなどの匿名の世界での世論を信じないこと、そうした世論形成に関与しないこと、固有名詞の世界を尊重すること、匿名の世界での批判は強者に対してこそ意味があり（当局の摘発を恐れての匿名には正義がある）、より弱い者に対して向けられるべきでないこと、そして大事なことは、ネットでの意見交換の前に、ネットによる情報提供のあり方自体に関心を持ち、例えばヤフーなどがどのような基準で情報採用を差別化しているのか、採用に偏りがないか、情報提供のあり方に関する第三者委員会のような独立の監視機関を有しているのかといった情報提供に係る手続的正義に関心を持つべきだろう。私はNHKの経営委員（委員長職務代行）をしたことがあるが、このところ公共財 Commons としての NHK のあり方が論じられず、受信料の話ばかりしていることが気にかかる。放送の公共性等を定める放送法の一般規定は民放にも

適用される。ネットによる情報提供にもそこに公共性の自覚がなければ、ネットの自由自体が失われていくだろう。「いいね！民主主義」を疑い、そこに citoyen（規範形成主体としての市民）としての人間たちが躍動しているかどうかにこだわることで、巨大法人やファンドの匿名による大規模かつ根拠薄弱な人間支配に対しても厳しい目を向けることができるようになるはずだ。

おわりに

　本書冒頭でも触れているように、私の研究履歴は当初の証券取引法（現金融商品取引法）市場法論→株式市場と一体の公開会社法論→COE 研究課題「企業と市場と市民社会」による法分野横断的な研究交流→そして、株主の属性としての市民・個人・人間ないし人間関与度の濃淡を強く意識した株式会社理解へ、というものであった。そうした研究を通じて今もっとも言い残しておきたいことを、一切の忖度なしにありのままに書いたのが本書である。

　もともと不勉強な私が、ささやかではあってもこのような著書を残せることになったについては、多くの幸運を思わずにはいられない。高校 2 年生の末に逝去した父が早稲田大学教員であったことから、早稲田大学高等学院から大学院博士課程に至るまで授業料が免除であったこと（当時大学教員の給与は民間に較べて相当に低かった）、当時の温情主義から母が大学の図書館に勤務させていただいたこと、父の友人たちが私的な遺児育英基金を募り、200 人程の先生方が一月 1 口 100 円最大 3 口 300 円を毎月給料天引きで妹が大学を卒業するまでの間支援して下さったこと、学部から大学院修了までの間に頂いていた奨学金も、当時は大学教員になれば返還しなくて良いこととなっていたこと等々。今の時代だったら、私は間違いなく研究者にはなれなかった。

　その後 1985 年に、「証券取引法における市場法的構成の試み」で私法学会にデビューした時、それは当時通説とされていた、証券取引法を商法の特別法とする投資者保護論に対する全面批判であったことから、そうした主張をされていた諸先生方を前にして（当時は、私法学会の部会は民法部会と商法部会しかなかった）、足震える思いで報告をした。しかし、もっとも批判の対象とされたはずの河本一郎先生はまっさきに私見を肯定して下さり（本文参照）、同じく批判されたはずの竹内昭夫先生も何かと応援をして下さった。日頃、返り討ちになる覚悟でかかってこい、と公言されていた竹内先生は（『法学教室』の序言を連載されていた）、未熟者だがとにかく正面からかかってきたことを多としてくださったようであった。

　その後、株式会社法の市場適合的性格を明らかにする公開会社法理の構想を

示した『会社法改革』(岩波書店・2002年)に対して、やはりそこでも批判の対象となった通説的立場を代表する先生方が審査委員として、大隅健一郎賞を授与して下さった。さらに平成15年に大型公的研究資金21世紀COE(引き続きグローバルCOE)に応募した際に研究テーマとした「企業と市場と市民社会」については、当時このようなものが通るはずがないと言われたが、著名な法学者の審査委員の先生方が背中を強く押してくださった。本書はCOEの研究成果報告書でもある。存分に批判をしてもそれに真摯に答えてくれる諸先輩がおられることを信じて研究を続けることができたことはこの上ない喜びであった。

　本書では、今日もっとも権威ある書物とされていると思われる会社法のテキストと金融商品取引法のテキストに対して、昔を思い出すかのように強い批判を加えている。若気の至り、ならぬ年寄りの冷や水と言われそうである。しかし私見は長きにわたって披瀝してきたものであり、それがほとんど議論の対象として取り上げられることすらないままに歳月が過ぎ去っていく状況を前にして、若き日を思い出して、私見の全体像をより明快に論争的に主張せざるを得ないと考えた。特に、株式市場を使いこなせる会社形態としての株式会社制度という視点から見ると、会社法のテキストに株式市場が有する本質的意義に関する記述がなく、金融商品取引法のテキストにそれが株式会社制度にとって有する本質的意義に関する記述がないことには強い危機感を覚えざるをえなかった。本書がそうした問題に対してどの程度の意義を有しうるかについては、後学の評価に委ねる他はない。

　ところで、私が学部のゼミ以来一貫してご指導いただいてきた早稲田大学名誉教授酒巻俊雄先生は、現在90歳になられるが、この間一貫して頭脳明晰であられ、特に英国会社法の沿革や本質に対する理解は先生の身体に沁みついており、高齢といってもその知見は未だに日本の最高峰であることを確信している。公開性の株式会社を「株式会社らしい株式会社」と呼んでいた時代から一貫して、従来問題意識になかった閉鎖的会社の法理を追究してこられた先生は、「規模」と「閉鎖性(株式譲渡制限を本質とする)」という会社分析概念を駆使されて、閉鎖的会社の本質を誰よりも先駆けて論じておられた。酒巻先生が当時から今でいう公開性の株式会社に対しても強い関心を寄せられていたことは、

先生の最初のご著書『取締役の責任と会社支配』(成文堂・1967年)に収録の諸論文において明らかである。私は先生のその部分を「公開会社の法理」という形で引き継ぐ、という気持ちで研究を続けてきた。その意味では、まことに僭越ではあるが、本書のテーマは酒巻先生の問題意識と一対を成すものと思ってきた。学部ゼミ生以来、公私にわたっていただいてきた先生の学恩の大きさは譬えようがない。

　本書が成るにあたっては、岩波書店編集部の伊藤耕太郎さんに散々ご迷惑をおかけしてきた。本書は株式会社法の基礎理論に関するものであるが、新しい事件や事象が生ずるたびに、叙述の構成自体を大きく変えるようなことが続き、再校ゲラの段階でも「随分、直しが多いですね」と言われるような状況であった。それにもかかわらず根気強く激励していただき、詳細かつ丁寧に原稿やゲラに目を通していただき、そのおかげでようやく本書が日の目を見るに至ったことは、ただただ感謝に堪えない。心より厚くお礼申し上げたい。

　最後に、本書を心からの感謝とともに恩師酒巻俊雄先生および千賀夫人に捧げたい。

　2021年11月

著　者

【追補】
　なお、現在の会社法をめぐる状況については、多くの先輩の先生方がその意見を申したいという気持ちでおられることを日頃より痛感している。以下に、若いころから尊敬申し上げ高い目標であり続け、竹内昭夫先生も特に強い信頼を寄せておられた龍田節京都大学名誉教授のご著書『会社法大要』初版(有斐閣・2007年)のはしがきの言葉の一部を、そうした声を代表するものとして掲げておきたい。

○新会社法は、株式会社に沈殿した常識を迷信として徹底破壊し、論理の組合わせを最優先させて構築したように見受けられる。
○法律の正確な運用にとって定義規定は重要である。新会社法はこの点に力を注いでいるが、ここにも常識を覆す傲慢さが見られる。たとえば、一人会社の単

独株主が譲渡制限株式を所有する場合でも、譲渡制限のない種類株式の定めを定款に置いたとたん、その会社は「公開会社」になる。この奇妙な用語を使わせられる我々日本人は、株式などが自由に取引される、閉鎖的でない会社を指すとき、何と呼べばよいのだろうか。

○「それでも地球は動く」。常識の壁を破ったコペルニクスやガリレオ・ガリレイは、科学を大きく進歩させた。新会社法もそうだろうか。人間社会に通用させる制度の規範は、物理世界のルールと基本的に異なり、人間の心に根ざし一般人の心に受入れられるものでなければならない。論理操作最優先の無機質なルールを規範とされたのでは、窒息しそうである。ひとりよがりの定義も、作ってしまえば押しつけてかまわない。こういう法律を理解させられる法律家が育てられる世の中は恐ろしい。

※ なお、新会社法制定に際して、私は法制審委員ではなかったが、一部の事前の準備会に初めて参加を許された。当時、著名な先生方がなぜそうした改正を推進されるのか自体がよく分からなかったことは恥ずかしいことであるが、その意味では、私にも責任の一端がある。これに関する反省の意を、後日数度にわたって論文の上で公表したことがあるが、ここでもそのことを記しておきたい。半面において、部会長であられた江頭憲治郎教授のご意向が事務局によって大幅に無視されていた経緯を見てきたことも記しておくことが公平であろう。

上村達男

1948 年生。早稲田大学名誉教授。早稲田大学法学部・大学院後期博士課程修了。専門は商法、金融商品取引法、資本市場法。博士(法学)。北九州大学法学部助教授、専修大学法学部教授、立教大学法学部教授、早稲田大学法学部教授。早稲田大学法学部長、司法試験委員、法制審議会部会委員、NHK 経営委員(委員長職務代行者)などを歴任。明治安田生命保険社外取締役、アライアンス・フォーラム財団評議員。

主な著書に、『会社法改革――公開株式会社法の構想』(岩波書店、2002 年)、『株式会社はどこへ行くのか』(共著、日本経済新聞出版社、2007 年)、『NHK はなぜ、反知性主義に乗っ取られたのか』(東洋経済新報社、2015 年)など。

会社法は誰のためにあるのか――人間復興の会社法理

| | 2021 年 12 月 23 日　第 1 刷発行 |
| 2024 年 2 月 5 日　第 2 刷発行 |

著　者　　上村達男

発行者　　坂本政謙

発行所　　株式会社 岩波書店
　　　　　〒101-8002 東京都千代田区一ツ橋 2-5-5
　　　　　電話案内 03-5210-4000
　　　　　https://www.iwanami.co.jp/

印刷・理想社　カバー・半七印刷　製本・松岳社

会 社 法 入 門 第三版	神 田 秀 樹	岩波新書 定価1232円
フィデューシャリー・デューティーと利益相反	神 作 裕 之 編	A5判322頁 定価3960円
金 融 法 講 義 新版	神田秀樹、神作裕 之、みずほフィナ 編著 ンシャルグループ	A5判626頁 定価4290円
ＡＩ の 時 代 と 法	小 塚 荘 一 郎	岩波新書 定価 968円
共 同 体 の 基 礎 理 論 他六篇	大 塚 久 雄 編 小 野 塚 知 二	岩波文庫 定価1177円

──────── 岩波書店刊 ────────
定価は消費税 10% 込です
2024 年 2 月現在